콜럼버스가 서쪽으로 간 까닭은?

콜럼버스가 서쪽으로 간 까닭은?

이성형

까치

저자 이성형(李成炯, 1959-2012)

부산대학교 회계학과를 졸업하고, 서울대학교 대학원에서 정치학 박사학위를 받았다. 서울대 국제지역원, 콜레히오 데 메히코, 과달라하라 대학교, 과달라하라 자치대학교의 초빙 교수 및 서울대학교 라틴아메리카 연구소 HK교수를 역임했다. 저서로는 「라틴아메리카 자본주의 논쟁」(1990), 「IMF 시대의 멕시코」(1997), 「신자유주의의 빛과 그림자」(1998), 「라틴아메리카의 역사와 사상」(편저, 1999), 「배를 타고 아바나를 떠날 때」(2001), 「라틴아메리카, 영원한 위기의 정치경제」(2002) 등이 있고, 40여 편의 논문이 있다.

콜럼버스가 서쪽으로 간 까닭은?

저자 / 이성형
발행처 / 까치글방
발행인 / 박종만
주소 / 서울시 마포구 월드컵로 31(합정동 426-7)
전화 / 02 · 735 · 8998, 736 · 7768
팩시밀리 / 02 · 723 · 4591
홈페이지 / www.kachibooks.co.kr
전자우편 / kachisa@unitel.co.kr
등록번호 / 1-528
등록일 / 1977. 8. 5
초판 1쇄 발행일 / 2003. 10. 20
5쇄 발행일 / 2014. 2. 25

값 / 뒤표지에 쓰여 있음

ISBN 89-7291-361-8 03900

담배와 커피를 유난히도 좋아하셨던 어머니의 영전에 이 책을 바칩니다.

— 이성형

차례

머리말

나는 오래 전부터 라틴아메리카를 공부해왔던 것을 계기로 친숙해진 관련 저서들로 인해서, 내가 기왕에 읽었던 사회과학 저서들이 유럽을 지나치게 미화하거나 유럽 중심으로 서술하고 있다는 점을 조금씩 깨닫게 되었다. 내가 배웠던 세계사 지식도 마찬가지라는 생각도 들었다. "지식은 지정학적 산물"이라는 인식마저 확산되고 있는 요즈음, 내가 배웠던 역사나 사회과학적 지식을 이 잣대에 견주어 살펴보는 것도 나쁘지 않겠다는 생각이 이와 같은 역사물을 「한겨레신문」에 연재하게 된 동기였다. 나는 비역사학도이지만, 약간의 "만용"을 부려 이제 연재했던 원고를 전면적으로 수정하고 대폭 보완하여 —— 한 챕터의 원고량이 2배 이상 늘어났다 —— 이 책을 상재하게 된 것이다.

이 글을 쓰는 동안 필자는 여러 사람들의 도움을 받았다. 신문 연재를 하는 동안 필자에게 항상 너그럽게 대한 「한겨레신문」의 허미경 기자에게 감사드린다. 51회 동안 한번도 펑크를 내지 않고 무사히 끝낼 수 있었던 까닭은 가끔 열성 독자들이 이메일로 격려 편지를 보내주었기 때문이다. 필자의 오기나 잘못된 부분을 정정해주는 고마운 편지도 간간이 있었으니, 이 분들 모두에게 감사의 마음을 전한다. 연재물 작업의 시종을 격려하며 늘 도움말을 주셨던 최명 선생님께 삼가 큰 절을 올린다. 때때로 힘이 부칠 때마다 격려와 채근을 아끼지 않으셨던 임현진, 이근식, 김장호 선생님께도 감사드린다. 필자의 졸고를 부분적으로 읽고, 유익한 논평을 아끼지 않은 박구병, 박훈, 송상기, 강진아 선생님께 감사의 뜻을 전한다. 출판인 박종만 선생님께서는 손수 필자의 원고를 다듬고 편집하는 일을 자청하셨다. 변치 않는 그 장인 정신에 감사를 넘어 감동할 따름이다.

조교 손경민 군은 지난 3개월간 부지런히 도서관을 오가며 책 배달과 논문 복사로 책 마무리 작업에 들어간 저자를 도왔다. 손 군의 노고에도 고마움을 표한다. 세종연구소의 빼어난 경관 속에서 공부를 할 수 있었던 것도 큰 축복이었다. 편의를 제공해준 소장님 이하 동료 여러분들과도 책을 출간하는 기쁨을 함께 나누고 싶다.

이성형

제1부

'발견' 이라는 미몽

1. 콜럼버스가 서쪽으로 간 까닭은

콜럼버스와 정화

달마가 동쪽으로 온 까닭은 알 수 없지만, 나는 제노바 사람 콜럼버스가 서쪽으로 간 이유는 알고 있다. 그것은 동쪽으로 갈 수 없었기 때문이다. 1453년에 콘스탄티노플이 이슬람 교도들에게 들어간 뒤로 동쪽 무역로를 이용하려면 그들에게 비싼 통행료를 바쳐야 했다. 제노바에서 상인 훈련을 받았던 콜럼버스는 자연스레 값이 싸게 먹히는 무역로를 찾으려면 서쪽으로 갈 수밖에 없었다. 당시 포르투갈과 스페인에는 제노바 사람들의 공동체가 여럿 있었고, 그곳에서 그는 기회를 엿보았다. 대서양 연안국가 포르투갈은 이미 남쪽 아프리카 연안을 따라 항해하면서 아시아로 가는 루트를 찾고 있었으므로, 콜럼버스에게는 서쪽 루트밖에 선택의 여지가 없었다.

당시 서유럽은 아시아나 이슬람권에 비해서 상대적으로 허약했다. 로마 시대부터 난징 조약(南京條約, 1842)에 이르기까지 서구는 인도와 중국에 팔 수 있는 경쟁력 있는 기술과 상품이 별로 없었다. 비단, 자기, 향료와 같은 고급 소비재에서 종이에 이르기까지 유럽은 동방에서 수입해야 했다. 유럽은 또 칭기즈칸과 티무르의 말발굽에 시달리기도 했다. 오스만 튀르크 세력이 콘스탄티노플을 점령하자, 서유럽은 새로운 향로무역 루트를 찾기 위해서 대서양으로 갔다. 풍요의 땅인 인도와 중국을 동쪽 루트를 경유하여 가기에는 힘이 부쳤기 때문이다.

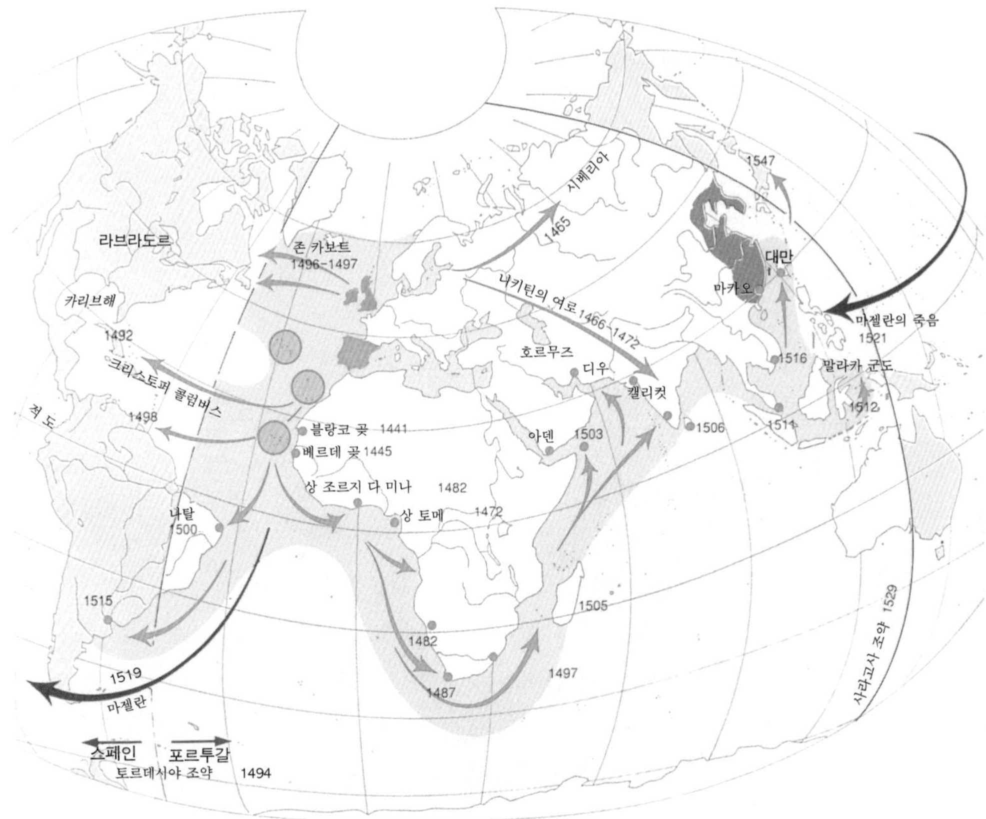

1460-1520년의 유럽 인들의 탐험로

실리셀펠더 범선 모형. 뉘렘베르크, 1503.

구약성서의 요나가 도망갔다는 '땅끝' 스페인과 포르투갈이 우연찮게 들이닥친 행운을 누렸다. 이후 스페인 군주는 식민지로 끌어들인 아메리카에서 대량의 금과 은을 약탈할 수 있었고, 그 덕분에 유럽은 늘어만 가는 아시아와의 적자무역을 지탱할 수 있었다.

콜럼버스는 포르투갈 궁정에서 퇴짜를 맞은 무일푼의 벤처 사업가였지만, 종국에는 운이 좋았다. 오로지 목숨과 기지를 담보로 시작한 벤처 비즈니스가 1492년 스페인에서 빛을 볼 수 있었기 때문이다. 카스티야의 군주 이사벨 여왕이 이베리아 반도에서 이슬람 세력을 완전히 물리친 기념사업으로 그의 사업계획을 승인했다. 레콩키타(Reconquista, 재정복)의 기념 프로젝트로 그들은 콜럼버스에게 세습직책으로 '대양의 제독'이라는 칭호와 발견될 땅에서 얻을 소득의 일정한 지분을 약속했다.

대서양 연안국가 스페인에게는 지리적 이점이 있었다. 그렇지만 왕실은 지극히 작은 금액만 투자를 했다. 콜럼버스가 처음 대서양을 건넜을 때 원정대의 규모는 초라한 범선 세 척에, 인원도 104명에 불과했다. 4차에 걸친 원정에서 범선이 가장 많은 경우도 열일곱 척에 불과했다. 인원도 적게는 100명 단위에서, 많게는 1,200명에 머물렀다. 하지만 그 80여 년 전에 명나라 환관 정화(鄭和)가 대규모 선단을 이끌고 남지나해와 인도양 방면으로 일곱 번이나 나갔던 남해 대원정(南海大遠征, 1405-1433)과는 얼마나 대조적인가?

이슬람 교도로 명나라 영락제(永樂帝)의 궁정에서 환관의 신분으로 태감(太監) 벼슬에 올랐던 정화. 그는 중국이 낳은 뛰어난 탐험가, 외교관, 무역상이자 장군이었다. 그가 이끈 원정에는 41-317척의 함선이 동원되었고, 원정대원의 숫자도 매번 3만 명이나 되었다. 배의 크기에서도 희망봉을 돌아 인도로 가는 항로를 개발한 바스코 다 가마의 배보다 다섯 배나 길었다. 원정단은 오늘날의 동남아, 인도, 동아프리카를 주유했고, 37개국을 방문했다. 15세기 초에 이미 중국은 인도양 지도는 물론이고, 오늘날 예멘의 아덴에서 케냐의 몸바사에 이르는 아프리카 지도까지 손에 넣었던 것이다.

서구 중심주의를 넘어서

그런데도 내가 배운 초등학교 국어 교과서에는 콜럼버스 이야기만 실려 있었다. 산타 마리아, 니냐, 핀타 같은 배 이름을 외워야 했고, 콜럼버스의 계란 이야기도 수없이 들어야 했다. 그러나 정작 정화의 남해 대원정 이야기는 고등학교 세계사 교과서에서 짤막하게 언급되어 있을 뿐이었다. 하나는 성공담의 계보에 속해서 그랬고, 다른 하나는 실패담의 계보에 속해서 그랬을까? 그 이후 대학에 가서 공부를 본격적으로 하면서 익힌 서양의 학문적 전통에도 이 도식은 변함이 없었다.

내가 배운 사회과학의 정전(正典) 대부분은 그랬다. 콜럼버스 이후 유럽은 세계체제의 중심부가 되었고, 이후 눈부신 발전을 거듭하는 반면, 아시아 문명권은 경제적인 정체와 전제정치에 신음했다고 썼다. 몽테스키외가 「법의 정신」에서 그랬고, 헤겔이 「역사철학 강의」에서 그렇게 말했다. 마르크스와 베버도 그런 전통을 충실히 이어받았다. 법적 합리성의 전통은 유교 관료제에서도 찾을 수 있는 전통이건만, 베버는 이를 과소평가했다. 정도의 차이는 있지만, 우리 시대의 대표적인 역사학자인 브로델과 월러스틴의 역사기술에도 서구 중심적 시선은 여전하다. 이들의 세계체제 이야기도 서유럽 내지 북서유럽을 중심에 놓은 위계화된 서열구조의 이야기에 불과하다.

그들에 따르면 서구는 모든 것의 중심이다. 서구는 창의성, 합리성, 지성, 추상적 사유, 이론적 추론, 정신, 규율, 과학, 진보의 가치를 내부적으로 발전시켜왔다. 반면에 주변부는 모방, 비합리성, 충동, 구체적 사유, 경험적 추론, 몸, 자의성, 주술, 정체로 특징지어진다. 서구적 가치는 '서구의 충격'(western impact)에 의해서 주변부로 확산되어간다. 확산주의(擴散主義, diffusionism)는 곧 근대화와 '발전'(development)이라는 이름으로 다시 포장된다. 따라서 서구는 16세기에 근대성을 경험하지만, 나머지 사회는 그 이후 서구의 선물을 통해서 근대성을 받아들이게 된다. 이런 도식은 비단 역사학뿐만 아니라 철학, 문학, 사회과학 일반에도 뿌리 깊게 수용되고 있다.

그러나 이런 서구 중심주의는 세계와 세계사를 얼마나 편향적으로 인식하게 하는가? 유럽이 아메리카 대륙에서 약탈한 은괴가 300년간 줄곧 흘러들어간 곳은 중국과 인도였다. 만리장성 중 명나라 때에 쌓았거나 고친 부분은 멕시코 은괴의 무덤이었다는 사실을 우리의 역사책은 생략하고 있다. 또 이미 당-송시대에 중국은 3성 6부제라는 중앙집권적 관료제를 통해 법적 합리성을 제도화하지 않았던가? 법률서의 편찬 전통도, 책의 종수와 보급률도 서구가 중국을 따라잡은 것은 인쇄자본주의(印刷資本主義, print capitalism)가 본격적으로 발달한 이후이니 그리 오랜 일이 아니다.

탈중심의 역사 서술을 향하여

세계의 역사를 아시아의 관점, 라틴아메리카의 관점에서 한번 해독해보자. 흑인의 관점, 여성의 관점에서 해석해보자. 이슬람의 관점에서, 가톨릭의 관점에서 해석해보자. 육지보다는 바다에서 한번 바라보자. 뒤집어진 세계지도도 한번 보자. 중화민국의 관점에서, '은둔의 왕국' 한국의 관점에서 한번 바라보자. 단순히 서양의 역사를 뒤집어 반대로 해석하기보다는 중심을 해체하여, 모든 것을 지방(지역)으로 만들어놓고 살펴보자. 단선율의 그레고리안 성가가 아니라, 여러 개의 선율이 아름다운 화음을 만들며 진행하는 대위법(對位法, counterpoint)으로 세계사를 해독해보자. 그래야 진정으로 '세계다운 세계'의 역사가 탄생하리라.

역사는 중심에서 주변으로 뻗어나가는 확산운동의 결과물이 아니다. 기원에서 단계별로 진행하는 단선적인 발전은 더더욱 아니다. 그러므로 하나의 잣대로 역사를 읽는 것이 얼마나 위험천만한 일인지 알 수 있으리라. 왜 세계사의 오점인 아편전쟁의 결과물인, 그것도 불평등 조약의 극치인 난징 조약을 중국 근대의 출발점으로 읽어야만 하는가? 왜 '신사도' 영국인들의 잘난 행동만 기억해야 하는가? 서구에 중국의 좋은 차를 공급하고 그 대금은 대량 재배한 인도의 아편을 밀수출하여 결재하려고 함으로써 아편전쟁을 일으킨 19세기의 영국 동인도 회사가 20세기의 콜롬비아의 메데인 카르텔과 다른 점은 과연 무엇인가? 로빈슨 크루소라는 "글을 쓸 줄 아는 서양의 백인 남성"이 무인도에서 문명을 가꾸어가는 이야기를 문명의 전형적인 모델로 인식하게 만드는 우리의 교육과 독서 문화도 다시 한번 살펴보자. 미국 사람들보다 포스터의 가곡을 많이 배우지만, '아시아–태평양 시대'에 정작 이웃 아시아 국가들의 노래는 전혀 가르치지 않는 우리의 음악 교과서도 한번 들추어보자.

나는 이제 초등학교부터 지금까지 배웠던 서양과 세계에 대한 지식이 지정학적으로 편파적일 뿐 아니라 부분적으로는 왜곡된 지식이라고 생각한다. 모든 역사적 지식은 지정학적이고 또 정치적이다. "세계화만이 살길"이라고 한다. 세계와 세계사에 대한 지식도 좀더 "정치적으로, 지정학적으로 공정해져야" "세계화"에 대한 정당한 인식도 가능해질 것이다.

2. '세계사'의 발명 : 서쪽으로 달리는 오리엔트 특급

베아트리체, 아랍풍의 사랑

내가 타레가나 알베니스의 스페인 기타 음악에서, 메조 소프라노 테레사 베르간사가 부르는 세비야 민요(세비야나)에서 아랍적인 정조를 읽어낸다고 한들 놀랄 사람은 없을 것이다. 스페인은 유럽사, 아니 세계사의 근대에서 한참 뒤진 피레네 남쪽의 나라이기 때문이다. 북유럽인들은 19세기까지 피레네 산맥의 남쪽을 아프리카라고 생각했다. 7백년이 넘도록 이슬람 문명이 머물러 있었고, 그만큼 이국적이었기 때문이다. 그렇지만 단테의 「신곡」에도 아랍 냄새가 스며들어 있다면 당신은 어떤 표정을 지을 것인가?

흔히 근대는 3R로 시작한다고 한다. 르네상스(Renaissance), 종교개혁(Reformation), 프랑스 혁명(Revolution)이 바로 그것이다. 프랑스 혁명 대신에 로마 법의 계수(繼受, Reception)를 넣기도 한다. 모두 유럽 문명 발전의 자족적 성격을 강조하기 위한 발언들이다. 르네상스 문학의 예를 들어보기로 하자.

르네상스를 대표하는 시인인 단테가 작품 「신곡」에서 구원의 여인으로 내세운 베아트리체. 독자들에게 천국의 이곳저곳을 안내하는 그녀와 단테와의 관계는 프로방스 문학에서 볼 수 있는 사랑의 전범인 '궁정적 사랑'(courtly love)이다. 궁정적 사랑에서는 남자가 사랑하는 여인의 종이 된다. 주종 관계와 성역할이 전도되는 이 모델은 아랍 문학에

페라라 마지스데르 그라티우스의 학교를 그린 세밀화(1474).

서 따온 것이다. 여인은 이상화된 신적 존재(神的 存在)로 자리를 잡는다. 단테는 기혼녀였던 베아트리체를 '아랍풍으로' 사랑했던 것이다.

비평가 해롤드 블룸도 자신의 마지막 저작 「천재」(*Genius*)에서 천국편에 대해서 이렇게 말한다. "안달루시아의 수피 이븐 아라비(1165-1240)가 메카에서 '자신의' 베아트리체를 조우했던 「메카의 계시」(*Meccan Revelations*)는 몇 군데 순서만 바꾼다면 "천국"(Paradiso)편과 거의 다를 바 없다. 메카의 소피아였던 니잠은 피렌체의 베아트리체처럼 신적 현현이었고, 이븐 아라비를 이상화된 숭고한 사랑으로 이끌었다." 비단 「신곡」만이 그랬던 것도 아니다. 서정시인 보카치오의 음유시에서도 프로방스 문학의 냄새를 지울 수 없다. 르네상스 문학에서 아라베스크 냄새를 누가 지울 수 있겠는가? 시대 분위기상 「이탈리아

르네상스 문화」의 저자 야콥 부르크하르트(1818–1897)는 그것을 읽어낼 수 없었다.

역사의 발명

"유럽은 역사학자를 발명했고, 이들을 잘 활용했다." 브로델이 말했다. 정말 그렇다. 우리가 읽는 세계사, 아니 유럽 중심의 세계사는 역사학자들의 철로 공사를 통해서 만들어진 것이다. 역사학자 대신 철학자들이 동원된 공사가 '세계철학사'였다. 괴테도 덩달아 '세계문학'(Weltliteratur)이라는 말을 지어냈다. 세계사를 배운 우리들에게 대단히 익숙한 명제들을 한번 살펴보기로 하자. 그 중의 일부는 아직도 정설로 받아들여지고 있지만, 상당한 부분은 논란을 거듭하고 있는 실정이다.

(1) 신석기 혁명, 즉 정주형 농업은 '성서의 땅' 근동에서 탄생했다.
(2) 고대 국가와 도시, 발전된 종교, 기록체계, 분업도 근동에서 나타났다.
(3) 금속기시대도 근동에서 시작되었다. 철구 제작은 근동이나 동구에서 시작되었다. 철기시대는 유럽에서 처음 나타났다.
(4) 일신교는 근동에서 처음 나타났다.
(5) 민주주의는 유럽(고대 그리스)에서 처음 발명되었다.
(6) 대부분의 순수과학, 수학, 철학, 역사학, 지리학도 고대 그리스에서 시작되었다.
(7) 계급사회와 계급투쟁은 고대 그리스–로마 지역에서 일어났다.
(8) 로마 제국은 세계 최초의 위대한 제국이었다. 로마인들은 관료제, 법률, 도로를 만들었다.
(9) 봉건제는 유럽에서 처음 등장했고, 프랑스가 발전과정의 선두에 섰다.
(10) 유럽인들은 근대국가를 발명했다.

(11) 유럽인들은 자본주의를 발명했다.
(12) '모험적인' 유럽인들이 대항해 시대를 열었다.
(13) 유럽인들이 산업을 발명했고, 산업혁명을 이끌었다.

오리엔트 특급열차

우리는 이 모든 것이 자명한 사실이라고 믿고 있다. 이 명제들 대부분을 유럽 역사학자들이 '발명'한 것이라고는 생각하지 않는다. 과연 그럴까?

일단 세계사는 중근동을 포함한 '대유럽'(Greater Europe)을 중심으로 전개된다. 하지만 신석기 혁명과 일신교를 발명한 중근동 지역은 전사(前史)로만 포섭된다. 기차가 진정 출발하는 곳은 고대 그리스와 로마 역이다. 기차는 다시 중세 기독교 세계를 돌아보고는 3R이 상징하는 '근대 유럽'이라는 종착역에 도착한다. 서쪽으로만 일방통행으로 달리는 오리엔트 특급열차인 셈이다. 이 특급열차는 너무나 자족적이다. 내부에서 모든 것이 발명되고 해결되기 때문에 그냥 달리기만 하면 된다.

근대 유럽은 다시 '대항해 시대'를 통해서 아메리카로 연결되고, 또 산업혁명과 제국주의적 팽창을 통해서 아시아, 아프리카와 연결된다. 이로써 중심선에서 지선까지 연결된 지구의 세계사는 완성된다. 하지만 이런 단선적인 역사 발전이란 둥글고 형형색색이 뒤섞인 세계를 지독히 근시안적인 시야를 가진 사람이 보이는 것만 보고 그린 그림에 불과하다.

그러나 진실은 얼마나 복잡한가. 「신곡」에도 아랍이 숨어 있고, 트루바두르(중세 남부 프랑스의 음유시인들)의 음유시(吟遊詩)에도 아랍이 숨어 있다. 왜 이런 일이 생겼을까? 하나씩 따져보자. 과연 고대 그리스와 로마에서 르네상스로 바로 연결되는 철로가 있을까? 아니다. 그리스와 로마 역에서 르네상스 역에 이르려면 반드시 아랍-무슬림(-유대) 역을 지나 스페인-포르투갈 역을 거쳐야 한다. 이베리아 반도에서

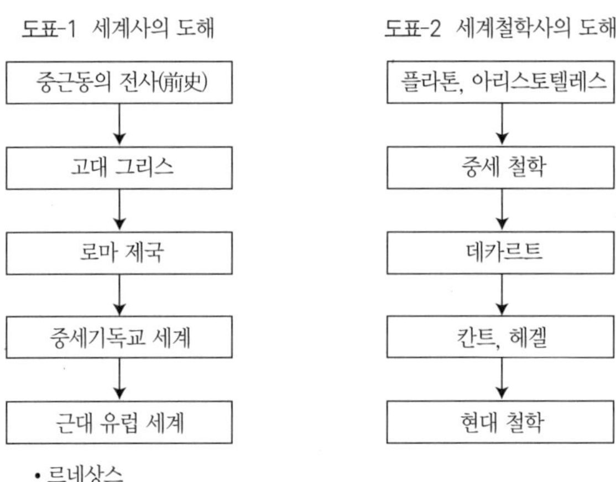

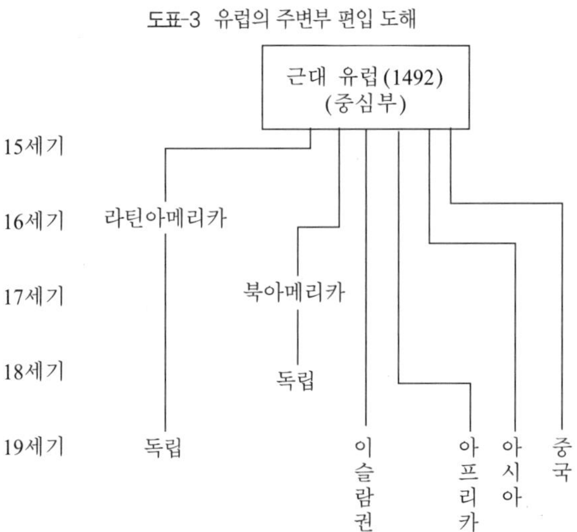

열차는 7백 년 이상 정차했다가 프로방스 지방을 통해서 다시 서유럽 전역으로 연결된다.

아리스토텔레스는 그리스 철인이었지만, 8세기 이후에는 아랍의 철학과 자연과학의 일부가 되었다. 그의 과학서와 철학서들은 후일 이슬람 문명권이었던 스페인의 코르도바에서 라틴어로 번역되어 르네상스

역으로 전달되었다. 르네상스의 천재들은 모두 아리스토텔레스의 제자였고, 그 아리스토텔레스의 저술들은 대부분 아랍인들이 번역하고 주석서를 붙인 것들이었다. 르네상스에서 아랍과 이슬람의 영향을 배제하는 것은 처녀가 꿈속에서 태몽만으로 아기를 뱄다는 이야기와 비슷한 것이다.

"서구=그리스+로마+기독교"라는 도식도 짜깁기이기는 마찬가지이다. 그리스의 헬레니즘 세계는 옥시덴트보다는 오리엔트, 즉 소아시아와 이집트 세계에 더 깊은 인연을 가졌다. 르네상스도 콘스탄티노플에서 가져온 그리스 필사본이 없었다면 전혀 다른 모습을 띠었을 것이다. 로마조차도 라틴 유럽을 넘어서 이집트를 포함한 북부 아프리카가 포괄된 지역이었다. 기독교도 이슬람과 마찬가지로 서구와 전혀 관계없는 근동 지역에서 탄생했고 헬레니즘 세계와 끊을 수 없는 연을 가지고 있다. 초기 교회 대부분은 헬레니즘 세계에 속한 것들이었다. 신약성서도 그리스어로 기록되지 않았던가? 라틴 기독교가 탄생한 것이나, 기독교가 서구화된 것은 오로지 사도 바울로가 로마 제국이 부여한 시민권을 행사하여 로마에서 순교했기 때문이었다.

더욱이 철학적 전통으로 따지자면 그리스 세계관과 기독교 세계관은 얼마나 이질적인가? 하나는 본질에 대한 질문으로 가득 찬 담론 전통(국가란, 정의란, 사랑이란 대체 무엇인가?)을 가졌다면, 다른 하나는 시키는 대로 따라 하면 되는 매뉴얼이 준비된 세계였다. 이 율법의 세계에서 "도대체 이게 뭘꼬?" 하는 질문은 금지되어 있었다. 이렇게 코드가 달랐지만, 유럽적 근대성이란 틀 속에서는 모든 것이 화해를 한다.

프리드리히 쉴레겔은 그리스 철학을 끌어들여 유럽주의 신화를 만드는 데에 큰 공을 세운 독일 낭만주의자였다. 그는 이집트(소아시아 세계)를 밀어내고 인도-유럽어권의 중심성을 주장하며, 세계철학사의 계보를 완성한다. 스스로 탄생한(自生, autopoesis) 고전 그리스와 로마는 중세로 연결되고, 바로 데카르트와 칸트로 이어진다. 프러시아 내지 북유럽 중심의 새로운 세계사와 세계철학사가 발명되었던 것이다.

코르도바인 아베로에스는 아리스토텔레스 철학을 집대성한 이슬람 철학자이며 르네상스 이후 유럽에 큰 영향을 미쳤다.

세계사 발명은 아이디어로 끝나지 않았다. 파이퍼는 「고전교육의 역사」(*History of Classical Scholarship*)에서 말했다. "라틴 전통의 인문주의와 단절된, 완전히 새로운 인문주의, 진정 새로운 헬레니즘이 자라났다. 빙켈만이 발주자라면, 괴테는 완성자이고, 언어, 역사, 교육 분야에 저술을 남긴 빌헬름 폰 훔볼트는 이론가였다. 훔볼트는 결국 프러시아의 교육부 장관이 되었고, 그는 생각을 실천에 옮겼다. 베를린에 새로운 대학교를 세웠고, 새로운 인문주의를 창달하는 김나지움을 만들었던 것이다." 하지만 프러시아는 유럽에서 역사적으로 가장 후진적인 지역의 하나였다. 그러니 얼마나 역설적인가? 우리가 읽고 있는 세계사라는 것은 유럽주의, 또는 북유럽주의의 저자들이 편의적으로 이어놓은 헝겊조각들로 짜깁기한 옷과 다를 바가 없다.

3. 놀라운 '발견' : 1492년

'발견'이라는 언어가 숨기는 것

"1955년 나는 마드리드, 파리, 베네치아, 피렌체, 로마, 나폴리, 아테네를 발견했다. 이미 1947년에 나는 뉴욕을 발견한 바 있었다. 1956년에는 런던, 안트베르펜, 브뤼셀을 발견했다. 그럼에도 불구하고, 내가 쓴 시와 엽서 몇 편을 제외하고는 이렇게 흥미로운 발견을 이야기하고 있는 텍스트를 보지 못했다. 아마도 내가 이 유명한 도시들을 처음 방문했을 당시에 이미 많은 사람들이 살고 있었다는 사실이 사람들로 하여금 그 숙연한 침묵으로 이끄나보다. 이렇게 생각하니, 내가 태어났고 살고 있는 대륙에 몇몇 유럽인들이 도착한 것을 우쭐대며 부르는 소위 '아메리카의 발견'이라는 말을 받아들일 수가 없구나. 그들이 (우연히) 도착했을 그 당시 지구에서 인구가 가장 많은 두 도시는, 멕시코 시인인 카를로스 페이세르의 말에 따르면 테노치티틀란(멕시코 시티)과 베이징이었다. 그가 아는 바에 의하면 유럽에는 이만한 도시가 없었다고 한다." 쿠바 작가 레타마르르는 이처럼 '발견'(dis-cover)이 은폐한 덮개를 벗겼다.

코르테스를 따라 멕시코 정복에 나섰던 베르날 디아스도 당시의 '발견'의 놀라움을 이렇게 기록으로 남겼다. "수상에 세워진 도시와 마을 전체, 대지 위에 선 여타 대도시, 그리고 멕시코로 통하는 평탄한 제방길을 보았을 때 우리는 깜짝 놀랐다. 물 위에 우뚝 솟은 이 위대한 도시와 사원들 그리고 건물들은 모두 석조 건축물이었는데, 아마디스의 전설 이야기에서나 볼 수 있는 환상적인 모습으로 다가왔다. 정말 병사들 중에 몇몇은 이게 꿈이 아닌지 물어보기도 했다." 베네치아처럼 아름다운 수상도시를 건설한 멕시코 사람들을 이들은 '발견'했고, 또 지워버렸다. 엔리케 두셀에 따르면 '발견'(discovery)은 '은닉'(coverup)이고 '은폐'일 뿐이다.

대서양을 건너 아메리카 땅을 처음 밟은 사람이 콜럼버스라는 교과서 이야기는 거짓이다. 이미 바이킹족들이 고기를 잡으러 그린란드를 드나들었다. 오래 전부터 아메리카는 아시아인들의 대륙이었다. 빙하기에 시베리아에 있던 몽골계 아시아인들이 알래스카를 거쳐서 아메리카로 들어왔고, 또 동남아인들이 남태평양의 군도들을 거쳐서 칠레로 흘러 들어왔다. 이들의 후예들은 스페인 정복자들도 놀랄 정도로 화려하고 장대한 아스텍, 마야, 잉카와 같은 발전된 문명을 건설했다.

콜럼버스의 역사적 기여는 아메리카란 신대륙을 '인도'라고 우겼고, 이 약속의 땅을 처음 '발견'하여 카스티야 군주의 땅으로 만든 것이다. 오스만 튀르크 제국 때문에 동쪽 진로가 막힌 서유럽은 아메리카를 통해서 황금과 은을 얻었고, 이를 통해서 근대로 나아갈 수 있었다. 물질문명으로 보자면 이슬람권과 인도, 중국에 한 단계 뒤진 서유럽이었다. 이들은 아메리카를 통해서 귀금속을 얻었고, 원재료를 조달했으며, 판매로를 확장할 수 있었던 것이다. "그리스도를 담지한 사람"(크리스토퍼)인 콜럼버스는 마지막 중세인이었지만, 그가 연 문은 '근대'라는 이름을 지녔다. 하지만 그가 생산했고, 우리에게 익숙한 1492년의 '발견'이라는 담론은 황당하기 그지없는 폭력의 언어이다. 이 말은 아메리카에 사는 사람들과 그 문명을 은폐하고 지워버린다.

교향곡 "신세계"

미국에서는 해마다 콜럼버스 데이(Columbus Day)를 지키며 다양한 행사를 준비하고 치른다. 미지의 세계를 개척한 선구자로, 뛰어난 탐험가로 그를 기린 지명(오하이오 주의 콜럼버스)이나 학교 이름도 눈에 띈다. 몇 년 전에 총기난동 사고로 여러 명이 죽었던 학교 이름도 '콜럼바인 하이스쿨'이 아니었던가? 1992년에는 '발견 500주년'이라는 이름으로 유럽과 미국은 대대적으로 이를 기념했다. 바르셀로나 올림픽을 위시하여 세비야의 엑스포를 통해서 스페인은 은근히 서구문명의 발전에 자신들이 담당한 역할을 과시했다.

1892년 400주년 기념식은 미국이 주도했다. 안토닌 드보르자크는 뉴욕 시의 음악원(Conservatory of Music)의 지휘자로 막 자리를 잡았다. 한 해 동안 그는 1893년 시카고의 콜럼버스 엑스포(Columbian Exposition)에서 초연될 교향곡 "신세계"(New World)를 작곡하는 데에 여념이 없었다. "꿈 속에 그려야 그리운 고향, 옛 터전 지금은 향기도 높네"라는 멜로디는 그렇게 탄생했다. 콜럼버스는 미국인들의 영웅이 되었다. 그가 없는 미합중국은 상상할 수 없었고, 그는 건국의 아버지들(Founding Fathers) 위에 있는 '건국의 할아버지'가 되었다. 당시 미국이 성취한 "진보, 과학, 부, 권력, 문명"을 표상하는 대명사가 된 것이다.

콜럼버스 엑스포는 1893년 5월 1일에 개최되었다. 클리블랜드 대통령은 30만 명의 인파가 운집한 가운데 금으로 만든 전신 키를 눌렀다. 당시의 광경을 한 리포트는 이렇게 전한다. "이와 동시에 청중들은 일제히 청천벽력 같은 소리를 질렀다. 오케스트라는 할렐루야 합창곡을 힘차게 불렀다. 머시너리 홀에는 거대한 엘리스 엔진의 바퀴가 돌아가기 시작했다. 호수의 전기분수대는 하늘을 향해 물줄기를 뿜어올렸다. 맥머니 분수대에서 물줄기들이 터져 나왔다가 다시 저수조로 흘러 들었다. 호수의 배 위에서는 대포알이 발사되었다. 매뉴팩처러 홀과 독일관의 차임벨들이 일제히 경쾌하게 울렸다. 플랫폼의 앞에 있는 게양대의 깃발들이 찢어지자 눈앞에 무엇인가가 드러났다. 콜럼버스가 최초로 아메리카 해안을 항해했을 때 탔던 두 척의 도금 모형 선박이었다." 자신의 아메리카 발견 400년 뒤에 콜럼버스는 미국인들에 의해서 서구

문명의 상징으로 부상하게 되었다. 그는 이성, 진보, 모험심을 표상하는 구미 문명의 아이콘이 된 것이다.

슬픈 원주민들

그러나 이 시절 미국 원주민들은 인디언 보호구역에 격리되어 있었다. 미국의 건국사는 원주민 추방과 학살의 역사이기도 했다. 커스터 중령은 원주민들을 절멸시키기 위해서 그들의 식량 공급원인 버펄로까지 모두 죽였다. 그는 결국 그의 부대와 함께 리틀 빅 혼 전투(1876. 6. 25)에서 원주민들에게 전멸당했지만, 웨스트포인트에서 성대하게 장례가 치러졌다. 원주민을 철저하게 박멸하려고 했던 그는 백인의 미국역사에서 영웅이 되었고 이제는 신화가 되었다. 그러나 원주민들의 입장에서 보면, 콜럼버스는 커스터와 같은 인간 도살자들이 담겨 있던 판도라의 상자를 연 사람이었다. 원주민들에게 콜럼버스 데이는 기쁜 날이 아니라 슬픈 날이고, 저주받아 마땅한 날일 것이다. 1987년 10월에 멕시코의 원주민 단체가 조직한 한 회합의 선언문은 '아메리카의 발견'이 기념할 만한 날이 아니라 원주민들에게 슬픈 상처를 기억하는 쓰라린 날임을 강조하고 있다.

"우리들은 발견이 훌륭한 것이었다고 잘못 생각했다. '종족의 날'(Día de la raza : 콜럼버스 데이에 해당하는 10월 12일의 축제일)이 무엇인지 우리는 이제 그 결말을 잘 안다. 우리는 그동안 도대체 무슨 일이 일어났었는지에 관한 몇몇 문건을 지역 공동체에 돌릴 필요가 있다. 그래야 왜 우리가 노예상태가 되었는지 보다 잘 알 수 있을 것이다. 10월 12일에 축제를 열 필요가 없다. 왜냐하면 우리는 슬프기 때문이다. 요한 바오로 2세는 그 날을 기념하기 위해서 9일 기도회를 준비할 것을 요청한 것으로 안다. 그러나 우리들의 대답은 다음과 같다. '교황은 우리가 말할 수밖에 없는 것을 들어야 한다. 교황의 역할은 교회에 봉사하는 것이다. 그런데 우리가 바로 교회이다.' 오늘날에도 정복은 온갖 공포와 슬픔을 동반한 채 계속되고 있다. 우리는 축제를 기념하고 싶지 않다. 왜냐하면 수도사들은 성서가 말하는 것처럼 형제로 온 것이 아니라, 우리를 노예상태로 만든 스페인 정복대의 일부로 왔기 때문이다. 우리는 슬프다."

검은 스키 마스크를 쓴 마르코스 부사령관과 치아파스 원주민들은 500년간 '발견'이라는 언어가 자행한 폭력과 이로 인해서 강요된 망각에 저항한다. 이들은 잘라 말한다. 유럽인들은 '침입'했을 뿐이라고. "무주물 선점"(無主物先占) 원리나 "정의의 전쟁"(just war)과 같은 법률적 용어도, "고귀한 야만"이나 "식인풍습"에 관한 담론도 서구가 자행한 폭력을 은폐하고 자신들의 배타적 지배를 미화하는 언어일 뿐이다. 그러니 이제 더 이상 1492년에 아메리카가 '발견'되었다고 우기지 말자.

4. 노예상인 콜럼버스

환상문학가 콜럼버스

1492년 콜럼버스는 「항해일지」에 요즈음 관광 안내서에 나옴직한 글을 남겼다. 그는 독학자이지만, 환상문학의 대가다운 풍모를 보인다. 그는 「족장의 가을」을 쓴 가르시아 마르케스나 「하프와 그늘」을 쓴 알레호 카르펜티에르의 선구자이다. 두 대가는 모두 신대륙과 조우하는 콜럼버스를 소설에서 다루거나, 패러디한다.

"놀라운 맛을 지닌 과일과 나무가 있고, 새들이 있습니다. 밤에는 귀뚜라미가 노래하며, 공기는 향기롭고 달콤합니다. 어떤 물고기들은 세상에서 가장 아름다운 색깔로 된 수탉처럼 생겼답니다. 푸른색, 노란색 등 형형색색으로 그린 것 같습니다. 세비야의 4월에 그 달콤한 공기를 마시는 것이 기쁨이듯이, 여기 공기도 마찬가지로 대단히 달콤하답니다. 마치 어머니가 방금 낳은 아이처럼 남녀 모두 벌거벗고 다니지요. 하늘에서 내려왔다고 상상이 될 정도로 순결하며, 자신들이 가진 것을 아무 것이나 받고 줄 정도로 맘씨가 좋습니다. 받은 것이 아무리 적더라도 말하는 법이 없지요. 그들은 아름답고 너무 선해서, 전쟁 같은 악은 상상도 못한답니다. 스페인인이 한 사람이라도 보이면 그들 100명이 몸을 피할 것입니다."

자신의 항해와 식민사업을 허가하고 돈을 대준 군주의 마음에 들기

크리스토퍼 콜럼버스. 드 브리 그림

위해서 판타지 기법을 사용했다. 그래서 탄생한 것이 '선량한 야만'(bon sauvage)이라는 담론의 전통이다. 지금 낙원에는 벌거벗은 사람들이 있다. 콜럼버스는 실낙원 이전의 인간들을 발견한 듯이 흥분한다. '황금시대'의 목가적 삶이 바로 여기 있다고 외쳤던 것이다. 그래픽 디자인과 온갖 수사를 동원하여 투자자를 미혹시키는 요즘 벤처 사업가들과 무엇이 다를까?

인류학자 콜럼버스

"그들은 모두 어머니가 막 낳은 아이들처럼 벌거벗고 다닙니다. 정말 어린 소녀를 한 명밖에 보지 않았지만, 여자들도 마찬가지입니다. 내가 본 것은 전부 30세 미만의 청년들(mancebos)이었습니다. 그들은 덩치가 좋았고, 근사한 몸매에 대단히 얼굴이 잘 생겼습니다. 모발은 말총의 털처럼 생겼고, 짧았습니다. 머리카락은 눈꺼풀을 덮을 정도였지만, 등 뒤로 길게 땋았고, 결코 자르지 않았습니다. 몇몇은 몸을 검게 칠했고(그들은 카나리아 섬 사람들처럼 흑인도 백인도 아니었습니다) 몇몇은 희얗거나 붉게 칠했습니다. 몇몇은 눈에 보이는 것으로 칠했습니다. 몇몇은 얼굴에 칠했지만, 몇몇은 몸 전체를 칠했습니다. 또 몇몇은 눈에만 칠했고, 다른 몇몇은 코에만 칠했습니다."

비록 조악한 기록이지만, 콜럼버스는 판타지 기법에서 벗어나 원주민들의 모발과 신체적 조건을 가급적 객관적으로 묘사한다. '아메리카 인류학'이 탄생하는 순간이다. 하지만 이 인류학은 바로 후견주의적이고 부성적 시선이 각인된다. 만세보(mancebo)는 성적으로 불완전하고 도덕적으로 성숙하지 못한 젊은이를 일컫는다. 그는 아버지의 권위 아래에서 후견을 받아야만 한다. 원주민은 아버지 스페인의 훈육과 후견이 필요한 것이다. 조만간 그는 기독교식으로 입어야 하고, 하느님을 받아들여야 하며, 문명인의 의무인 노동을 해야만 한다.

"날카로운 칼을 보여주었는데도, 칼날을 덥석 쥐었습니다. 이내 손바닥을 베는 것은 당연했습니다. 훌륭한 일꾼으로 만들 수 있을 것이고, 또 재주도 좋을 것입니다……제 생각으로는 쉽게 기독교도로 만들 수 있을 것 같습니다. 그들은 종교가 없는 것처럼 보이기 때문입니다. 주군께서는 기뻐하십시오. 저는 출항할 때 전하께 여섯 명을 데려갈 것입니다. 그들은 말하는 것을 배울 것입니다."

그들은 옷도, 무기도, 소유물도, 철도 없었다. 이제 종교도, 글자도 없기 때문에 백지(tabla rasa) 상태에 놓여 있다. 우리가 그 백지를 채우면 훌륭한 일꾼이 되기에 충분하다. '선량한 야만'은 너무 쉽게도 노예주의 인류학으로, 노예주의 경제학으로 이행하고 있는 것이다. 그러나 앞뒤가 맞지 않는 얘기가 되겠지만, 콜럼버스의 「항해일지」는 원주민들의 후의와 친절함도 빼먹지 않고 기록하고 있다.

원주민들의 후의

"그들이 우리들의 친구가 되었다는 것은 기적이었습니다…… 그들은 선의로 가진 것 모두를 우리들에게 주었고 바꾸었습니다"(10. 12).

"저는 식수를 얻으려고 배에서 보트를 내려보냈습니다. 그들은 흔쾌히 식수가 있는 곳을 사람들에게 알려주었고, 그들 스스로 보트로 물이 가득 담긴 통을 날라다주었습니다. 우리들을 기쁘게 만드는 것이 그들에게는 큰 즐거움이었습니다"(10. 16).

"그들은 대단히 선량해서 도대체 악이 무엇인지 알지 못했습니다. 그들은 누굴 살인하거나 도둑질하지 않았습니다"(11. 12).

"전하께서는 이 세상 어느 곳에서도 이처럼 훌륭하고 선량한 백성은 없다는 것을 믿으실 것입니다…… 어떤 인민도, 어떤 땅도 이보다 좋지 않습니다……모든 사람들은 너무 사랑스럽게 행동하고, 즐겁게 이야기를 합니다(12. 24)."

이런 후의에도 불구하고 콜럼버스의 생각은 애초부터 명확했다. 황금에 대한 욕망이, 귀족이라는 타이틀에 대한 욕망이 그를 대서양으로 내몬 것이다. 수차례 타이노 원주민들에게 목면과 앵무새 선물을 받았지만, 마음에 차지 않았다. 그는 계속 "도대체 황금은 어디에 있느냐"고 집요하게 물었다. 마침내 남쪽으로 가면 "황금을 대단히 많이 소유한 왕이 있다"는 뜻의 말을 듣게 된다. 「항해일지」는 황금에 대한 콜럼버스의 집착 또한 잘 기록하고 있다.

금이 많이 있습니다(10. 15).

금광이 있습니다(10. 16).

사마옷은 금이 있는 섬이거나 도시입니다(10. 16).

(다른 섬에는) 금광과 진주가 있었습니다(10. 28).

보이오에는 엄청난 금이 있습니다(11. 4).

(베네케에서) 상당한 금이 있다는 전갈을 받았습니다(11. 13).

(이웃 섬에서는) 대단히 많은 양의 금이 생산됩니다(12. 18).

(다른 섬에서는) 흙보다 금이 더 많습니다(12. 22).

'선량한 야민'이라는 신화와 황금에 대한 애정은 1년 정도 모순적으로 공존했다. 콜럼버스의 군주는 「항해일지」의 내용을 믿었고, 제2차 대규모 항해도 지원해주었다. 그가 들고 온 황금은 많지 않았지만, 충분히 투자할 가치가 있는 땅이라고 믿었다. 하지만 '선량한 야만'의 신화는 쉽게 무너지고 만다. 1493년 9월 제2차 항해에 올라 그가 건설한 나비닷 요새에 가보니, 39명의 수비대원이 모두 죽었고 요새마저 파괴된 것을 보았다. 이제 대항하는 원주민들은 절멸되어야 할 야만인들로 둔갑했다.

노예상인 콜럼버스

식민사업에 원주민 노동력을 동원하는 것이 불가피해지자, 그는 원주민들이야말로 "부의 원천"이라고 기록한다. "그들이 땅을 파고, 기독교인들에게 빵과 다른 보급품을 제공한다. 광산에서 금을 캐고, 다른 모든 인간의 일거리를 담당하고, 짐을 나르는 짐승 역할까지 한다." 그러면서 식민사업에 참가한 귀족들에게 이들을 노예로 나누어준다. 아울러 최고의 투자자이며 자신에게 귀족 신분을 부여한 군주를 안심시키기 위해서 계속 편지를 보낸다. "성 삼위일체의 이름으로, 팔 수 있는 모든 노예들을 여기에서 보낼 수 있습니다." 콜럼버스는 비즈니스

파트너인 군주에게 노예판매 사업을 은근히 제안한다. 그도 노예무역상이라는 비난에서 자유로울 수 없을 것이다.

군주와의 파트너십은 7년 동안 지속되었지만, 별다른 성과는 나오지 않았다. 실망한 군주는 독점적 식민사업을 보다 많은 희망자들에게 열어주면서, 그를 소외시켰다. '그리스도의 담지자'(Christopher)는 말년에 자신의 '발견'과 탐험이 하느님의 섭리였다고 합리화했다. 자신의 꿈은 돈을 왕창 벌어서 예루살렘의 성지를 회복하는 십자군을 조직하는 것이라고도 했다. 그러나 이러한 구술은 자신의 인생을 합리화하는 만년에 나온 것일 뿐이다. 라스 카사스 신부는 「서인도 역사」에 이 구술 원고를 재편집하여 포함시켰고, "위대한 신앙인" 콜럼버스의 역할을 섭리사관에 입각해서 해석했다. 그렇지만 성서는 황금과 하느님을 동시에 섬길 수 없음을 말하고 있지 않는가? 콜럼버스라는 한 인간 내부에, 아메리카를 향한 서구 문명의 상충하는 욕망들이 뒤엉켜 있는 셈이다.

(보론) 라스 카사스의 위대한 신앙인 콜럼버스에 관한 기록

이 글은 바르톨로메 데 라스 카사스(1484-1566)가 쓴 「서인도 역사」에 있는 콜럼버스에 관한 기록이다. 그는 1500년에 이스파뇰라 섬에서 콜럼버스를 볼 수 있었다. 그의 부친과 삼촌은 콜럼버스의 제2차 항해에 동행했다. 그는 '위대한 신앙인' 콜럼버스를 섭리사관으로 그리고 있지만, 요즘 역사가들(대표적인 학자는 페르난데스-아르메스토)은 그가 콜럼버스의 후기 진술의 자족적 측면을 너무 일면적으로 받아들이고 있다고 비판한다.

"콜럼버스의 겉모습을 살펴보자. 키는 대단히 컸고, 얼굴은 길었으며, 위엄이 가득 찬 인상을 주었다. 매부리코였고, 푸른 눈을 지녔으며, 맑은 피부에 약간 붉은 기가 감돌았다. 젊은 시절에는 턱수염과 머리카락이 아름다웠지만, 열심히 일을 한 덕분에 바로 회색빛으로 변했다. 그는 위트가 넘쳤고, 쾌활하게 대화했다. 앞부분의 포르투갈 시절 이야기에서 이미 언급했듯이, 그는 협상에 능숙했고 남을 잘 응대했다. 매너는 엄격했지만 무겁지는 않았다. 그는 모르는 사람들도 잘 응대했고, 부드럽고 기쁜 마음으로 가족들을 대했다. 그는 위엄을 가지고 사람들을 사귀었고, 그를 본 사람이면 누구나 그를 사랑했다. 요컨대 그는 일관성 있는 사람이라는 인상을 주었다. 그는 먹고 마시거나, 옷과 신발을 착용할 때에도 차분하고 온화했다.

"농담을 할 때이든, 화가 날 때이든 이렇게 그는 말하곤 했다. '하느님께서 그대를 데리고 가실 거야, 그렇지 않아?' '왜 그렇게 했지?' 기독교 신앙에 관해 말하자면, 그는 신앙심이 깊은 가톨릭이었다. 그가 무슨 일을 하든, 말하든 이렇게 시작했다. '성 삼위일체의 이름으로 이것을 합니다.' '이 일이 이루어질 것이다.' 그가 쓴 모든 글은 이렇게 시작하고 있다. '예수님과 성모 마리아님께서 우리 앞에서 기다리고 계신다.' 내가 가지고 있는 유품 가운데 이렇게 된 글들이 많이 있다. 때때로 그의 서원은 이렇게 시작한다. '성 페르난도의 이름으로 맹세하노니.' 그가 매우 중요한 것의 진실을 확인하고자 할 때에, 특히 군주와 여왕께 서한을 보낼 때에는 이렇게 쓴다. '저는 이것이 진실임을 맹세합니다.'

"그는 교회의 금식일들을 성심껏 지켰고, 고백성사도 친교도 매우 자주 가졌다. 그는 성직자나 사제들처럼 성무제례를 지켰고, 신성모독이나 헛된 맹세를 멀리했다. 그는 성모 마리아와 프란체스코 성인을 열심히 숭배했다. 하느님의 도움으로 받은 혜택에 대해서 그는 크게 감사했다. 그가 여러 번 반복했다고 하는 이런 말이 나돌 정도이다. 하느님께서는 다윗에게 베푼 것처럼 그에게도 특별한 은혜를 베풀었다고. 그가 황금이나 귀금속을 얻게 되었을 때 교회에 들어가서 꿇어 앉았는데, 이웃들에게도 똑같이 하길 권했다. '하느님께 감사드립시다.

하느님은 우리들에게 이 엄청난 부를 발견하도록 은혜를 주셨습니다.'

"그는 하느님을 섬기는 데에 누구보다 열성적이었다. 그는 인디오들을 개종시키기를 원했고, 예수 그리스도의 신앙이 만방에 퍼지기를 바랐다. 그는 하느님께서 그에게 〔예루살렘의〕 성궤를 되찾아오도록 도와주시기를 정말 열망했다…… 그는 위대한 정신, 고귀한 사상의 소유자였고 ―이 점은 그의 인생, 행적, 저술, 언사 등에서 자연스럽게 묻어 있다 ― 후세에 기억될 위대한 일을 해냈다. 그는 오랫동안 고통을 겪었지만 인내심이 강했고, 자신에게 험담을 하는 사람도 쉽게 용서해주었다. 그가 원했던 것은 자신을 반대하는 사람들이 오류를 인정하고 그와 화해하는 것뿐이었다.

"믿을 수 없을 정도로 끝이 보이지 않던 고난과 불행을 견뎌야 했지만, 그는 불굴의 의지로 시종일관 이를 이겨냈다. 그는 항상 하느님의 섭리를 철석같이 믿었다. 내가 그로부터 그리고 1493년에 이스파놀라섬에 정주하기 위해서 그와 함께 (스페인을) 떠났던 나의 부친으로부터, 또 그를 따랐고 섬겼던 다른 사람들에게서 들었던 대로, 그는 군주와 여왕 전하께 가장 충성스럽고 열성이 가득한 사람이었다."

5. 잊혀진 항해왕 정화

7월의 말라카

내가 방문했던 7월의 말라카는 생각보다 덥지 않았다. 햇볕은 따가웠지만, 습도는 견딜 만했다. 16세기 초 포르투갈 사람들이 쌓았던 성채 아 파모사(A Famosa) 유적지를 거쳐 영국인들의 유산인 세인트 폴 교회를 대충 보고 언덕을 내려오니, 이번에는 네덜란드 사람들이 남긴 플랑드르 양식의 건물 스타듀이스 박물관이 눈에 들어온다. 말하자면 근 500년간 말라카를 지배했던 이민족들의 유산을 한꺼번에 본 셈이다. 가까운 곳에 옛날 갈레온 선박을 개조한 해양 박물관이 있어서 선박의 변천사와 말라카 해협을 둘러싼 갈등의 500년 역사까지 함께 보는 행운을 누릴 수 있었다.

말라카는 유명한 향료 무역의 중계지였다. 지금도 말라카 해협은 온갖 물류가 지나가는 중요한 해로이지만, 당시에는 인도양과 자바 그리고 남중국을 잇는 중계항으로 전략적 가치가 높았다. 포르투갈 사람들은 1511년에 이곳을 장악했고 난공불락의 요새 아 파모사를 세웠다. 네덜란드 사람들은 1641년에 포르투갈인들을 밀어냈고, 짭짤한 수익을 누렸지만, 다시 1795년에 영국인들에게 밀려났다. 대동아 전쟁 시절에는 일본인들 천지였다. 1957년 비로소 말레이시아는 식민지 열강의 손에서 벗어나서 독립을 쟁취했다. 참으로 피곤했던 500년의 역사였다.

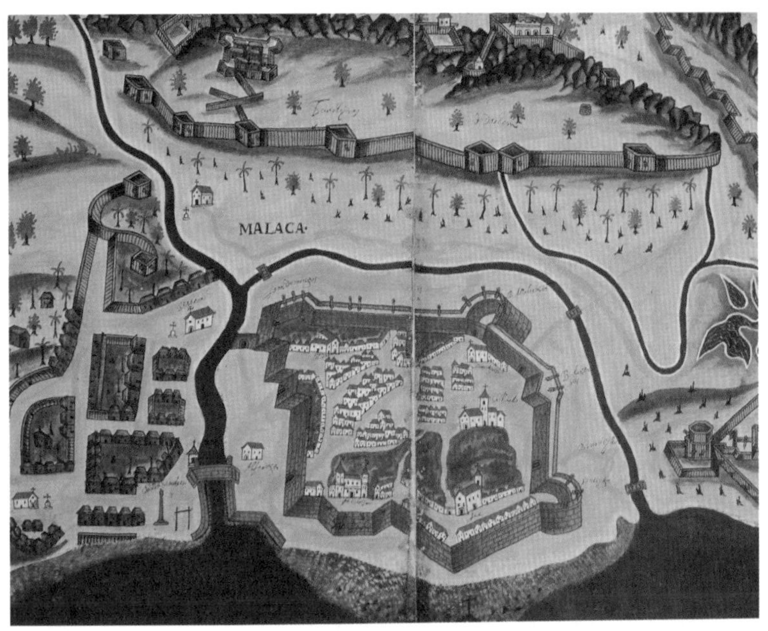

16세기의 말라카 지도

말라카는 이민족의 침입으로 말레이인들이 감당해야 했던 고단한 삶만큼 여러 개의 문명이 뒤섞인 생활상도 잘 보여준다. 차도르를 두른 말레이 여성들이 길을 가득 메운다. 여기저기에서 모스크와 미나레트를 볼 수 있다. 그러나 시가지를 한 바퀴 돌면 성공회 성당, 예수회 수도원과 학교, 화교들의 절이나 도교 사원, 타밀 인도인들의 힌두교 사원도 만날 수 있다. 이 정도면 세계의 주요 종교는 모두 망라한 듯싶다. 음식문화도 퓨전 일색이지만, 내 눈에는 중국의 영향이 가장 강한 것 같다. 각종 볶음, 튀김, 혼합 요리는 거의 국적을 변별하기 힘들 정도이다.

부킷 치나를 거쳐 첸훈텡 사원에 갔다. 우리말로는 청운정(青雲亭)쯤 되겠지만, 온전한 불교사원이라기보다는 도교신앙이 뒤섞인 퓨전형 사원이다. 절의 기와 위에는 삼국지 영웅들의 이야기를 묘사한 정교한 상(像)들이 장식되어 있다. 화교들은 경내에서 초나 향을 피우곤 열심히 기도한다. 하지만 기도가 끝나면 순식간에 맨발의 사나이가 나타나 촛불과 향불을 끄고 그것들을 가져간다. 사나이는 이것을 다시 절 입구의 상인들에게 넘겨줄 것이다. 얼마나 경제적이고 알뜰한 중국인들인가.

포르투갈 사람들의 공동체도 있다고 해서 택시를 타고 찾아갔다. 바닷가 한쪽에 모여 있는 해산물 전문 식당가였다. 더운 여름날 바깥에서 해산물에다 맥주를 들고 있는 여행객들이 몇몇 보였지만, 왠지 썰렁한 느낌이 들어서 그냥 돌아왔다. 하지만 언젠가 브라질 북동부의 살바도르 해변가의 식당에서 해산물 요리를 먹던 그 시절이 문득 떠올랐다. 너무 비슷했다. 역시 각 민족이 풍기는 독특한 분위기는 어디나 마찬가지이구나.

삼보공 정화를 찾아서

이튿날 도교사원 삼보공(三寶公) 사원을 찾았다. 삼보공은 명나라 환관으로 7차에 이른 남해 대원정(南海大遠征)을 지휘했던 정화(鄭和)를 말한다. 아마도 화교 사회가 자신들의 수호신인 정화 장군의 영을 기리기 위해서 이곳에 세운 도교사원이리라. 그러나 정작 안내문 하나도 보이지 않는다. 현지인들에게 물어보아도 고개를 갸우뚱한다. 사원 옆에는 늘 마르지 않는 큰 우물 항리포가 있다. 항리포는 영락제가 이곳의 술탄에게 주었던 궁중의 시녀였거나, 아니면 정화를 따라왔다가 그곳에 눌러 앉은 중국인 가계의 딸일 것이라고 한다. 하지만 중국인들은 한사코 "공주 항리포"라고 믿는다. 자기들이 황손과의 먼 인척이라고 믿고 싶기 때문일 것이다.

쿠빌라이의 원 나라 때 넓게 열린 동서 교역로는 원과 명의 교체기에 부분적으로 마비상태에 있었다. 더구나 명 제국의 태조 주원장(朱元璋)은 해금령(海禁令)을 내려 바다를 통한 사무역(私貿易)을 막은 바 있었다. 하지만 태조의 방침과 달리, 바닷길을 통해서 중화질서를 확

정화의 서양보선은 돛도 9개였고, 콜럼버스의 산타 마리아호의 길이보다 다섯 배 가량 길었다는 것을 보여주는 그림이다. 얀 앗킨스 그림.

립하고자 했던 그의 넷째 아들 영락제(永樂帝 : 재위 1402-24)는 제위에 오르자 그동안 금지되었던 사무역도 부분적으로 허용했고, 곧 이어 인도양과의 향료 교역도 재개했다.

영락제의 포부는 단순히 무역로의 개통에 그치지 않았다. 그는 남쪽 바다를 향해서 명제국의 명성을 떨치고 싶었다. 그는 자신이 자신의 조카 혜제(惠帝)를 제거하고 제위에 오를 때 공이 컸던 정화에게 이 대원정의 사역을 맡도록 했다. 중국 역사에서 환관이 그렇게 중요한 군사적 직책을 맡은 것은 처음이었다. "그의 눈썹은 칼 같았고, 이마는 넓었으며 호랑이 이마 같았다." 그의 입은 "바다 같았고," 언변은 청산유수 같았으며, 그의 눈매는 "요동치는 강물에 비친 빛처럼 번쩍였다."

35세의 정화는 황제의 명을 받들어 차근차근 원정준비를 해나갔다. 온 국가가 동원된 사역이었다. 함대의 중심이 되는 서양보선(西洋寶船) 가운데 가장 큰 것은 길이가 151.8미터에 폭이 61.6미터였다. 중간급도 126미터의 길이에 51.3미터의 폭이었다. 영국의 학자 밀스에 따르면, 보선의 적재중량은 약 2,500톤, 배수량은 약 3,100톤 규모라고 한다. 보선의 돛이 아홉 개나 되는 배도 있었다. 100년 뒤 '발견의 시대'를 주도했던 포르투갈이나 스페인 범선들과는 차원이 달랐던 것이다.

1405년 가을, 317척에 이르는 함대는 2만7,000명 규모의 대원들을 이끌고, 남해원정에 올랐다. 그리고 1430년 선덕제 5년의 마지막 원정에 이르기까지 무려 7차에 걸친 대원정은 동서양 바다의 역사에 가장 획기적인 사건이었다. 그의 원정대는 동남아와 인도양을 샅샅이 훑고 다녔다. 동남아의 해역은 중국의 내해나 다름없었다. 난징에서 동남아, 동남아에서 인도양에 이르는 해로는 중국인들의 바다가 되었다.

경덕진(景德鎭)의 자기나 항주(杭州)의 비단 제품이 해로를 통해서 전달되었고, 대신 동남아와 인도양의 향로나 특산물, 기린을 비롯한 진귀한 짐승들이 중국으로 반입되었다. 중국인들은 아프리카까지 시선을 넓혔다. 중국인들의 거대한 디아스포라(diaspora)도 이때부터 시작되었다. 정화의 원정 이후 동남아 곳곳에 무역에 종사하는 화교 공동체가 생겼다. 팔렘방이나 스마랑, 마닐라, 말라카 어느 곳을 가든지 화교들은 정화의 초상을 모시고 그 앞에서 경건하게 기도를 올린다. 삼보공은 바로 화교들의 수호신이 된 것이다.

바다로부터의 후퇴

인도양은 물론이고 멀리 아프리카 호르무즈 해협까지 진출했던 명대의 중국이 왜 바다에서 발을 빼고 물러났을까? 루이즈 리베이츠의 설명을 바탕으로 살펴보기로 하자. 첫째, 대운하가 1415년에 개통되어 남쪽의 곡물이 북경으로 바지선에 의해서 운반될 수 있었다. 지대박물(地大博物)의 중국이 바다를 버리고 내륙으로 침잠할 수 있게 된 것이다.

둘째, 재정의 어려움이 가중되자 내륙과 해양 '두 개의 전선'을 지속적으로 관리하기가 힘들어졌다. 대륙강국(continental power)이 해상강국(sea power)의 지위까지 넘볼 수 없다는 지정학적 징크스에서 거대

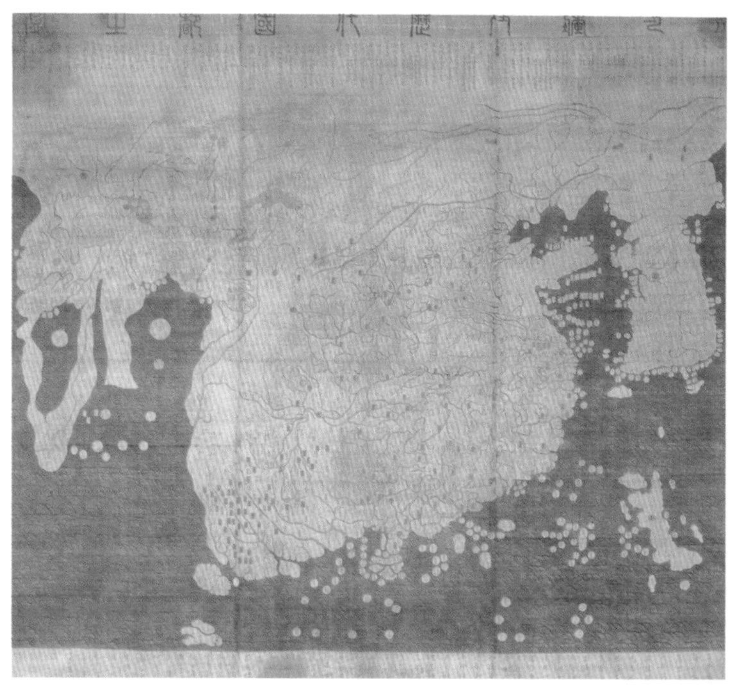

태종 시대(1402)의 세계지도 강리도. 아프리카와 아라비아 반도의 모양은 꽤 정확하다.

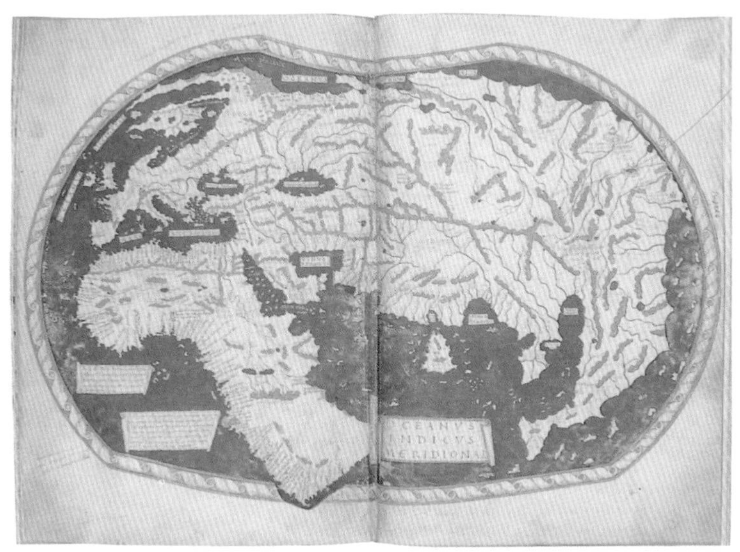

마르텔루스의 세계지도(1489). 아프리카와 동남아 부분은 강리도에 비해 훨씬 덜 정교하다.

중국도 자유롭지 않았다. 북방 초원의 몽골족들의 위협도 만만찮았다. 더구나 황제가 몽골군에게 잡히는 수모를 겪은 토목의 변(土木의 變, 1449)이나, 장성을 우회했던 알탄 칸의 침입도 있었다. 여기에 조정의 재정도 제국 성립 당시와 달리 크게 악화되어만 갔다. 1448년에 있었던 황하의 범람은 정부의 재정을 더욱 고갈시켰을 것이다.

셋째, 문인관료들은 이런 상황을 적절하게 이용하여 바다와 무역을 통해 권력을 유지하고 있던 환관 세력들을 밀어내는 데에 성공했다. 1477년 병부시랑(兵部侍郎)은 정화 원정대가 남긴 문서를 모두 압수하여 불태워버렸다고 한다. 과거에 대한 기록을 모두 지워 다시금 해양원정 이야기가 나오는 것을 막으려고 했던 것이다. 이 사건 이후 원양선박의 건조 기술이나 화약과 대포생산 기술은 점차 중국 장인들의 기억 속에서 사라져갔다.

중국 조정이 바다의 통제권을 버리고자 한 그 순간, 서양은 바다를 향해서 뛰어들었다. 1488년 바르톨로뮤 디아스가 희망봉을 돌았다. 600여 년 전 조선 태종 시대에 만든 세계지도 혼일강리역대국도지도(混一疆理歷代國都之圖, 1402)는 디아스가 희망봉을 발견한 1488년보다 무려 86년이나 앞서 나왔지만, 확실하게 아프리카의 존재를 그려놓았다. 디아스가 이 지도를 보았다면 기절초풍을 했을 것이다. 1498년에 바스코 다 가마가 인도의 캘리컷에 닿았다. 캘리컷은 정화가 수차례 이용했던 원정대의 중간 기착지였다. 마르코 폴로의 「동방견문록」을 애독했던 콜럼버스도 1492년에 대서양을 건너 서인도 제도에 도착했다. 이제 바다는 서양의 무대가 되었다.

6. '정복'이라는 이름의 벤처 비즈니스

벤처의 시대

그때도 지금처럼 사람들은 맘몬(돈) 신에 미쳐 있었다. 1519년 스페인 국왕 카를로스 1세는 금융가문인 푸거가의 55만여 길더의 융자 덕분에 85만여 길더의 뇌물로 선제후들을 매수하여 신성 로마 제국의 제위를 사서 카를 5세가 되었다. 당시의 교사 연봉이 채 4길더가 되지 못했다고 한다. 심지어 교황이나 추기경 자리도 돈이 없이는 힘들었고, 귀족 작위에도 가격표가 붙어 있었다. 돈만 있으면 면죄부를 사서 천당을 예약할 수 있었다. 마키아벨리가 「군주론」(1532)에서 전쟁이야말로 군주의 주된 관심사이자 목표라고 선언했을 때에, 그는 이미 고비용 저효율의 용병 전쟁을 비판하고 보다 경제적인 전쟁방법을 고안했던 것이다.

서인도 제도와 아메리카에는 이베리아 반도에서 온 모험가들로 들끓었다. 정복사업은 니체적 의미에서 권력의지의 실천이었지만, 카스티야보다 50배나 넘는 광활한 지역을 소유하게 된 스페인이 정복과 지배를 실행한 방식은 놀라울 정도로 군사적 성격이 약했다. 군주는 황금에 눈이 뒤집힌 이들에게 정복사업을 허가했고, 그들의 에너지를 '신대륙'에 풀어놓았다. 일종의 벤처 비즈니스를 활성화한 것이었다. 사람들은 일확천금을 꿈꾸며 대서양을 건넜고, 금은보화를 지니고 금의환향하거나 아니면 귀족 작위 하나쯤은 얻기를 원했다.

아라곤 군주 페르난도의 철제 투구

벤처 사업의 조직자인 대장(캡틴)은 아이디어 하나로 상인이나 금융가들을 설득시켜야 했다. 금융을 조달해서 군마와 화약을 사야 했으며, 사람들을 모집해야 했다. 정복은 군사적 과업 이전에 비즈니스였다. 실제로 정복에 참여한 사람들은 대부분 전문적인 군사적 훈련을 받은 경험이 없는 민간인들이었다. 정복이 끝난 다음 정복한 지역을 방어하는 일도 엔코미엔다*에서 충원된 민간인들이 맡았고, 그렇지 않으면 지방

* encomienda : 일정한 원주민 집단의 노역을 이용하고 생산물을 수취할 수 있게 만든 제도. 엔코멘데로는 이러한 권리의 수혜자로 원주민 선교의 의무를 졌다.

에서 충원된 민병대가 맡았다. 적어도 18세기에 전문적인 직업군인이 등장하기까지 이런 패턴은 계속 유지되었다.

성공한 벤처 사업가 코르테스

멕시코를 정복할 코르테스는 자신의 상관인 쿠바 총독 디에고 벨라스케스의 유카탄 반도 탐사사업에 이미 지원한 바 있었다. 1517년 벨라스케스가 보낸 분견대는 멕시코에 거대한 문명세계가 존재한다는 사실을 확인했다. 그는 코르테스에게 세번째 원정을 맡기려고 하다가, 정복의 성과를 빼앗길까 두려워 이를 번복했다.

스페인의 에스트레마두라 태생인 코르테스는 하급귀족 출신이었다. 일찍이 법학을 공부했지만, 새로운 기회를 찾아 쿠바 땅까지 흘러와서 총독의 비서 노릇을 하고 있었다. 벨라스케스 총독의 변심을 읽은 그는 재빨리 움직였다. 그는 쿠바에서 모은 재산과 쿠바 거주 상인들에게서 얻은 재원을 동원하여 시급히 군사물자를 조달했다. 11척의 배, 16필의 군마, 14문의 포, 13정의 머스킷 소총을 조달할 수 있었다. 돈을 댄 사람들에게는 전리품을 비율에 따라 배분받을 권리를 주었다. 위험을 관리할 보험제도가 없었지만, 그런 만큼 수익률도 높았다. 그야말로 모험대차 사업이었다. 군주는 탐험과 정복을 허가한다는 증명서(카피툴라시온) 한 장만 발부하고 그 대가로 수익금의 20퍼센트(quinto)를 챙겼다.

정복사업에 따라 나선 대원은 500명이 넘었다. 말(caballo)을 가진 귀족(caballero)은 부대장이나 지휘관으로 참가하여, 전리품 배분에서 훨씬 좋은 대우를 받았다. 말이나 소총의 투자수익율도 사람 몸값에 버금갔다. 오로지 몸과 목숨만 담보한 보병(peón)은 수익 배분에서 뒤질 수밖에 없었다.

1519년 4월 멕시코의 유카탄 반도에 도착한 코르테스는 베라크루스라는 도시를 건설하고, 이 도시에서 조직된 의회인 카빌도(주주 총회)

에서 군사적, 법적 권한을 지닌 수장(대표이사)으로 취임했다. 그는 그동안 모은 보물을 카를 5세에게 보내 벤처 사업에 대한 허가증을 요청하고, 배수의 진을 친다는 각오로 마음을 굳게 다지며, 타고 온 모든 배에 구멍을 내 가라앉혀버렸다. 그는 운이 좋았다. 코수멜 섬을 탐사하다가 9년 동안 이곳에서 지낸 스페인 난파 선원 헤로니모 데 아길라르를 얻게 되어 마야어 통역관을 확보했다. 나아가 타바스코 지역에서 부족장이 선물로 준 미모의 여인 말린치(말린체, 도냐 마리나)를 거느리게 되었다. 그녀는 아스텍 제국의 언어 나우아어와 마야어를 구사할 수 있었다. 이 두 명의 통역관을 통해 그는 제국을 둘러싼 각종 정보들을 분석할 수 있었고, 정보전에서 압도적인 우위를 누릴 수 있었다.

엎치락뒤치락 끝에 코르테스는 아스텍 제국을 정복했고, 전리품의 20퍼센트에 해당하는 금괴를 세비야로 보냈다. 20퍼센트를 정확히 계측하기 위해서 정복자들은 아름다운 금은 공예품들을 모두 불가마에 집어넣었다. 세계사에서 근대는 미적 감각보다는 계측성을 선호했던 것이다. 20퍼센트 지분을 받았고, 자신의 영지와 신민의 숫자를 넓혀준 군주는 곧 코르테스에게 보답을 했다. 그에게 영지와 '오아하카 계곡의 후작'이라는 작위를 내렸고, 또 수천 명의 원주민들로부터 공물을 받을 수 있는 권리도 양허했다. 하지만 희생이 많았던 참전자들은 전리품의 과소로 큰 혜택을 입지 못했고, 정복자들 사이에서도 갈등이 노골화되었다. 이들의 갈등은 곧 이어 멕시코를 거점으로 확산되는 타지 원정(entrada)으로 어느 정도 해소되어갔다.

실패한 벤처 사업가 피사로

잉카 제국을 정복했던 피사로 일행도 마찬가지였다. 에스트레마두라 출신의 돼지치기였던 피사로는 글도 읽지 못하는 무식꾼이었지만, 코르테스의 성공담에 매료되었다. 1502년에 대서양을 건넌 그는 파나마에서 기회를 엿보고 있었다. 그와 동행한 알마그로는 카스티야 출신의 고아로 전과자였다. 돼지치기나 범죄자도 페드라리아 다빌라가 지배하는 파나마에서는 출세할 수 있었다. 이들은 50세가 넘은 나이에 파나마에서 황금이 넘치는 비루(페루)를 엿보았다. 의기투합한 둘은 사제인 에르난도 데 루케를 끌어들여, 부유한 투자자들로부터 자금을 얻을 수 있었다. 목숨을 담보로 한 게임에 그들은 동향 친구들을 대거 끌어들였다.

피사로는 1528년 스페인에 가서 군주로부터 직접 양허장(카피툴라시온)을 받았고, 페루를 정복하고 식민할 권리를 확보했다. 그는 이복형제 네 명을 데리고 페루로 돌아왔다. 그러나 초기부터 피사로의 에스트레마두라 출신들이 파당을 이루어 의사결정을 좌지우지하고 있었기 때문에 알마그로 추종자들의 불만이 심했다.

정복대는 180명의 대원과 27필의 군마를 몰고 남으로 향했다. 이들은 6,000-7,000명을 학살한 카하마르카 대회전을 치르고, 코르테스가 멕시코를 정복할 때 썼던 수법을 모방하여, 아타우알파 황제를 인질로 사로잡았다. 비록 모방기법을 원용했지만, 멕시코의 경우보다 훨씬 높은 수익률을 누렸다. 황제의 몸값이라는 이름으로 이들은 쿠스코와 파차카막의 신전들을 약탈하여, 금은 공예품을 수집했다. 총 11톤의 황금 공예품이 수집되었다. 13,420파운드의 금괴가 불가마에서 흘러나왔고, 또 26,000파운드의 은괴도 확보되었다. 보병에게는 1인당 금 45파운드와 은 90파운드를 배당했고, 기마병은 보병 몫의 두 배였다.

피사로는 그 많은 몸값을 받고도 약속을 지키지 않았고, 황제를 재판에 회부하여 화형 판결을 내렸다. 아타우알파 황제는 마지못해 사제 발베르데에게 기독교 세례를 받음으로써 교수형으로 죽는 '특혜'를 누렸다. '계약은 지켜야 된다'는 로마 법의 금언을 그가 알았을까? 황금에 대한 지독한 사랑으로 눈이 먼 정복자들은 수익분배율을 둘러싸고 서로 혈투를 벌였다. 이윤분배에서 소외된 알마그로가 보다 큰 지분을 요구했지만, 피사로 일파는 이를 거절했다. 피사로 일파도 군주의 푸대

접에 분노했고, 종국에는 반란을 일으켰다. 20퍼센트의 몫을 챙긴 군주의 무임승차에, 벤처 사업가들에 대한 푸대접에 분노한 정복자들 일부가 왕에게 반란을 일으켰지만, 종국에 게임의 승자는 군주와 관료집단이었다. 피사로도 알마그로도 모두 비명횡사로 세상을 떴다. 그들은 번 돈조차 다 써보지도 못하고 죽었다. 정복이라는 이름의 벤처 사업은 엄청난 성공을 거두었고, 스페인 제국의 팽창에 큰 기여를 했지만, 시간이 흐름에 따라서 곧 관료와 법률가들의 서류뭉치에 밀려 활력을 잃게 된다. 정복이라는 권력의지의 계기는 곧 관리와 행정의 계기로 이행하게 된다.

7. 정복과 제노사이드 : 정복자 '천연두'

인류 최초의 제노사이드

중남미 식민시대의 인구사를 연구한 보라와 심슨 그리고 쿡은 1518년에 2,510만 명이나 되었던 멕시코의 인구가 불과 100여 년이 지난 1622년에 75만 명으로 줄어들었다고 지적한 바 있다. 이들은 이 연구를 아메리카 전체로 확장해서 추계한 연구결과를 토대로 1520년에 7,500만 명이던 인구가 1620년경에는 겨우 500만 명이 될 정도로 줄었다고 추정한다. 추정치의 연구결과이기 때문에 다소 과장도 있을 수 있고, 또 그대로 믿을 수는 없지만 하나의 경향성을 보여주는 데에는 부족함이 없을 것이다.

또 당시의 보고들은 거의 100만 명이나 되던 카리브 지역의 인구가 16세기 초에 이르면 거의 대부분 절멸한 것으로 기록한다. 16세기 당시 스페인의 서인도 역사가였던 오비에도는 정복과 식민화 초기에 산토 도밍고에 살고 있던 원주민 숫자는 100만 명이라고 추정했다. "이들과 그리고 그 이후 태어난 사람들 중에서 1548년 현재 성인과 어린이 모두 합쳐……500명밖에 되지 않는다니 정말 믿기지가 않는다." 오늘날의 카리브에 흑인 노예가 조기 도입되고, 그들의 후손들이 쿠바, 푸에르토리코, 아이티 등에 주류를 이루고 있는 것도 바로 16세기에 나타난 원주민 인구의 급격한 감소 내지 절멸에 그 이유가 있다.

잉카 제국 역시 정복전쟁 이전에 약 1,000만 명이나 되는 원주민 인구는 피사로 군대가 침입하기 전에 일어난 내전 그리고 그 뒤에 일어난 정복전쟁, 이후 식민화로 생긴 사회구조의 변화로 인해서 1630년에 60만 명으로 격감했다. 정확한 추계는 불가능하지만 비슷한 시기에 콜롬비아(칩차 문화)나 브라질의 남미 원주민들의 숫자도 거의 80퍼센트 정도가 줄었다고 한다.

근대의 여명기에 일어난 인류 역사 최초의 제노사이드는 과연 어떤 연유로 발생했던가? 인구사 연구자들은 다음과 같은 세 가지 이유를 든다. 첫째 정복시기에 발생한 대량 학살의 결과, 둘째 원주민들이 저항할 능력이 없는 전염병의 창궐, 셋째 식민화에 따른 생태환경과 사회구조의 변화로 둔화되거나 감소한 인구 성장 등이 바로 그것이다.

특히 전염병의 창궐이 인구 격감의 가장 큰 원인이었다고 「컬럼버스적 교환」과 「생태적 제국주의」의 저자 크로스비는 말한다. "의심할 바 없이 초기 스페인 사람들은 인디언들을 잔학하게 착취했다. 그렇지만 인디언을 모두 죽이려고 착취했던 것은 아니었다. 초기 식민자들은 만성적인 노동력 부족을 겪고 있어서 이들이 필요했다. 아라와크족(Arawaks : 카리브 지역의 원주민)을 사라지게 만든 것은 질병이라는 것이 보다 논리적인 설명일 것이다. 다른 인디언들과 마찬가지로 이들은 구세계의 질병에 거의 면역되어 있지 않았기 때문이다. 동시에 스페인인들의 착취로 인해서 의심할 바 없이 질병에 대한 저항능력이 약화되었다."

역사적 고립과 면역체계의 부재

오스트레일리아 원주민들을 제외한다면, 아메리카 원주민들은 여타 대륙으로부터 가장 오랫동안 고립된 삶을 영위해왔다. 옥타비오 파스가 지적한 "아메리카 문명의 역사적 고립"이 여기에서도 문제가 되는 것이다. 고립된 삶으로 이들은 유라시아와 아프리카에서 볼 수 있는 이런저런 병균에 대한 면역체계를 습득할 수 없었다.

전염병균은 정복자들이 움직이는 속도보다 훨씬 빨리 움직였고, 인구 감소에 결정적인 역할을 했다. 정복전쟁에서 전염병은 수백 발의 대포알보다 더 큰 위력을 발휘했다. 그런 점에서 천연두, 홍역, 티푸스, 성홍열, 늑막염 등과 같은 전염성 질환의 이름도 코르테스, 피사로, 알마그로, 그리할바 등의 정복자 이름과 함께 나란히 기억되어야 한다. 전염병균은 원주민들을 물리적으로 무너뜨리기도 했지만, 심리전에서도 결정적인 역할을 했기 때문이다.

전염병에 걸린 원주민들은 신들이 자신들을 버렸다고 생각했다. 정복자들이 신이 아니라 그들과 마찬가지로 뼈와 살을 지닌 인간이라는 점을 알고 난 뒤에도 그들이 전염병에 쓰러지지 않는 것을 보자, 원주민들은 스스로 체념했다. 적어도 스페인 사람들 뒤에는 자신들의 신보다 더 강력한 신이 버티고 있다고 믿었던 것이다. 예기치 않은 전염병으로 스페인 사람들은 심리전에서 이들을 제압했다. 아스텍과 잉카의 정복사를 예로 들어보자.

정복자 천연두

코르테스가 테노치티틀란에서 그 유명한 '슬픈 밤'(la Noche Triste)의 퇴각을 결행하고 틀락스칼라로 피했을 때, 미소 짓고 다가온 원군은 천연두였다. 당시 참전병으로 뒤에 도미니쿠스회 수사가 된 프란시스코 데 아길라르는 이렇게 말했다. "기독교인들이 전쟁에서 지쳤을 때 하느님은 인디오들에게 천연두를 창궐시키는 것이 온당하다고 보았다. 그러자 도시에는 엄청난 역병이 돌았다." 전염병은 70일 동안이나 지속되었고 엄청난 인구가 쓰러졌다고 플로렌스 사본(Florentine codex)에 기록되어 있다. 이 기록은 이 병에 걸린 사람들이 겪는 고통을 다음과 같이 표현하고 있다.

"이 병은 너무 무시무시해서, 걸리면 누구도 걸을 수도 움직일 수도

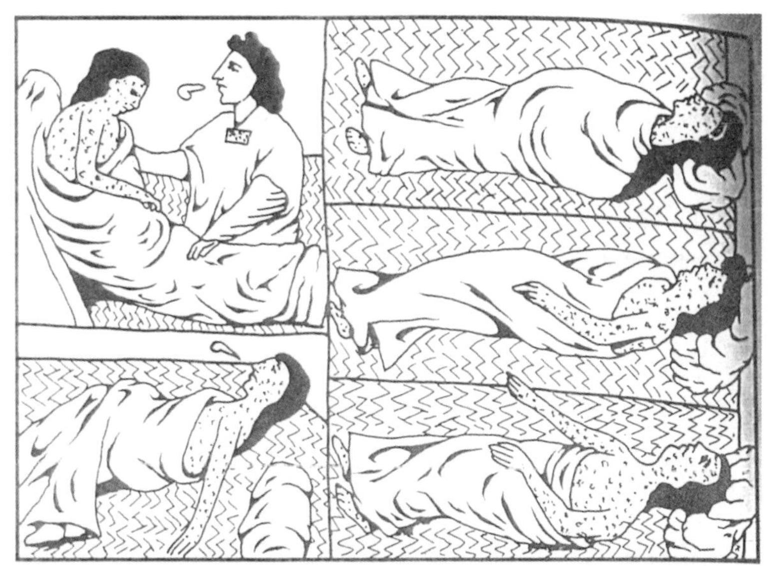

플로렌스 사본에 기록된 천연두 피해자들, 아스텍 기록자들이 그린 것을 1550년경 수집한 것

없다. 병자는 완전히 속수무책인 채로 병상에 송장처럼 누워 있을 뿐이다. 무릎이나 머리를 움직일 수도 없다. 얼굴을 마주보고 일어설 수도 없으며, 한 곳에서 다른 곳으로 몸을 움직일 수도 없다. 몸을 조금이라도 움직이면 고통스런 비명이 터져나온다. 엄청난 사람들이 역병으로 목숨을 잃었고 또 많은 사람들이 기아로 죽었다. 병자들은 음식을 구하기 위해서 일어날 수도 없었다. 다른 모든 사람들도 너무 아파 병자들을 돌볼 수 없었다. 그래서 병자들은 병상에서 굶어 죽었다."

이 시기 동안 코르테스와 동맹군은 충분한 휴식을 취하고 다음에 있을 대공세를 준비할 수 있었다. 설상가상으로 목테수마 황제의 사후에 후계자로 추대된 쿠이틀라우악마저 천연두로 쓰러졌다. 반신(半神)인 황제와 주변의 귀족들이 역병으로 죽자, 권위주의적 신정체제(神政體制)는 크게 동요했고, 아스텍인들의 사기는 크게 꺾이게 되었다.

잉카 제국의 경우에도 마찬가지였다. 아직 피사로가 들어오기 전에 우아이나 카팍 황제는 오늘날 페루 북부와 에콰도르 지역을 공략하고 있었다. 이미 파나마를 거쳐서 페루 북부에 도착한 전염병균은 황제와 수하 막료들을 덮쳤다. 황제는 열병과 오한 속에서 죽어갔다. 병세에 대한 기록를 분석한 역사학자들은 황제가 천연두 아니면 홍역에 걸렸을 것이라고 추정한다. 설상가상으로 권력 승계자인 아들 니난 쿠요체도 역병으로 쓰러졌다.

권위주의적 신정체제에 권력의 공백이 생기자, 곧 제위를 노리는 아들 우아스카르와 아타우알파 사이에 내전이 벌어졌다. 정복자들은 전쟁에 들어가기 전에 분열된 제국을 만났던 것이다. 역병이 없었다면 권력의 공백상태도, 내전도 발생하지 않았을 것이고, 수백 명의 피사로 군대로는 이 제국을 정복할 수 없었을 것이다.

당시 아메리카에 퍼진 전염병은 대체로 천연두, 홍역, 티푸스, 늑막염, 수막염 등 기타 이름도 알 수 없는 열병이었다. 이중 정복 초기 시대에는 천연두의 피해가 가장 심각했다. 전염병은 1회에 거치지 않고 주기적으로 계속 반복되었다. 1539년부터 17세기 초까지 멕시코에서는 평균 10-12년 사이로 전염병이 발생했다고 한다. 이 전염병은 처음에는 스페인 인들이 최초로 들어왔던 카리브에서 원주민 인구를 거의 절멸시키고는 멕시코에 상륙하여 파나마를 거쳐서 페루로, 이어 전 남미로 퍼졌다. 물론 인구의 이주경로가 다양해지면서 전염병의 전파경로도 다양해져갔다.

전염병 피해가 가장 컸던 곳은 카리브 해나 열대성 기후의 저지대나 해안가였다. 물론 안데스 고원이나 산악 지대에도 인구가 밀집된 지역이어서 전염의 효과가 적지는 않았지만, 피해는 저지대보다 훨씬 덜했다. 또 주거환경이 밀집되어 있지 않고 비교적 전통적 생활환경이 유지되었던 변경지대나 제국의 주변부에서도 피해는 크지 않았다. 전염병으로 인한 인구 감소의 추세는 17세기가 되어서야 겨우 회복세로 돌아섰다.

8. '정의의 전쟁'이라는 기만

광야에서 외치는 목소리

"나는 이 섬의 광야에서 부르짖는 예수의 목소리입니다. 이 목소리는 당신들이 죽을 죄악 속에 있고, 또 그 속에 살다가 죽을 것임을 말합니다. 왜냐하면 당신들은 이 순진한 사람들을 잔혹하고 전제적으로 다루었기 때문입니다. 당신들은 대체 무슨 권리와 법으로 이 인디오들을 잔혹한 공포의 노예상태에서 속박하고 있습니까? 자기 땅에서 조용하고 평화롭게 사는 이들과 대체 무슨 권능으로 가증스런 전쟁을 치르고 있습니까? 이런 상태라면 당신들은 무어인들이나 터키인들처럼(이교도처럼/역자 주) 더 이상 구원을 받지 못할 것임을 명심하십시오"

1511년 크리스마스 직전 주일의 이스파뇰라 섬의 도미니쿠스 교단의 몬테시노스 신부는 미사 도중에 당시 원주민들을 가혹하게 착취하던 엔코미엔다 제도와 식민자들을 격렬하게 비난했다. 구원을 받지 못한다는 말은 지옥불에 떨어질 것이라는 위협적 메시지였다. 종교적 심성이 유난히도 깊은 스페인 사람들은 큰 충격을 받았고, 주민들은 떼를 지어 설교자를 규탄했다. 스페인 궁정도 도미니쿠스 수도회의 비판을 그냥 뭉기고 지나갈 수 없는 노릇이었다. 그래서 임기응변으로 만들어낸 것이 정복전쟁을 '정의의 전쟁'(just war)으로 둔갑시키는 비책이었다. 스페인의 군사적 제국주의를 합법화시켜주는 레케리미엔토

(Requerimiento, 요구조건)라고 불리는 이 문서는 서구의 정의의 전쟁 담론이 얼마나 심각한 자폐증상에 빠져 있는지 잘 보여준다.

레케리미엔토

"사도 바울을 승계하신, 존귀한 보좌에 앉아계신 이 세상의 권능자인 교황 한 분(알렉산데르 6세/역자 주)이 계신다. 그 분이 이곳의 섬들과 대륙 그리고 그 위에 있는 모든 것들을, 앞에서 언급한 군주와 여왕 전하 그리고 그 후손들에게 기증하셨다. 기증으로 인하여 이곳 섬들과 대륙의 군주가 되신 분들은 지고하시다. 이 통고를 받은 몇 군데 섬과 사람들 모두는 군주전하를 영접했고 따르기로 했다. 신민들은 이 내용을 통고받고는 선의를 가지고, 어떠한 저항이나 지체도 없이 즉각 따랐다. 그들은 전하께서 성스러운 신앙을 설법하고 가르치기 위해서 보내신 사제들도 영접했고 따랐다. 어떤 혜택이나 조건도 없이 자유의지로 이들 모두가 기독교인이 되었고, 전하께서는 즐거운 마음으로 그들을 받아들였다. 그리고 그들에게 신민과 신하로 다룰 것을 지시하셨다. 그대들도 이처럼 똑같이 행할 것을 명한다.

"그렇기 때문에 그대들은 우리가 말한 것을 숙고하기를 요청한다. 이를 이해하고 숙고하는 데에 필요한 시간은 주겠다. 생각해보라. 교회가 전 세계의 지배자이고 상급자임을. 교황과 그의 기증에 의해서 이 섬들과 대륙의 군주가 된 왕(페르난도/역자 주)과 여왕 도냐 후아나를. 교회 사제들은 이를 그대에게 선언하고 선포해야 할 의무가 있다.

"만약 그대들이 전하께 행해야 할 의무를 잘 행한다면, 전하의 이름으로 그대들을 사랑과 자비로 받아들일 것이다. 그리고 그대의 아내들과 아이들과 땅을 아무런 속박 없는 자유상태로 둘 것이다. 그대들은 원하는 바와 최선이라고 생각하는 방식으로 자유롭게 행동할 수 있을 것이다. 만약 그대가 진리를 듣고도 성스런 가톨릭 신앙으로 개종하기를 원치 않는다면, 강제로 그대를 기독교도로 만들지도 않을 것이다.

하지만 거의 대부분의 섬 주민들은 신앙을 받아들였다. 이것 외에도 전하께서는 많은 특권을 선물로 주실 것이고 (의무는/역자 주) 면제해 주실 것이며, 많은 혜택을 허락하실 것이다.

"만약 이를 이행치 않거나 악의적으로 지체한다면, 하느님의 도움으로 우리는 그대들을 대적할 것이고, 가능한 모든 방법을 동원하여 전쟁을 치를 것이다. 그리하여 교회와 지고자의 손에 복속시킬 것이고, 그대들과 여자들과 자손들을 취할 것이고, 노예로 삼을 것이고, 군주 전하께서 명하는 대로 이들을 팔거나 처분해버릴 것이다. 우리는 그대들의 재물을 빼앗고, 가능한 모든 재난과 피해를 입힐 것이다. 이는 군주에게 복종하지 않고 또 군주를 받아들이지 않으며, 저항하고 어긋난 행동을 하는 자들에게 통상 행하는 일이다. 이로부터 기인하는 모든 죽음과 손실의 책임은 군주 전하나 우리 혹은 우리와 함께 한 군인들이 아니라 그대들에게 있다는 점을 강조한다. 우리는 이 모든 것을 그대들에게 이야기했고 또 간청했다. 공증인은 이에 대한 증거를 문서로 남겨주기를 바라며, 여기 있는 모두에게 이 간청의 증인이 되어주기를 청하는 바이다."

코미디 수준의 선전 포고문

먼저 사제는 원주민들에게 스페인어로 하느님이 이 땅에 예수를 보내셨고, 그 권능은 베드로 그리고 베드로의 후계자들인 로마 교황들에게 넘겨주었음을 이야기한다. 다음 "전세계의 지배자이며 상급자"인 로마 교황은 새로 '발견'된 땅의 소유권과 복음 전파의 의무를 스페인 군주에게 (사실은 금전거래가 있었다) 넘겼다는 것을 확인한다. 만약 그 권능과 기독교 신앙을 원주민들이 영접한다면 스페인 군주는 그들을 신민으로 받아들이지만, 거부한다면 모든 책임은 그들에게 있다는 거의 협박조의 구절이 이어진다. 그리고 공증인은 열심히 기록하여 증거를 남긴다. 원주민들은 어리둥절할 뿐이었다. 거의 코미디에 가까운 수준의 선전 포고문이다.

자유를 핍박하는 사람에 대한 전쟁은 정당하다고 아우구스티누스(354–430)는 말했다. 이어 이시도루스(560?–636)는 사전에 선포되지 않은 전쟁은 결코 정전(正戰)이 될 수 없다고 말했다. 이런 훌륭한 전통을 이어받은 스페인 왕실의 법률가인 팔라시오스 루비오가 우리의 배꼽을 잡고 웃게 만드는 이 선전 포고문을 만든 것이다. 그것이 바로 레케리미엔토(Requerimiento)이다.

팔라시오스 루비오는 1513년 "대양의 섬들"이라는 논문에서 교황이 이방국의 정치적 관할권을 취소하여 기독교 군주에게 이양할 수 있다는 논리를 폈고, 그 결과 군사적 제국주의를 합법화할 수 있는 법률문서를 하나 완성할 수 있었다. 그는 교황 알렉산데르 6세가 1493년 스페인 군주에게 내린 칙서가 유효하므로, 스페인 사람들은 인디오들에게 신앙과 지배를 선택할 수 있는 기회를 줄 수 있다고 주장했다. 이제부터 정복전쟁 때에는 반드시 서기나 군종사제가 원주민들에게 이를 읽어주고 주지시키도록 했다. 그러나 레케리미엔토는 누가 보더라도 스페인 사람들의 법률적 형식주의의 극치를 보여주는 우스꽝스런 에피소드에 지나지 않았다.

당대의 역사를 기록한 오비에도조차도 이렇게 말했다고 한다. "인디오들은 레케리미엔토의 신학을 알아듣지 못할 것이다. 그들에게 알아듣게 만들 사람이 하나도 없기 때문이다. 우리가 인디오 몇 명을 철장에 가두고서 그것을 배우게 하고, 주교가 설명해서 알아듣게 만들 때까지 군주는 그 문서를 보류하는 것이 좋을 듯하다."

팔라시오스 루비오는 마치 정복전쟁의 책임이 원주민들의 선택에 달려 있는 것처럼 분식하고 있지만, 상황은 정반대였다. 스페인 사람들이 혼자서 만든 경기규칙이었다. 게다가 그 규칙을 해석하고 적용하는 권한도 완전히 정복자들이 장악하고 있었기 때문에 레케리미엔토는 일방적인 선전 포고문이나 다를 바 없었다. 실제로 이 문서는 거의 읽혀지지도 않았고, 읽혀진다고 하더라도 원주민들이 잠에서 깨어나지 않은

프란시스코 피사로가 아타우알파 황제를 잡는 카하마르카 회전을 그린 동판화. 드 브리 그림.

새벽에, 그것도 원주민들이 알아들을 수 없는 스페인어로 읽혀졌다. 공증인은 읽혀졌다는 사실만 기록할 뿐이었다.

1532년 잉카 제국을 몰락시키는 계기가 되었던 카하마르카 회전(會戰)에서 피사로 군대의 군종 사제 발베르데는 아타우알파 황제에게 성서를 건네주었다. 라틴어를 알 바 없었던 황제는 책을 한번 썩 훑어보더니, 땅에 던졌다. 그리곤 피사로 병사들이 잉카 사람들의 의류를 훔쳐간 사실을 따졌다. 발베르데는 궁색한 나머지 슬그머니 물러났고, 성서를 던진 것이 신성모독이며 레케리미엔토를 거부한 것이니, 피사로에게 공격 명령을 내릴 것을 간청했다. '산티아고'*라는 신호와 더불어 피사로는 총공세를 명했다. '정의의 전쟁'으로 분식한 레케리미엔토는

* 산티아고는 스페인이 무슬림들을 몰아내는 전쟁에서 수호성인 역할을 했다. 산티아고 마타모로(Santiago Matamoro)라고도 한다. 마타모로는 '무어인 죽이기'라는 뜻이다

이교도에게 전혀 정의롭지 않았고, 살육전쟁을 합리화하는 기제에 불과했다. 산티아고 성인은 신대륙에서 '인디오 죽이기' 곧 '산티아고 마타인디오'로 변신했던 것이다.

9. 인권법의 아버지, 라스 카사스 신부

라스 카사스, 정의를 향한 투쟁

16세기 스페인의 아메리카 정복을 북유럽 국가들은 잔혹한 학살과 수탈의 역사로 그려서 '검은 전설'(black legend)을 가공해냈다. 네덜란드의 판화가 드 브리의 「아메리카(*America*)」는 식인종 원주민과 가공할 학살자 스페인의 이미지를 굳히는 데에 큰 기여를 했다. 이러한 '검은 전설'에도 불구하고 스페인의 식민정책은 앵글로 아메리카 이주자들이 원주민에게 행한 학살극에 비하면 양호했다.

'이단재판소의 나라' 스페인에서 속설과는 달리, 자유로웠던 지적 토론 분위기에서 정복을 합리화하는 국제법(國際法)과 그것을 비판하는 인권법(人權法)이 탄생했기 때문이다. 오늘날 인권법의 원조로 추앙받는 도미니쿠스 수도회의 라스 카사스 신부(1474-1566)는 정복자들과 일부 사제들의 원주민 수탈을 강도 높게 비난하며, '정의를 향한 투쟁'의 깃발을 높이 들었다. '당대의 해방신학자'였던 그는 인종을 넘어서 보호되어야 할 인권의 최소치가 무엇인지 고민했다. "하느님 앞에 모두가 평등하다"는 성서의 말씀에 근거한 그의 주장은 당대 유행하던 위계화된 인종주의적 사고에 큰 충격을 주었고, 나아가 평등주의에 기초한 근대의 인권사상에도 큰 영향을 미쳤다. 인권정치가 최대의 화두인 21세기에 그는 새롭게 조명되어야만 할 평화의 사도이다.

아메리카의 '발견'과 정복은 스페인 사람들에게 큰 축복이자 동시에

라스 카사스 신부

큰 도전이었다. 사람들은 신분상승의 기회를 찾아서 아메리카로 향했고, 그들은 원주민 노동력을 과도하게 수탈하여 빠른 시간 내에 재부를 축적하려고 했다. 그 누구도 밭을 갈려고 대서양을 건너지 않았다. 일확천금과 귀족의 지위를 누리고자 그들은 모험을 감행했던 것이다. 따라서 군주, 교회, 엔코멘데로, 정복자들은 서로 첨예한 이해관계를 느끼면서, 아메리카에서 앞으로 수립될 질서에 관심을 기울였다. 학자, 법률가들은 다가올 새로운 지배질서를 구축하기 위해서 질문하고 토론했다.

인디오에 대한 전쟁은 정의로운 것인가? 인디오는 자유롭게 살 수 있는가? 신세계에 대한 군주의 권리는 정당한가? 그들도 이성적 존재, 즉 사람인가? 엔코미엔다는 인디오에게 좋은 제도인가? 노예제는 정당한가? 16세기 전반기에 스페인 대학들과 궁정 그리고 수도원에는 이런 질문에 대한 토론들이 꼬리에 꼬리를 물었다. 이 가운데 가장 대표적인 논쟁이 1550년의 바야돌리드 궁정에서 열린 세풀베다와 라스 카사스의 토론이었다.

노예주의 신학

엔코멘데로와 그들의 이익을 옹호하는 노예주의 신학자들은 '정의의 전쟁론'과 '자연 노예론'을 받아들여 스페인의 군사적 제국주의(軍事的帝國主義)와 강압적 포교방식을 옹호했다. 이들의 논리를 대변한 당대의 인문주의자 히네스 데 세풀베다는 주저 「데모크라테스 세쿤두스」에서 이렇게 논리를 전개했다.

첫째, "다른 사람을 섬겨야 하는 천성적인 조건을 지닌 사람이 그런 복종을 거부하거나 (거부하는 그들을/역자 주) 복종시킬 다른 수단이 없을 경우" 전쟁은 정당화된다.

둘째, "자연에 특별히 반하는 식인이라는 끔찍한 죄를 제거하고, 하느님의 노여움을 불러일으키는 악마숭배와 가공할 만한 인신공희(人身供儀) 의식을 단절시키기 위해서" 전쟁은 정당화된다.

셋째, "인간의 심장으로 신들을 달래기 위해서…… 이 야만인들이 매년 희생시키는 수많은 무고한 이들을 대재난에서 구하기 위해서" 전쟁은 정당화된다.

넷째, "불신자에 대한 전쟁은 정당화된다. 왜냐하면 이 전쟁이 기독교를 전파하는 길을 열 뿐만 아니라 선교사들의 과업도 덜기 때문이다."

세풀베다는 그리스-로마적 불평등 독트린에 기초한 문명/야만 이분법으로 군사적 제국주의와 전쟁을 옹호했던 것이다. 노예주의 신학에 대한 라스 카사스의 반박이 곧 뒤이었다. 그는 "네가 자신을 사랑하듯이 이웃을 사랑하라"는 계명에서 '우리들'과 '그들' 사이의, 스페인인과 원주민 사이의 평등을 도출했다.

원주민 보호 신학

첫째, 세풀베다가 주장하는 "비기독교인은 곧 야만인"이라는 정의는 너무 조야하다. 원주민은 결코 잔인하거나, 비인간적이거나, 스스로 통제할 수 없는 사람이 아니다. 원주민의 미술, 공예, 학습능력을 보면 이들 역시 이성적이고 자신을 통제할 수 있는 능력을 가졌음을 알 수 있다. 둘째, 이슬람 교도와 유대교도 역시 비기독교도이지만, 억압과 강제노역에 저항할 권리를 가졌음을 직시해야 한다. 셋째, 우상숭배, 인신공희, 식인풍습을 이유로 정복하고 재산을 몰수하는 것은 단지 점령자가 그 영토에 대한 사법권을 지니고 있는 경우에만 해당한다. 고대 스페인인, 그리스인, 로마인 역시 인신공희의 풍습이 있었다. 그러므로 인신공희를 금지시키는 것은 무력이 아닌 가르침과 설득에 의해야만 한다.

이 라스 카사스의 주장은 1542년의 신법(新法, las Nuevas Leyes)에 큰 영향을 주었다. 국왕은 일단 라스 카사스의 손을 들어주었다. 그에게 '인디오 보호자'라는 칭호도 부여했다. 신법에 따라 원주민 노예제는 원칙적으로 폐지되었다. 엔코미엔다의 원주민은 즉시 왕의 사법권 아래로 이전되었고, 왕국의 신민으로서 보호를 받을 수 있도록 결정되었다. 하지만 엔코멘데로와 정복자들의 반발 또한 거세었고 결국 왕권은 타협하지 않을 수 없었다. 아메리카를 식민하고 개발해야 했기 때문에 현지의 엔코멘데로와 정복자들을 완전히 무시할 수 없었기 때문이었다.

그러나 '인디오의 보호자' 라스 카사스는 정복자들과 엔코멘데로들의 착취를 계속 비난했고, 이들에게 고백성사의 기회조차 거부했다. 그는 고백자의 의무규정(콘페시오나리오)을 제정하여, 원주민 노예를 자유민으로 만들고, 착취한 재산을 온전히 돌려준 경우에만 고백성사를 받을 수 있도록 하는 초강경한 태도를 취하기도 했다. 1562년 84세에 이른 그는 이때까지 싸워온 자신의 투쟁논리를 요약하여 서인도 위원회에 보냈다.

첫째, 정복이라고 불리는 모든 전쟁은 정의롭지 못한 것이다. 둘째, 우리는 부당하게 인디오들의 왕국과 정부를 빼앗았다. 셋째, 엔코미엔다나 레파르티미엔토(노동력 할당제)는 잔인하고 그 자체로 악한 것이다. 넷째, 이를 인정하거나 받아들이는 사람은 큰 죄를 저지른 것이고, 만약 그것들을 포기하지 않는다면 구원을 받을 수 없을 것이다. 다섯째, 군주는 터키인이 기독교 공동체에 대한 전쟁과 약탈을 정당화할 수 없는 것처럼, 아메리카 인디오에 대한 전쟁과 도적질을 정당화할 수 없다. 여섯째, 스페인에 들어온 모든 금, 은, 진주 그리고 다른 재부들은 훔친 것이다. 일곱째, 만약 보상을 하지 않으면, 구원을 받지 못할 것이다. 여덟째, 아메리카 인디오들은 우리에 대해서 정의의 전쟁을 일으키고, 우리를 그들의 땅에서 몰아낼 권리를 지니고 있다.

라스 카사스 신부는 여기에서 모든 정복전쟁의 부당성을 설파하고, 그 동안 노략질한 모든 전리품과 정부를 원주민들에게 돌려주어야 한다고 설파한다. 그는 오늘날 인권법의 기초가 되는 화두를 한 서한에서 요약하고 있다. "자연법과 규칙, 인권은 모든 민족에게 공통된 것이다. 기독교인이든 이방인이든, 어떤 종파, 법, 국가, 피부색의 조건이든 간에 어떤 차별을 두어서는 안 된다."

라스 카사스는 지금 마야 원주민들이 반란을 일으킨 치아파스 지역의 초대 주교를 지냈다. 사파티스타 반란이 일어난 이곳의 중심지 산 크리스토발 데 라스 카사스는 그를 기념하여 이름을 지은 도시이다. 그곳에서 부사령관 마르코스가 원주민의 인권정치를 외치고 있는 것은 결코 우연의 일치만은 아니리라.

북미에서 신교도 이주민들이 원주민들에게 행한 실천은 절멸전이었다. 좀 나은 경우는 이들을 인디언 보호구역에 몰아넣고 위스키와 담배를 제공하는 것이었다. '검은 전설'의 가톨릭 스페인보다 전혀 나을 바가 없었다. 라스 카사스! 그는 인권이 국제사회에서 하나의 원칙이 된 21세기를 500년이나 앞서 살았던 위대한 선각자였다.

10. 의사소통권의 탄생 : 국제법의 비조 비토리아

스페인의 르네상스

16세기 초반 스페인 궁정은 군사적 제국주의와 강제 선교를 옹호하는 신학자들과 이를 비판하고 원주민을 적극적으로 보호하려는 신학자들로 쪼개져 있었다. 정복자들과 엔코멘데로들은 전자를 지지했고, 교회를 통제하고 있는 군주는 후자를 허용했다. 그러나 군주는 내심 자신의 권위를 무시하는 후자의 논리에 불쾌감을 느꼈다. 군주로서는 정복자들의 전횡을 견제하되 원주민들을 신민으로 흡수하는 데에 합당한, 좀더 절충적인 논리가 필요했다. 이런 와중에 신앙과 이성을 절충한 신토마스주의의 전통 아래 공부한, 한 뛰어난 도미니쿠스 수도회 수사가 자연법에 기초한 식민정책의 지침을 만들었다.

16세기 스페인은 신학-법학 분야에서 르네상스를 맞이하고 있었다. 스페인 제국의 탄생에는 정치사상의 르네상스도 함께 했다. 살라망카 대학의 신학 주임교수였던 프란시스코 데 비토리아(1486-1546)는 이 시대의 대표 주자였다. 당시 스페인에는 14세기에 스콜라 철학의 과도한 형식주의에 대한 반작용으로 나온 유명론(唯名論)과 토마스 아퀴나스의 신학 이론이 새롭게 부활하고 있었다. 그 역시 이런 분위기의 산물이었고, 이를 주도했으며, 신토마스주의 신학과 법학 분야에서 일가를 이루었다.

비토리아는 1538년에 출간한 「인디오 문제」(*De Indis*)에서 스페인의 지배와 선교의 권리를 자연법 틀 속에서 옹호하는 논리를 개발했다. 그 결과 국제법이 탄생했다. 그는 국제법의 비조로 추앙받고 있고, '국제법의 아버지'라고 불리는 네덜란드의 후고 그로티우스에게도 큰 영향을 주었다. 비토리아의 논리는 모든 인간(이교도도 포함된다)은 자연법과 만민법(jus gentium)에 기초한 세계 공동체(comunitas orbis)에 속하는 합리적인 존재라는 신토마스주의적 전제에 기초해 있다. "인간은 자연법상 세계시민"이라고 그는 갈파했다.

아메리카 지배의 논리는 정당한가?

비토리아는 아메리카 지배권에 대해서 제출된 일곱 개의 논리를 자연법에 입각하여 비판했다. 첫째, 기독교 황제가 세계의 지배자이므로 원주민 지배자를 대신하여 사법권을 가진다는 주장은 틀렸다. 자연법에 따르면, 가부장적 지배와 혼인에 따른 지배를 제외하고는, 모든 사람은 자유롭다. 통치권과 지배권 문제는 인간의 법에 의해서 도입된 것이다. 또 황제는 신의 법에 의해서 통치권을 양도받았다는 것을 증명할 수 없다.

둘째, 교황이 파트로나토 레알(Patronato Real : 통치권 및 성직록 임면권 위임)을 통해서 스페인 군주에게 통치권을 양허했다는 것도 틀렸다. 교황은 세속적 지배자가 아니다. 그의 권리는 영적 문제에 한정되고, 그것도 기독교 세계에만 국한된다. 원주민이 개종을 거부한다고 해도, 그것이 개전(開戰)의 근거가 될 수 없고, 또 기독교에의 개종을 강요해서도 안 된다.

셋째, 새로 발견한 땅에 대해서 '무주물 선점'(無主物先占)의 논리로 발견의 권리를 주장할 수 없다(그는 콜럼버스의 '발견'을 사실상 부정한다). 공적으로나 사적으로나 이 땅의 진정한 소유주는 원주민들이다.

넷째, 원주민의 불신앙을 문제삼아 이들을 기독교도로 개종시킬 목적으로 개전하는 것은 합법적이라는 주장도 틀렸다. 기독교에 관해서 알지 못하는 사람에게는 불신앙의 죄가 없다. 교황이나 교회가 선교단을 파송하고 개종시킬 권리를 지닌 것과, 원주민들과 이교도들이 성서를 수용하는 것은 전혀 다른 문제이다. 신앙은 폭력을 통해서 강제할 수 없으며 충분한 근거를 제시하면서 평화롭게 전파해야 한다.

다섯째, 원주민의 인신공희, 근친상간 등 자연에 반하는 죄를 들먹이면서 전쟁을 정당화하는 논리도 틀렸다. 교황이나 군주에게는 이들의 죄를 다스릴 관할권이 없기 때문에 이들의 죄나 불신앙을 근거로 개입할 수 없다.

여섯째, 원주민들이 스페인 군주를 자유롭게 받아들였다는 주장도 잘못되었다. 주권양도의 전제조건은 '자발적인 선택'인데, 양도는 공포감이나 무지를 동반한 정복과정에서 이루어진 것이므로 잘못된 것이다.

일곱째, 하느님에 의해서 서인도가 양도되었다는 논리도 틀렸다. 혹자는 그 근거로 구약에 있는 이스라엘 지파에 대한 하느님의 특별한 은총을 지적한다. 하지만 구약 성서 어디에도 신세계를 양도했다는 전거는 찾을 수 없다.

비토리아는 당대에 횡행하던 군사적 제국주의를 합법화하는 논리를 모두 비판했다. 속권이나 교권의 논리로 아메리카를 통치할 권한(title)을 도출하려던 노력이나, 레케리미엔토와 같은 법률적 형식주의 모두 비토리아가 보기에는 자연법적 기초를 결여한 것이다.

의사소통의 권리, 중앙파 신학의 탄생

비토리아는 당대의 지배논리를 대체할 개념으로 자연법에 기초한 '세계공동체'(世界共同體)라는 개념을 끄집어내고, "인간은 자연법상 세계시민"이라고 주장한다. 모든 사람은 형제애, 상호 의존, 상호 존중이라는 공통된 성향을 지니고 있다. 자연적 세계공동체에서 스페인 사람이나 원주민 모두 세계시민으로서 의사를 소통할 권리를 지니고 있다. 스페인 사람들이 지닌 최초의 합법적 권리는 "자연적 교류와 우애"에서 도출된다. 따라서 스페인 사람들은 만민법(萬民法)에 따라 아메리카를 자유롭게 여행할 권리가 있고, 원주민들은 이를 막을 권리가 없다.

만약 원주민들이 거부한다면, 스페인 사람들은 그들에게 아무런 해를 끼칠 의도가 없다고 합리적으로 설득해야 한다. 그럼에도 불구하고 원주민들이 전쟁을 준비한다면, 스페인 사람들은 방어전을 치를 수 있고, 만민법이 보장하는 권리를 행사할 수 있도록 땅을 차지하고, 원주민을 복속시킬 수 있다.

그런데 왜 스페인 사람들만이 아메리카에서 기독교 문명의 전파자가 되어야 하는가? 스페인 군주에게는 아킬레스건에 해당하는 질문이었다. 비토리아는 고민 끝에 통치권의 연원으로 '기독교 선교'의 권리를 든다. 기독교인들은 이교도들의 땅에서 성서를 설교하고 선포할 권리가 있다. 구원과 행복에 관한 문제에 대해서 의향이 있는 사람들에게 "진리를 가르칠" 권리가 있다는 것이다. 여기에서 그는 스페인에게 아메리카 선교의 독점권을 부여한 파트로나토 레알을 양허한 교황의 선교 권한을 지지한다. 비토리아에 따르면 교황의 속권(俗權)은 "영적인 문제에 봉사하는 경우에" 인정될 수 있다. 교황의 이러한 정책은 효율적인 기독교 선교와 군주들 사이의 분쟁 방지에 도움이 된다는 것이다. 게다가 대서양 항해의 비용을 부담했고, 신세계를 처음 발견한 스페인 사람들이 발견의 과실을 독점적으로 향유하는 것도 당연하다.

이처럼 자연법에 기초한 비토리아의 논리는 당시 신성 로마 제국 황제 카를 5세의 궁정에서 노예주의 신학자와 원주민 보호론자들을 절충하는 세련된 식민정책의 논리적 근거를 제공했다. 비토리아가 민족들의 자결권, 주권, 소유권의 합법성을 논하는 부분에서는 라스 카사스의 논리에 근접했지만, 방어전쟁의 합법성을 논하는 부분에 가서는 세풀베다의 논리에 위험스럽게 근접해갔다.

이와 같이 중앙파 신학은 엔코멘데로들의 지지를 받는 노예주의 신학을 명시적으로 비판하고, 나아가 독자적인 원주민 선교정책을 추진하는 수도회의 논리를 순화하여 왕권과 관료제의 이익을 정교하게 표현했다. 군주는 이를 바탕으로 엔코멘데로의 이해와 권한 남용을 견제했고, 선교의 유토피아를 꿈꾸는 수도자 집단을 궁정의 통제 아래 흡수할 수 있었던 것이다. 특히 이 논리는 원주민들을 군주의 신민으로 편입시켜, 자연법 체계하의 인권보장과 더불어 공납을 받을 수 있도록 하는 논리적 근거를 제공했기 때문에 점차 국가의 공식적 입장으로 굳어지게 되었다.

"세계시민의 의사소통의 권리"이야말로 이제 신세계를 지배하고 재정복하는 타자화 논리의 중심이 되었다. 국제법의 이름으로 지배의 정당성이 확보되었다. 그런데 과연 의사소통의 권리가 원주민들에게도 주어졌던 것일까? 선교의 자유에는 원주민의 경전인 「포폴 부」나 「칠람 발람의 서(書)」를 유럽에 전파할 자유도 포함되었을까? 원주민의 전제에도 무고한 자들의 이름으로 개입할 수 있다고 했는데, 누가 '전제'를 정의하고 판단할 것인가? 정복자들이 이를 판단한다면, 의사소통권이란 형식적인 평등원리에 불과할 것이고 실제로는 불평등 독트린으로 귀결될 것이다. 국제법의 탄생은 16세기 스페인 르네상스가 낳은 최상의 성과이지만, 그것은 원주민을 타자화하는 좀더 세련된 식민주의 타자화 논리에 불과했다.

제2부

정복하는 글쓰기

11. 정복하는 글쓰기

여성적 아메리카

유럽의 기록들은 '문명'이 저지른 음험한 욕망들을 숨기지 않고 판화로 각인해놓았다. 16세기 네덜란드 판화 예술가들의 동판화에서 우리는 '정복하는 글쓰기' 문화의 흔적을 쉽게 발견할 수 있다. 1575년 얀 반 데르 스트래트는 아메리고 베스푸치가 아메리카를 발견하는 장면을 스냅 사진처럼 그렸고, 테오도르 갈레가 이를 판화로 만들었다. 이 판화의 아래에는 이렇게 쓰여져 있다(p.88 그림). "아메리쿠스가 아메리카를 재발견하다. 그가 그녀를 불렀더니, 그 후 항상 깨어 있더라." 내가 그녀의 이름을 불러주었더니 꽃이 되었다는 이야기이다. 이름을 불러주는 유럽은 정복자 남성이고, 그늘에서 잠자고 있던 아메리카는 정복당하는 나체의 여성이다. 야만은 여기서 풍만한 여성성과 결합한다. 표제어부터가 페미니스트들의 비난을 살 만하다.

아메리고 베스푸치는 스페인 군주의 깃발이 감긴 십자가 지팡이를 오른손에 쥐고 위풍당당하게 서 있다. 신앙과 권력을 상징하리라. 그리고 이렇게 말하는 듯하다. 이제 내가 너를 소유하리라. 왼손에 있는 천체 관측의는 야만에게 뻐기는 문명의 대표적 상징이다. 뒤편의 타고 온 갤리언 선은 서구의 탐험정신을 표상할 것이다. 우측에는 아메리카의 자연 속에 뛰노는 경이로운 동물들과 식물들이 '자연스럽게' 그려져 있다. 그물침대 위에 풍만한 몸뚱이의 벌거벗은 여인이 아메리카이다. 낮잠에서 깨어난 듯 놀라운 표정으로 베스푸치를 바라본다. 소실점 주변에는 식인종의 식사 장면이 사실주의적으로 그려져 있다. 맛있는 부위라고 생각되는 다리와 엉덩이를 잘라 구워먹는 모습이다. 식인 장면을 원근법적 처리로 배경에 작게 그려놓았지만, 보는 사람들의 시야 중심에 위치한다. 얼마나 자신들의 의도를 교묘하게 표현했는가?

정복은 정복자들만의 프로젝트가 아니었다. 문필가, 지도 제작자, 출판업자, 시각예술 종사자 모두가 참여한 거대 프로젝트였다. 16세기 유럽은 아메리카를 매개로 근대적 담론의 뼈대를 완성했다. 유럽과 인디언, 문화와 자연, 자아와 타자, 남성과 여성과 같은 이분법적 스트레오타입은 '아메리카의 발견'을 통해서 강화되었다. 그것은 상징적인 폭력을 매개로 한 타자화(othering)에 다름 아니었다. '쓰려는 의지'는 '쓰여진 몸뚱이'와의 연속성을 인정하지 않았다. 제국주의적, 식민주의적 글쓰기는 19세기가 아니라 이미 16세기에 시작되었던 것이다.

미셸 드 세르토는 이 판화를 두고 이렇게 말했다. "〔그것은〕 첫 장면이다……정복자는 타자의 몸을 기록할 것이고, 거기에서 자신의 역사를 추적하리라. 그는 그녀에게 자신의 노력과 환상을 투사하여 역사화된 몸뚱이 — 문장(紋章) — 를 만드리라…… 권력담론으로 몸을 식민화한 작업이 이제 진정 시작되었다. 이게 바로 '정복하는 글쓰기'(writing that conquers)이리라. 이런 글쓰기는 신세계를 마치 서구의 욕망이 기록될 텅 빈, '야만적' 페이지처럼 이용할 것이다."

검은 전설, 드 브리의 「아메리카」

그러나 '정복하는 글쓰기'도 간단하지는 않았다. 복잡한 유럽의 정세가 반영되었던 것이다. 종교개혁 이후 가톨릭 세계는 신교도와 종교전쟁을 치르고 있었다. 북유럽의 신교도 국가들은 스페인의 종교재판이나 신세계 정복과정을 야만적 행위로 비판하고 있었다. 당연히 아메리카의 식민화에 관심을 가진 북유럽 국가들도 자기 나름의 아메리카에 대한 이미지를 만들어가고 있었다.

리에주(현재 벨기에 소재) 출신의 가톨릭 교도였던 드 브리(1527-1598)는 뛰어난 판화가였다. 그는 아메리카를 재현하는 시각예술가로서 당대의 최고수였다. 하지만 종교개혁에 호의적 태도를 지녔기 때문에 가톨릭 교회로부터 소환을 당했다. 궁정의 연금을 받는 예술가로 생을 누릴 수 있는 기회를 박탈당한 그가 미래를 찾으러 간 곳은 독일의 프랑크푸르트였다. 당시 북유럽에는 부르주아지가 등장하면서, 상업적 정신이 활기를 띠기 시작했다. 그는 이제 판화집을 살 능력이 있는 잠재적 구매자들의 구미에 맞는 것들을 그려야 했다. 그가 완성한 걸작품은, 1590년부터 출판되기 시작한 13권의 판화집 「아메리카」(*America*)(1590-1634)였다. 통상 「대여행」(*Grand Voyages*)으로 알려진 이 판화집은 북유럽 신교도들에게 아메리카를 소개하는 데에 크게 기여했다.

드 브리가 그린 동판화들은 신교도와 반스페인적 입장에서 아메리카를 포착한 그림들이었다. 물론 당대 여행가들의 텍스트도 판화 밑에 삽입되어 있다. 그는 여기저기서 자신에게 필요한 텍스트와 그림들을 가져와서 콜라주 형태의 판화집을 만들었다. 그의 짜깁기 기법을 한번 감상해보자.

우선 콜럼버스 초상화의 경우를 보자(p.33). 그림에는 제노바인의 용맹이나 기개가 잘 드러나 있다. 불굴의 의지, 혜안 같은 것도 느껴진다. 그는 콜럼버스의 초상화 원본(정본은 없다)을 어디에서 구한 모양이고 이것을 동판화로 만들었던 것이다. 그러나 하단의 설명문에다 반스페인적 문구를 교묘하게 삽입한다. "아메리카 처리 문제에 대한 콜럼버스의 충고가 경청되지 않았기 때문에, 스페인 사람들은 신세계에서 엄청난 죄악을 범했다."

그의 코멘트는 흥미롭다. 우선 스페인 왕실과 아메리카의 '발견자' 사이의 연계를 끊는다. 동시에 아메리카를 '발견'한 영웅과 아메리카에서 일어난 참상 사이의 연계도 끊는다. 아메리카의 '발견'은 콜럼버스의 지극히 개인적 행위로 바뀐다. 이런 전략을 거쳐서 아메리카는 모

야만인들의 인육축제. 드 브리 그림. 장 드레리의 텍스트에 기초함.

든 유럽인에게 접근이 가능한 공유물이 된다. 이 콜럼버스 초상은 아메리카의 '발견'이라는 기원을 보편적이고, 비역사적인 사건으로 승화시킨다. 이와 동시에 아메리카의 참상은 모두 스페인 사람들의 만행으로 치부된다.

드 브리는 신세계를 한번도 밟아보지 않았지만, 스페인 정복자들의 만행을 아주 실감나게 그려냈다. 그는 "쿠스코의 정복"이라는 그림에서 정복자들이 원주민들이 사냥개들에게 물어뜯기는 장면을 태연히 바라보고 있는 모습을 그렸다. 잘린 목들이 뒹굴고, 사람 뼈가 여기저기 흩어져 있는 장면을 그림으로써 그는 스페인 정복자들의 잔혹한 모습을 고발한다.

프랑스의 위그노 교도인 여행가 장 드레리가 쓴 「브라질 여행기」를 바탕으로 그린 카니발리즘 관련 그림도 눈을 뜨고 보기가 민망할 정도로 참혹하다. 장 드레리는 성 바르톨로메오 학살(1572)을 경험한 신교

버지니아인들의 옥수수 영농 모습. 드 브리의 동판화.

버지니아의 추장. 앞 모습의 꼬리는 화살촉을 묶은 장식이라는 점을 애써 강조한다. 드 브리 그림.

도였다. 그는 브라질 원주민들의 카니발리즘 습관을 기록에 남겼는데, 드 브리는 온갖 상상력을 동원하여 이를 그렸다. 중앙에는 장작불이 타오르고, 석쇠 위에는 다리, 팔, 갈비 등 부위별로 구워지고 있다. 드 브리는 원주민들의 인육축제를 종교재판의 가톨릭 세계와 교묘하게 연계시킨다. 드 브리만큼 가톨릭 국가들에 대한 '검은 전설'을 확산시키고 과장하는 데에 일조한 예술가가 있었을까?

투자 설명서

잔혹한 스페인의 이미지와는 달리 프로테스탄트들의 아메리카를 드 브리는 어떻게 그려냈을까? 토머스 해리엇의 「신생지 버지니아 보고서」를 대본으로 하여 그린 판화들은 꽤 흥미롭다. 여기서는 영국 투자자들을 끌어들일 방편으로 버지니아 원주민들을 그렸기 때문이다. 요즘 식으로 말하자면, 투자 설명회에 제시될 OHP 필름 같다. 우선 버지니아의 원주민들은 유럽인의 체격과 골상을 지녔다. 또 정직하고 온순하게 생겼다. 드 브리의 메시지는 분명하다. 비록 원주민들의 문화 수준은 낮지만, 프로테스탄트 식민자들이 잘 교화를 한다면, 충분히 문명화될 수 있다는 것이다. 배경에 비친 대지도 넓고 시원하게 뻗어 있다. 인종간, 문화간의 질적 차이는 이제 정도의 차이로 축소된다. 야만과 식인의 땅 아메리카는 이제 축복받은 땅으로, 찬사를 받을 투자지로 돌변한다. 드 브리는 이렇게 속삭인다. 버지니아에 투자하십시오! 그대는 충분히 보상받을 수 있습니다. 인쇄자본주의(print capitalism)는 판화예술을 투자 설명회에 이용하기 시작했다.

12. 식민주의적 글쓰기 : 토도로프의 「아메리카의 정복」

프레스콧의 우화

미셸 드 세르토가 말하는 '정복하는 글쓰기' 문화는 참으로 오래된 전통이다. 물론 이것은 현대에도 지속된다. 멕시코 정복사에 관해서 현대판으로 가장 이름 높은 것은 프레스콧의 「멕시코 정복사」(*History of the Conquest of Mexico*) (1843)라고 할 수 있다. 그는 당대 스페인-중남미 역사 연구의 거장이었고, 오늘날까지도 미국 대학에서 읽히는 정복사 서적을 펴냈다. 프레스콧은 멕시코 정복사를 코르테스를 비롯한 초인적 영웅들이 펼치는 한 편의 서사적 드라마로 그려냈다. 낭만적 영웅담으로서 정복사를 기술한 것이다.

유럽인들은 아무리 어려운 역경에 처하더라도 영웅적으로 그것을 극복하고 원주민들을 꺾는다. 무기나 정보, 외교적 능력 같은 변수들도 있지만, 궁극적으로 프레스콧이 강조하는 승리의 변수는 스페인 사람들의 문화적, 정신적, 도덕적 상수(常數)이다. 메소아메리카 역사 연구자 클렌디넌은 바로 여기에서 "프레스콧적 우화"(Prescottian fable)가 탄생한다고 지적한다. 이 우화는 이후 정복사 연구에서 하나의 패러다임으로 굳어질 정도로 영향력을 발휘한다.

프레스콧은 아스텍 인들의 패배를 정당화하기 위해서 인신공희를 강조한다. 아스텍 인들의 복잡한 우주관을 이해하려는 섬세한 시도는 존재하지 않는다. 은연중에 그는 잔인한 아스텍인들과 또 스페인 사람들의 종교재판소의 화형식과도 결부시킨다. 두 개의 '검은 전설'은 서로 만난다. 프레스콧이 유행시킨 또다른 스테레오타입은 목테수마 황제와 코르테스를 대비한 것이다. 목테수마는 "전제적이고, 여성적이며, 치명적일 정도로 우유부단"하다. 반면 정복대의 수장 코르테스는 "단호하고, 실용적이며, 수미일관한" 성격을 지녔다. 목테수마의 패배는 성격 묘사에서 이미 예견되어 있는 셈이다.

그러나 이런 이분법은 이미 당대에 정복대의 일원으로 참가하여 생생한 기록을 남겼던 베르날 디아스의 서술과도 맞지 않는다. 디아스는 목테수마가 결코 우유부단하지 않았고, 임기응변에 뛰어났으며, 코르테스를 신으로도 생각하지 않았다고 기술했다. 낭만적 정복사 구술은 사실을 적절히 변조하고 첨삭하여, 스페인과 유럽의 승리를 합리화하는 신화를 만들어낸다.

'프레스콧의 우화'는 20세기에도 계속 반복된다. 뛰어난 비평이론가 츠베탕 토도로프는 기호론으로 정복사를 해독하는 「아메리카의 정복 : 타자의 문제」(1974)를 썼다. 그는 아스텍 사회와 스페인 정복자들의 만남을 "의사소통의 실패"로 파악한다. 그의 요지는 다음과 같다.

토도로프의 「아메리카의 정복」

첫째, 아스텍 사회는 글쓰기 문화가 존재하지 않았다. 기억을 지탱하는 것은 구전문화(口傳文化)였다. 구전문화는 과거 지향적이고 순환적 시간 개념을 만든다. 여기에서 시간은 반복되기 때문에 미래는 과거를 통해서 예언된다.

둘째, 의사소통에는 다음 두 가지 종류가 있다. 인간과 인간 사이의 의사소통 그리고 인간과 자연 사이의 의사소통이 바로 그것이다. 아스텍 사회에는 후자가 지배적이었다. 목테수마 황제는 코르테스의 도착과 행군에 대해서 계속 보고받았지만, 정보를 제공한 사람들을 벌했고,

코르테스와 목테수마 황제의 첫 대면. 뒤에는 코르테스의 통역이자 정부인 말린체가 보인다. 틀락스칼라 사본, 1892

계속 신의 충고를 기다렸다.

셋째, 대인적 의사소통이 부재한 아스텍 사회에는 '인간적 타자성'(human alterity)이라는 관념이 존재하지 않았다. 스페인 정복자들은 아스텍 사회의 다양한 종족의 계서제에 포괄되지 않았기 때문에 쉽게 "켓살코아틀 신의 현현"*으로 받아들여졌던 것이다.

넷째, 반면에 코르테스는 정복전쟁에 들어가기 전에 상대방 사회를 이해하기 위한 정보를 찾았다. 그는 이를 위해서 아길라르(스페인어 : 마야어)와 말린체(마야어 : 나우아어)라는 두 명의 통역을 통해서 언어에 대한 통제권을 확보했다. 언어를 통해서 정보(예를 들면 메소아메리카 사회의 내분)를 정복하자 전쟁과 외교에서 확실한 우위를 확보할 수

* 아스텍의 신화에 따르면, 깃털 달린 뱀의 형상을 한 켓살코아틀 신은 테스카틀리포가 신과의 싸움에서 패배한 뒤 동쪽으로 사라졌는데, 그는 훗날 다시 돌아올 것이라고 예언했다고 한다.

있었다.

토도로프는 목테수마와 코르테스의 만남을 통해서 바로 이러한 커뮤니케이션 방식의 충돌에서 각자의 실패와 성공의 원인을 찾는다. 어떻게 보면 "문명간의 충돌"을 기호론으로 풀어서 설명하고 있는 것이다. 분명히 유럽 문명은 인간 중심적이고, 대인적 커뮤니케이션이 발달한 문명이다. 반면에 아스텍 문명은 인간과 자연 내지 초자연의 관계가 중심인 제의적(祭儀的) 문명이다. 그렇지만 글쓰기 문화의 존재 여부로 시간 관념의 차이(직선적 시간과 순환적 시간)을 도출하고, 의사소통 방식의 차이, 인간적 타자성의 유무까지 읽어내는 것은 지나친 논리일 것이다.

두 문명의 만남을 주체/타자의 대극 모형의 충돌로 바라보는 토도로프는 식민주의적 글쓰기의 전형인 이분법, 본질환원론의 오류를 답습한다. 여기에서 서구적 주체로 대표되는 글쓰기 문화는 타자인 아스텍 사회(구전문화의 사회)를 자신을 '위한' 문제로만 받아들인다. 즉 자신의 승리를 설명하기 위해서 수용될 뿐이다. 부제가 밝힌 것처럼 '타자의(of) 문제'는 '주체를 위한(for) 문제'로만 제시되어 있을 뿐, 결코 '주체의' 문제 내지 '타자를 위한' 문제로 제시되지 않는다.

유럽인들에게 아스텍 사회는 유럽이 자신의 잘난 얼굴(글쓰기 문화)을 발견하는 데에 필요한 존재일 뿐이다. 즉 유럽인들의 승리를 설명하기 위해서 조작되는 타자일 뿐이다. 글쓰기나 문자 보급률로 따지면 당시의 서유럽은 아직 미미한 수준이었다. 그리고 아스텍 사회에 대인적 커뮤니케이션이나 기록문화가 없다는 것도 저자의 문학적 상상력일 뿐이다.

타자화된 글쓰기

멕시코의 저명한 문인 옥타비오 파스는 토도로프의 논리에 반론을 제기한다. 아스텍 사회에도 인간적 타자성이 존재했다고 그는 갈파한

아메리쿠스가 아메리카를 재발견하다. 테오도르 갈레의 판화

다. 톨텍 시대(10–13세기) 이래로 메소아메리카에서도 문명과 야만이라는 구분법이 존재했다. 도시에 살며 땅을 경작하던 톨텍인들은 유랑 종족인 치치멕카인들을 야만인이라고 불렀다. 문제는 메소아메리카 문명이 처한 역사적 고립 때문에 대서양 저쪽에 있는 서구 문명에 대한 인식이 존재하지 않았을 뿐이다. 파스에 따르면 아스텍 문명이 패배한 이유는 다음과 같다.

"아메리카 문명은 구세계 사회가 겪었던 반복적이고 지속적인 경험이었던, '타자에 대한 경험과 이방 문명과 민족의 침입'을 결코 알 수 없었다. 그렇기 때문에 그들은 스페인 사람들을 다른 세계에서 온 존재로 보았던 것이다. 패배의 원인을 기술적 후진성에만 찾을 것이 아니라, 아메리카 문명의 역사적 고립성에서도 찾아야 한다. 이들은 역사적 고립 때문에 다른 세계와 신들을 발견했지만, 다른 문명과 그 속에 속한 사람들을 발견할 수 없었다."

식민주의적 글쓰기는 오류 투성이의 양극 모델을 선호할 뿐 아니라,

부분으로 전체를, 전체로 부분을 나타내는 표현법인 제유법(提喩法, synecdoche)을 즐겨 쓴다. 문명간의 충돌을 예를 들면 목테수마 황제와 코르테스의 만남으로 설명한다. 구조와 배경은 사라지고, 두 명의 배우만 등장하여 연기를 벌인다. 목테수마는 끊임없이 망설이고, 행동하지 않는다. 반면에 코르테스는 가차 없는 현실주의자이다. 그는 배수진에 능하고, 위험을 무릅쓰고 싸운다. 문명의 충돌은 두 명의 대표가 벌이는 게임으로 축소된다. 여기저기 조각 지식이 차용되고, 변조되며, 부풀려진다. 이러한 서술방식은 아메리카 정복에 대한 메타 비판적인 독해이기는커녕 원주민 문명을 철저하게 타자화시키는 식민주의적 글쓰기에 다름 아니다. 황금과 신분 상승을 꿈꾸는 벤처 비즈니스 종사자들에게 토도로프가 "커뮤니케이션 모델의 승리"라는 이름의 월계관을 씌운 것은 너무 지나친 처사가 아닐까? 토도로프는 기호론의 틀을 빌리고 있지만, '프레스콧의 우화'를 여전히 반복하고 있을 뿐이다.

13. 르네상스의 어두운 그림자 : 언어세계의 정복

캘리번의 탈식민주의 전략

"아까 말씀드린 대로 그 놈은 오후만 되면 잠자는 버릇이 있거든요. 그때 먼저 그 놈의 책을 빼앗아버리고 골통을 부순단 말씀예요. 통나무로 머리통을 산산조각으로 바술 수도 있고, 끝이 뾰족한 막대기로 뱃구레를 찌를 수도 있고, 식칼로 멱을 끊어놓을 수도 있고요……어쨌든 잊지 말구 책을 장악해야(possess) 돼요. 책만 뺏기면 그 놈도 별 수 없다고요. 나나 마찬가지로 바보에 지나지 않아요. 요정 하나 마음대로 부리지 못하죠. 요정들도 나처럼 그 놈을 죽어라 미워하거든요. 그나저나 그 놈의 책을 태워버려야(burn) 해요."

셰익스피어가 1611년에 쓴 「태풍」(*The Tempest*)의 제3막 제2장에 나오는 캘리번의 대사 가운데 일부이다. 스테파노와 캘리번은 섬을 식민화하고 지배하는 프로스페로의 권력을 무너뜨리기 위해서 공모한다. 프로스페로는 마법책을 이용하여 캘리번을 노예로 만들었고 또 계속 일을 시키고 있다. 그렇지만 프로스페로는 자신이 캘리번을 곤경에서 구해준 것이며, 따라서 이에 대한 빚을 갚아야 한다고 수시로 주입시킨다. 노예 캘리번은 난파선 선원 두 명과 더불어 주인을 살해하여 섬을 장악할 봉기계획을 세운다.

캘리번은 놀랍게도 자신을 노예의 상태로 유지시키는 비책이 책들임을 알고 있다. 주인이 잠자고 있을 때 골통을 부수어 죽이지만, 완전한 해방을 위해서는 책들을 "먼저 빼앗고" "장악하며" 최종적으로는 "태워버려야" 한다고 주장한다. 백인 식민자 프로스페로(이탈리아 밀라노의 공작)가 토착민을 타자화하고 식민하는 장치는 바로 책들이다. 주인과 노예를 나누는 차이는 책만 없으면 사라진다. 나나 그나 모두 바보가 되기 때문이다. 캘리번의 대사는 지식과 그것을 표상하는 형태로서 책이 권력을 행사하는 장치가 된다는 "지식/권력" 이론을 암시한다. 르네상스 이래 유럽은 알파벳 물신주의, 인쇄물 물신주의에 깊이 빠져들고 있었다. 푸코도 캘리번의 이 대사를 읽었을까?

불태워진 기억들

그러나 신세계에서 불장난과 분서갱유(焚書坑儒)를 시작한 것은 원주민들이 아니라 기독교 사제들이었다. 정복자들과 성직자들은 먼저 원주민들의 말과 역사적 기억을 담은 서책들을 '악마의 장난'이라는 이유로 불태웠다. 이들은 이런 악마의 창작품들을 제거하지 않고서는 기독교를 전파할 수 없다고 생각했다. 이들은 원주민들의 글자, 문자, 서책을 불태웠고, 그들의 기억을 지웠다. 그 다음 그들을 '글자 없는 민족'으로 만들었고, 그들에게 글자를 만들어주는 작업을 몸소 실천했다.

"이 사람들은 어떤 글자나 문자를 사용하여 책에다 자신들의 과거사와 과학지식을 기록한다. 글자, 형상(figures), 형상 속의 상징들을 이용하여 자신들의 일거리를 이해했고, 전달했으며, 교육시켰다. 우리는 이런 글자로 만든 수많은 책들을 발견했다. 그러나 그 속에는 미신과 악마의 오류만이 들어 있기 때문에 모두 불태워버렸다. 그들은 이를 대단히 슬퍼했고, 큰 고통을 받았다." 프란체스코 교단의 디에고 데 란다 주교는 1562년 7월에 유카탄 마니에서 열렸던 종교재판과 그에 따른 분서사건을 기록에 남기고 있다. 5,000개의 우상과 28개의 두루마리 서책이 불더미 속에 던져졌다. 마야 문명이 남긴 뛰어난 과학, 역법,

드레스덴 사본으로 알려진 13세기 마야의 상형문자 기록. 왼쪽은 금성의 운행을 기록한 것이고, 오른쪽은 운행주기별 특성과 그에 해당하는 신들을 그린 것으로 마야인들에게 고도의 천문학적 지식이 있었음을 입증한다.

역사 기록은 순식간에 연기 속으로 사라졌다. 하지만 그는 자신이 행한 불법적 행위 때문에 서인도 위원회에 의해서 소환되었고, 자신을 변호하기 위해서 「정복 전후의 유카탄 이야기」라는 기록을 남겼다. 역설적이지만 그가 소환되지 않았더라면, 그의 기록도 남지 않았을 것이다. 그의 기록이 아니었다면 이후의 마야 문명 연구는 불가능할 정도였으니, 그는 병도 주고 약도 준 모순적인 인물이었다.

란다 주교의 횡포는 여기에서 그치지 않았다. 자신이 해독할 수 없었던 표의-상형문자인 마야어를 표음문자로 파악하고, 로망스 언어의 체계에 흡수하려고 했던 것이다. 그는 제국의 언어 기획자 네브리하가 말한 "문자(letters)란 음성이 표상하는 수단의 흔적이나 모양에 불과하다"는 이론을 충실히 받아들였고, 이를 마야어에다 적용하려고 했다. 란다 주교의 이 시도는 언어학의 역사에서 가장 우스꽝스런 에피소드로 기억될 것이다.

알파벳 중심주의

르네상스의 언어철학은 알파벳 중심주의에 서 있었다. 글쓰는 사람(서기)과 종이 책에 대한 물신숭배도 이 시점에 자리를 잡았다. 1492년 네브리하의 「스페인어 문법」이 나온 뒤, 알파벳과 문법은 국민국가, 나아가서 제국의 지배와 긴밀하게 연결되었다. 아메리카의 정복과 식민사업도 '말의 지배', 곧 언어와 문법의 정복사업으로 연결되었다. 글자(알파벳)가 없는 민족은 당연히 역사가 없는 민족으로 치부되었다.

르네상스 시대의 언어학은 알파벳을 가지지 않은 다른 구두언어나 표의-상형문자를 모두 언어(language)의 반열에서 제외시켰다. 오로지 알파벳을 사용한 로망스 언어만이 언어 진화의 최고 단계로 받들어졌다. 아메리카의 수도사들은 라틴어 문법과 알파벳을 이용하여 원주민들의 언어를 표음문자로 재정비했고, 이것으로 기도문이나 고백성사문을 가르쳤다. 영혼의 정복을 위해서 언어가 먼저 정복되었던 것이다.

언어의 정복과 식민화 과정은 원주민들의 생활세계를 반영하고 있던 언어를 철저히 파괴시켰다. 그들의 표의-상형문자 체계와 구두언어는 억압되었고, 따라서 역사적 기억, 과학 그리고 선조들의 전승은 지워지고 왜곡되었다. 그러나 후일 키체 마야인들의 역사서인 「포폴 부」나 「칠람발람의 서」가 발견되면서, 원주민들이 '역사가 없는 민족', '글자가 없는 민족', '책이 없는 민족'이 아니었다는 것이 밝혀졌다. 더불어 표의-상형문자 체계에서도 백과사전이 존재하고, '장르의 혼합'도 존재한다는 것이 드러났다. 수사들이 원주민들의 언어와 문명을 교묘하게 지우고 왜곡시켰던 것이다.

월터 미뇰로는 16-17세기에 있었던 아메리카 언어의 정복과정에서 「르네상스의 어두운 그림자」(*The Darker Side of the Renaissance*, 1995)를 읽어낸다. 그는 언어를 커뮤니케이션의 도구와 대상으로 파악하는 르네상스 시대의 언어관이 다른 언어와 문화에 대한 체계적인 말살과 해체로 이어졌다고 갈파한다. 그런 점에서 근대의 탄생은 식민성(coloniality)의 탄생과 궤를 같이한다. 오늘날 우리는 문자언어 체계가 구두언어 체계보다 우월하다고 믿지 않는다. 더불어 언어와 문화는 공시적(共時的)으로 발전하는 것이지 위계화된 질서 속에서 서열화될 수 있다고 보지 않는다. 르네상스와 계몽주의가 확산시킨 대상과 도구로서의 언어관(촘스키는 '데카르트적 언어학'이라고 불렀다)은 '근대/식민' 세계의 일그러진 얼굴의 한 단면을 잘 보여준다.

지금도 멕시코의 라칸돈 열대우림 속에서 사파티스타 반군은 원주민 언어와 문화에 대한 권리를 정부측에 요구하고 있다. 이들이 내세우는 '존엄성을 향한 투쟁'은 단순히 멕시코 국민국가의 민족주의 담론이 가지는 원주민 배제논리에 저항하는 것일 뿐 아니라 500년간의 근대화/식민화에 대한 저항이기도 하다. 로망스 언어 제국주의에 대한 원주민 언어의 반란은 생활세계의 물상화 논리에 저항하는 공동체주의 세계관의 표출이기도 하다. 드디어 '언어의 반란'이 시작되었다. 시인 파블로 네루다는 이렇게 읊었다.

말은
피 속에서 태어나,
어두운 몸 속에서 자라, 고동치다가
입과 입술을 통해 튀어나왔다.
저 멀리서 점점 더 가까이
조용히, 조용히 말은 왔다.
죽은 조상들에게서, 정처없이 떠도는 민족에게서,
돌로 변한 땅에서,
그들의 가난한 부족에게 지쳐버린 땅에서,
슬픔이 길을 떠나자
사람들도 길을 떠나
새로운 땅, 새로운 물에 도착해,
그곳에 정착하니
거기서 그들의 말이 다시 자라나,
그래서, 이것이 유산인 것이다.
그래서 이것이
죽은 사람들과
아직 동트지 않은 새로운 존재의 새벽과
우리를 이어주는 파장인 것이다.

— 파블로 네루다, "말"

14. 르네상스의 어두운 그림자 : '이미지 전쟁'

민족지적 감수성에서 종교적 열정으로

1496년 콜럼버스와 라몬 파네는 원주민들이 숭배하는 세미(zemi)라는 물건에 관심을 기울인다. 인신동형(人身同型)의 조상(彫像)은 아니지만 선조들에 대한 기억을 담고 있고, 비와 햇빛 그리고 수확을 보증해주는 물건이었다. 두 사람은 당대에 보기 드문 민족지적(民族誌的) 감수성을 가지고 이 낯선 물건을 대했고 원주민들이 부르는 대로 '세미'라고 기록했다. 이 두 사람은 "이것이 무엇을 재현하고 있는가"라고 질문하지 않고 "어디에 사용하는 것인가"라고 물었다.

그러나 이사벨 여왕의 왕실 사제였던 페드로 마르티르는 세미의 용도가 아니라 무엇을 재현하고 있는지 질문한다. 1524년 그는 신세계에서 들어온 정보를 종합하여 세미를 '유령'에다 연결짓는다. 중세 이탈리아 교회는 유령이 연옥의 혼령이며, 죽은 자의 유령이 병과 죽음을 퍼뜨린다고 가르쳤다. 이 밀라노 출신 사제는 세미가 죽은 자의 영혼을 담은 것이라고 주장했다. 마르티르는 점차 자신의 주장을 수정하여 세미가 악마의 형상이며, 결국은 우상에 다름 아니라고 말한다. 그는 경험적 관찰과 분석을 포기하고 우직한 '해석의 정치가'로 이행한다. 당대 유럽이 요구한 것은 다른 문화에 대한 섬세한 이해와 감수성이 아니라, 종교적 열정에 발맞춘 흑백논리였던 것이다. 따라서 유럽은 아메리카에서 그들의 문화를 경험하기 전에 경험한 것으로 착각하고,

아스텍의 두 신상(神像)인 믹틀란테쿠틀리와 켓살코아틀. 보르지아 사본.

'발견'하기 전에 '인식'하는 우를 범하게 되었다. 정보량은 많아졌지만, 왜곡된 정보이거나 상투적인 틀에 맞추어진 것일 뿐이었다.

코르테스의 원정대가 멕시코를 정복할 즈음, 유럽은 가톨릭 종교개혁의 열풍에 빠져들었다. 코르테스는 자신의 정복사업을 정당화하기 위해서 우상숭배를 '발견'해야만 했다. 1519년 정복대는 멕시코 코수멜 섬에서 원주민들의 조상(彫像)숭배와 희생의례를 보고 우상 천지라고 환호한다. 더 이상 정복의 정당성 때문에 고민할 필요가 없었던 것이다. 그러나 그들도 '악마의 장난'이라고 부른 우상 때문에 마음이 흔들린다.

이중의 잣대

놀랍게도 코르테스가 스페인 왕실에 보낸 첫 서신 어느 구석에도 'idolo'(우상)이라는 단어는 보이지 않는다. 괴물상, 황금원판 등 진귀한 물건의 목록만 보일 뿐이다. 일단 조상들의 상업적 가치, 희소성, 미적 감각에 관심을 가지게 되자, 그것은 사악한 우상에서 진귀하고도 가치 있는 골동품으로 둔갑한다. 악마가 출현한 그 증거물들이 멕시코라는 공간 내에서는 우상이었지만, 그 공간을 벗어나서 유럽인들이 감상하면 미적 대상으로 변신하는 것이다. 당대의 뛰어난 화가 알브레히트 뒤러는 이러한 작품들을 보고 멕시코 원주민 예술가들의 심미안에 놀라움을 감추지 않았다.

이제 우상은 악마가 출현한 증거인 동시에 고대 문명사회의 흔적이라는 이중적 잣대가 적용된다. 심미적 가치를 지닌 우상은 당연히 기호의 대상으로 둔갑하게 되는 것이다. 그러니 불태울 수도, 파괴할 수도 있고, 박물관에 모셔놓고 눈요기를 할 수도 있다. 지금도 유럽의 수많은 박물관들에는 당시 파괴하고 남은 조상들과 서책들이 고이 잠들어 있는데, 아마도 당시의 언어적 감수성으로 본다면 박물관은 '우상 안치소'라고 불러야 마땅할 것이다.

1525년 프란체스코 교단이 아메리카에 들어오면서 본격적인 우상파괴 사업은 시작된다. 이들은 원주민들의 신전과 사원 건물을 닥치는 대로 파괴했고, 그곳에서 빼낸 돌로 자신들의 성당과 관공서 건물을 쌓았다. 1562년 7월에는 유카탄 마니에서 이단심문이 열렸고, 5,000개의 우상과 28개의 두루마리 서책을 불태웠다. 이로써 마야 문명이 남긴 뛰어난 역법, 과학, 역사서는 그냥 사라지고 말았다. 태우는 데에는 한계가 없었다.

리마 대주교는 케냐(안데스 피리)나 삼포냐(팬파이프의 일종) 같은 악기음조차 '악마의 소리'라고 하여 모두 불태우도록 지시했다. 안데스의 전통음악은 연주가 금지되었고, 원주민들은 바로크 성가곡을 배우기를 강요받았다. 오늘날 미사곡을 안데스 악기로, 안데스적 감수성으로 연주하는 '미사 안디나'(Misa andina)는 비록 하이브리드(잡종) 음악이라고 할지라도, 바로 이 '불태워진 기억'(memoria quemado)을 회복하려는 처절한 노력의 산물이다.

식민화/유럽화되는 이미지들

멕시코 치아파스에 사는 초칠족의 음악도 마찬가지이다. 500년간의 한과 슬픔을 담고 있는 그들의 음악은 마치 미국 남부 흑인들의 슬픈 영가처럼 들린다. 원주민들은 그들의 언어로 말은 하지만, 고유의 습속과 이미지는 파괴되거나 대부분 기독교의 유럽 문명 아래 포섭되어 있다. 페루의 원주민들의 경우에도 사정은 마찬가지이다. 그만큼 16세기의 유럽이 치른 '이미지 전쟁'은 철저했고, 놀랄 만한 효과를 거두었던 것이다.

1525년 우상파괴 작업을 시작한 프란체스코 교단은 서구의 문자와 이미지를 본격적으로 확산시킨다. 1523년 멕시코에 온 플랑드르 출신의 페드로 데 간테 신부는 1572년까지 이미지 전쟁에서 중요한 역할을 수행한다. 어차피 언어를 통한 의사소통이 어려웠기 때문에 원주민들에 대한 선교는 삽화를 곁들인 그림책이 주로 이용되었다. 인쇄문화의 중심지에서 온 페드로 신부는 원주민들의 과거 이미지를 백지(tabla rasa)로 만들고, 그 위에 새롭게 그리는 임무를 맡게 된다.

우선 신부는 원주민 예술가들의 전통적인 예술품 생산을 크게 제한하고, 서구예술의 복제품을 생산하도록 유도한다. 15세기 말부터 유럽에서 유행하던 인쇄문화는 판화와 삽화의 유행을 불러일으켰다. 당연히 멕시코에서도 생산과 유통이 쉬웠던 삽화가 기독교 이미지의 확산에 요긴하게 사용되었다. 사도신경이나 십계명도 모두 삽화로 그려져 초기의 선교에 요긴하게 이용되었다. 페드로 신부 덕분에 멕시코에는 플랑드르 양식의 문자, 그림, 삽화, 조각이 유행하게 되었다. 1553년에

예수의 수난상, 스페인, 1526년

출판된 그의 교리문답서에도 플랑드르 양식과 독일양식의 종교적 삽화가 주를 이루고 있다. 이와 더불어 그는 원주민 자제들에게 읽기, 쓰기, 그리기 등을 통해서 서구적 이미지의 확산을 꾀했다. 이로써 서적과 삽화, 문자와 이미지의 관련성은 신세대 원주민 엘리트들에게 깊이 뿌리 내리게 되었다.

이미지 전쟁은 건축물에도 적용되었다. 정복자들의 원주민들의 신전을 모두 헐고 그 돌들로 웅장한 주교좌 성당과 수도원을 건설했다. 성당 건물 내외에는 성서의 상징과 인물들을 조각하거나 벽화로 채웠다. 프레스코 벽화나 성화는 성서의 내용을 전달하는 훌륭한 선교수단이 되었다. 성화는 대상의 단순한 묘사에 그치지 않고, 그 문명이 가지고 있는 총화의 표현이다. 이런 그림이나 벽화를 통해서 원주민들은 자연스럽게 서구적인 감정표현 방식이나 제스처에 익숙해졌고, 나아가서 인과율, 결정론, 자유의지와 같은 개념에도 익숙해지게 되었다.

성극도 이미지 전쟁의 주요 도구로 동원되었다. 1533년 멕시코의 틀랄텔롤코에서 "최후의 심판"이 공연되었다. 죄에 대한 형벌과 세계의 종말을 다룬 이 성극은 근절하기 힘들었던 원주민들의 다신교적 성향을 효과적으로 제어하는 데에 큰 도움이 되었다고 한다. 1539년 멕시코 시티와 틀락스칼라에서 공연된 "로데스 공방전"과 "예루살렘 정복"은 엄청난 소도구와 인원이 동원된 스펙타클이었다. 그리스 도시와 무슬림 도시의 모형이 세워졌고, 여기에 대형 함대의 모형도 가세했다. 원주민들은 자연스레 십자군 전쟁의 논리를 체화하면서, 이슬람에 대한 증오를 익혔고, 성궤를 되찾으려는 환상까지 공유하게 되었다. 연극은 허구적 세계를 다루고 있지만, 생생한 배우의 연기와 무대장치라는 시각적 효과를 통해서 실제와의 차이를 소멸시킨다. 원주민들은 성극을 통해서 감동과 감화의 눈물을 흘렸고, 그들의 환상과 꿈마저 유럽적, 기독교적 이미지에 자리를 내주었던 것이다.

15. 비교민족학과 세계사의 탄생

지도 그리기 : 비교민족학의 탄생

16세기에 나온 「뉘른베르크 크로니클」(*Nuremberg Cronicle*)의 삽화식 세계지도에는 지구의 변경에 사는 기괴한 사람들의 그림들이 즐비하다. 여섯 개의 손을 지닌 남자, 육손이에다 털가죽을 한 사람, 켄타우루스, 눈이 네 개인 남자, 양성 인간, 칠면조의 머리를 한 인간…… 콜럼버스가 환상소설에 가까운 여행기록을 남긴 것도 따지고 보면 이해가 될 법도 하다. 그러나 '발견의 시대'가 백년이나 지난 뒤에 나온 책도 크게 바뀌지 않는다. 아메리카의 실상이 제법 소상하게 파악된 이후에 나온 테오도르 드 브리(1590-1634)의 「아메리카」에도 여전히 식인 장면이나, 벌거벗은 원주민들, 기괴한 동물들이 등장한다. 드 브리가 이러한 기괴한 장면을 계속 담고 있는 것은 무슨 까닭일까?

유럽, 아시아, 아프리카에 뒤이어 '발견'된 아메리카는 새로운 세계지도 속에 위치를 잡아야 했다. 위치를 잡는 것은 지도를 그리는 자(cartographer)의 입장에서 보면, 그것의 관념과 위치를 '발명'(invention)하는 것이기도 했다. 아메리카의 '발명'은 곧 유럽의 '발명'에도 영향을 미친다. 네번째 발견된 대륙은 유럽이 통제하는 인식세계 내로 통합되어야 했고, 여기에서 비교민족학이 탄생한다. 르네상스 시대에 탄생한 이 학문과 더불어 '진보'의 관념이 탄생하고, 아울러 문화의 '공진화'(共進化 : coevalness)는 부정된다. 이제 문화의 차이들은 연대기적

계서제 내부의 상하관계로 재배치된다. 그 기준은 유럽인들이 정한 알파벳, 역사서, 올바른 신앙의 존재 여부로 판가름 난다. 드 브리의 판화집은 곧 아메리카 원주민의 낮은 문명을 표상하는 '하위'(inferior) 문명 내지 문명 이전 상태를 발명하기 위한 유럽의 발명품에 해당한다.

1639년 암스테르담에서 발행된 얀스준 비셔의 세계지도는 비교민족학이 정한 문명의 위계를 비교적 소상히 알려주고 있다. 지도의 좌측 상단에는 성장(盛裝)을 한 여인이 대지 위에 앉아 있다. 그녀의 이름은 유럽이다. 아시아라는 여인은 성장을 했지만, 낙타를 타고 있다. 좌측 하단에는 악어를 탄 아프리카라는 반나의 여인이, 우측 하단에는 아르마딜로를 탄 아메리카라는 반나의 여인이 각각의 대륙을 표상하고 있다. 비유럽 대륙은 모두 동물을 타고 있다는 점에서 덜 문명적이다.

코넬리스 비셔가 그렸다고 하는 아메리카의 그림이 가장 기괴하다. 이 그림은 갑옷투구를 입은 듯한 아르마딜로 위에 아래만 슬쩍 가린 풍만한 여인이 한 손에는 단창을, 다른 한 손에는 화살대를 들고 있는 모습이다. 아마도 아메리카 문명은 수렵어로와 채취 단계에 놓인 '역사 없는 사람들'의 것이라는 표현이리라. 비셔는 아메리카를 풍만한 육체의 여성으로 그려 식민대상을 여성화하는 남근 중심주의적 정복전략도 은연중에 드러낸다. 게다가 아르마딜로는 얼마나 기괴하게 그려져 있는가? 신세계의 문명단계를 말이나 낙타와는 구분되는 아르마딜로로 표상하는 그의 회화기법은 당대의 비교민족학의 감수성을 잘 보여주는 것이리라. 이러한 감수성은 곧 18세기 계몽시대의 역사학, 철학, 자연과학으로 이어지고 유럽 중심주의는 더욱 정교한 틀로 다듬어지게 된다.

린네와 로빈슨 크루소

"그는 책으로 세계여행을 한다. 그는 지도, 세계전도, 수학자들의 측정치를 통해서 세계의 지리를 통달한다. 그는 역사가들을 데리고 육지

「뉘른베르크 크로니클」의 세계지도, 1493년.

를 여행하고, 뱃꾼들과 더불어 바다를 여행한다. 그는 댐피어와 로저스와 함께 세계일주를 한다. 여행을 하면서 그는 무식한 선원들 모두가 아는 것보다 천배 이상 많이 알게 된다." 다니엘 디포우는 1730년 "완벽한 영국신사"라는 글에서 이렇게 말했다. 여행은 18세기 계몽시대에 들어와서 새로운 열정이 되었다. 디포우는 나아가서 「로빈슨 크루소」에서 글자를 읽고 쓸 줄 아는, 세속적인, 영국인(서구인) 남성의 표류기를 통해서 세계를 바라보는 '제국의 시선'(Imperial Eyes)을 정형화했다. 크루소는 서유럽이 발명한 새로운 시선의 표준 모델이 되었던 셈이다.

18세기에는 지구의 모든 부분이 샅샅이 탐사되었고 측정되었으며 분류되고 기록되었다. 스웨덴 출신의 위대한 분류학자 카를 폰 린네는 1735년에 기념비적인 저서 「자연의 체계」(*The System of Nature*)를 출간했다. 지구에서 알려진 모든 것이 분류되었고, 학명이 붙여졌다. 식물학은 린네를 통해서 '아드리아드네의 실'을 발견했다. 상상에 의존하

“동방의 경이”, 플랑드르.

던 비교민족학 체계도 그를 통해서 좀더 세련된 분류체계를 가지게 되었다. 인간을 지칭하는 '호모 사피엔스'는 이렇게 분류되었다.

1) 야만인. 네 발, 벙어리, 털북숭이.
2) 아메리카인(원주민/역자 주). 구리빛, 성마름, 직립. 흑색 모발, 두꺼운 직모 ; 넓은 코 ; 거친 안면 ; 구레나룻은 거의 없음 ; 완고하고, 만족하고, 자유로움. 멋진 붉은 선을 몸에 칠함. 관습에 의한 통치.
3) 유럽인. 잘 생겼고, 혈색이 좋으며, 근육질임 ; 노란색, 갈색의 흘러넘치는 모발; 푸른빛의 눈 ; 점잖고, 날카로우며, 발명가적 기질을 소유함. 몸에 붙는 의복을 착용함. 법치.
4) 아시아인. 그을린 피부, 우울하고 융통성이 없음. 검은 모발 ; 검은 눈 ; 엄하고, 건방지고, 질투심이 강함. 느슨한 의복을 착용함. 속견(opinions)에 의한 통치.
5) 아프리카인. 흑인, 담즙질로 느슨함. 검은 곱슬머리 ; 부드러운 피부 ; 평평한 코 ; 두툼한 입술 ; 교활하고 게으르며, 의무를 방기함. 몸에 기름을 바름. 변덕에 의한 통치.

린네의 분류체계는 놀랍게도 칸트의 '계몽'과도 연결된다. 칸트는 「계몽이란 무엇인가?」에서 이를 이렇게 정의한다. "계몽이란 인류가 스스로 노력해서 죄스러운 미성숙의 상태에서 탈출하는 것이다." "대부분의 인류는 게으르고 비겁하기 때문에 미성숙의 상태에서 기꺼이 남아 있으려고 한다." 그렇다. 18세기 아프리카인이나 아메리카인들은 이 위대한 철학자가 보기에는 "죄스런 미성숙"의 상태에 놓여 있었고, 그 미성숙은 유럽인들의 계몽(곧 정복과 식민화)에 의하지 않고서는 탈출이 불가능했다.

헤겔, 관념적 세계사의 탄생

헤겔은 한술 더 뜬다. 그는 「세계사 강의」에서 세계사란 하느님, 이성 그리고 자유가 스스로 자기를 실현하는 것이라고 주장한다. 이제 세계사는 의식의 발전 과정(Entwicklung, development)으로 바뀐다. 헤겔의 단선적 발전론은 절대지(絕對知)로 상승하는 개념의 운동으로 존재하지만, 비교적 정교한 틀을 지니게 된다. 공간에 대입된 의식의 발전 과정은 이렇게 전개된다.

"세계사의 계기는 동에서 서로 이동한다. 유럽은 세계사의 종착역이다. 아시아는 시발점이다." 그는 동에서 서로 움직이는 세계사의 필연적 운동에서 아프리카와 (라틴)아메리카를 아예 제거한다. 그것은 "아프리카는 일반적으로 폐쇄된 땅"이며, 흑인들은 "야수로서 인간"이기 때문이다. "아메리카는 아직 형성조차 끝나지 않았다……그래서 미래의 땅이다. 미래의 땅으로서 아메리카에는 흥미가 없다. 철학자는 예언을 하지 않기 때문이다." 헤겔은 아메리카인들의 "열등성은 모든 측면에서 명백하다"고 말한다.

구세계의 중심이자 종착역은 유럽이었다. 하지만 폴란드와 러시아를 구성하는 동유럽은 빠졌다. 아시아적이기 때문이다. 독일, 프랑스, 영국, 덴마크, 스칸디나비아 국가들로 구성되는 서유럽만이 유럽의 심장부가 되었다. 이 "게르만적 세계"는 세 계기를 통해서 "총체성의 왕국"을 완성한다. 첫째, 게르만족의 이민이다. 둘째, 중세 말기에 일어났던 르네상스, 아메리카 발견, 인도 항로 발견이라는 세 계기이다. 그리고 마지막으로 전형적인 독일적 사건이었던 '루터의 종교개혁'이다. 종교개혁은 곧 계몽주의로, 프랑스 혁명으로 완전히 개화하게 된다. 완전히 발전한 단계의 정신을 지닌 담지자(Träger)는 북유럽이었고, 그 가운데에서도 독일과 영국이었다. 린네, 디포우, 헤겔 모두 일하던 분야는 달랐지만, 꿈은 똑같았다. 유럽 중심주의를 반석 위에 올려놓는 것이었다.

16. 탈식민주의 글쓰기 :
엔리케 두셀의 「아메리카의 발명」

아메리카는 발견되었는가?

"생각한다. 고로 존재한다." 서구 근대철학에서 유아론적(唯我論的) 전통의 뿌리를 이루는 르네 데카르트(1596-1650)의 금언이다. 이 생각하는 자아(ego cogito)가 권력의지를 담지한 주체로 형성된 것이 그냥 머리 굴리기로 이루어졌을까? 그럴 리가 없다.

엔리케 두셀은 1492년에 시작된 아메리카의 정복이야말로, 유럽의 근대성을 알리는 서곡이자, 오늘날까지 지식세계를 지배하는 그 지독한 유럽 중심주의의 기원이라고 주장한다. '생각하는 나' 이전에 '정복하는 나'가 존재했던 것이다. '정복자인 나'는 아메리카 원주민들을 타자로 은닉시켰고, 그 결과 세계의 중심으로 우뚝 설 수 있었다.

칸트의 계몽도, 헤겔의 절대정신도, 칼 오토 아펠이나 하버마스가 주장하는 의사소통 공동체도 모두 '아메리카를 발견했다'는 미몽 위에 선 철학적 담론이라고 주장하는 아르헨티나 태생의 철학자가 두셀이다. 지식의 존재조건이 문제시되고 있는 이 시대, 탈(脫)오리엔탈리즘, 탈유럽주의, '타자의 발견'과 같은 탈식민주의 담론이 지성계를 몰아치는 지금 그는 조용히 바람을 일으키고 있다.

대부분의 주요 언어로 번역이 되어 있는 그의 주저 「아메리카의 발

명 : '타자'의 은닉과 근대성의 신화」(1992)는 정복 500주년을 맞이하면서 서구의 철학적, 사회과학적 전통에 깊이 물들어 있는 발전론적 전통의 근대성 신념을 해부한다. 에드워드 사이드의 「오리엔탈리즘」이 서구 문학의 텍스트에 편재한 유럽 중심주의를 비판했다면, 두셀의 이 책은 우리에게 익숙한 철학사의 전통을 제3세계 민중의 시각에서 조명한다. 그는 종속이론에서 안드레 군더 프랑크가 이룩한 인식론적 혁명을 철학사에서 수행하고자 했다. '해방철학(Philosophy of Liberation)'이라고 불리는 이 프로젝트는 30년에 걸친 그의 저작들에서 수미일관하게 유지되고 있다. 툭하면 자아 준거적인 철학, 사회과학 운운하는 우리 학계는 왜 이런 철학자에게 인색할까?

아메리카는 발명되었다

이 책의 내용을 잠시 살펴보자. 1492년, 콜럼버스가 서인도 제도를 조우하면서 유럽의 역사가 바뀐다. 이슬람 문명권의 변방에 위치했던 열등한 유럽은 아메리카를 '발견'했다고 주장한다. 두셀은 '발견'이라는 주장이 타자(the Other)인 아메리카 인디오 문명을 '은닉'(coverup)하는 것에 다름 아니라고 말한다. 아메리카 원주민 문명(Amerindia)은 이미 아시아에서 베링해를 거쳐서, 남태평양을 거쳐서 이동한 황인종에 의해서 고도의 문명과 철학적 전통을 만들어냈다. 그에 따르면 아메리카에는 이미 아시아 전통의 연장에서 이해될 수 있는 문명이 존재했으니, '발견'될 수 있는 '문명의 출발점'이 아니었다.

아메리카의 인간과 영혼과 생활세계를 식민화하면서 유럽은 점차 성장한다. '근대성의 신화'도 이와 더불어 덩치를 키워갔다. 근대성 원리는 서구세계 '내부에서만' 자유를 확장시켰고, 외부에 대해서는 굴종과 종속을 강요했다. 타자(가난한 사람, 여성 등)를 배제한 모더니티라는 구미의 신화는 지금도 제3세계의 민중과 대부분 지역의 여성들을 곤경에 빠뜨리고 있다. 인구의 다수(세계 인구의 75퍼센트)를 무시한 철학과 지식의 역사, 그것은 생활 공동체와 의사소통 공동체를 멍들이고 파괴한다. 이에 대한 대안은 무엇일까?

트랜스-모더니티 프로젝트

리오타르, 바티모, 리처드 로티 등과 같은 탈근대론자들은 근대적 합리성을 테러와 등치시킨다. 그렇지만 두셀은 근대적 합리성의 비합리적 신화만을 비판한다. 의사소통 공동체의 대화 가능성을 부정하는 탈근대론자들의 영웅주의적 부정보다는 타자의 고통과 울부짖음에 귀를 기울이고 대화하는 윤리의식의 가능성을 믿기 때문이다. 그렇기 때문에 그는 타자의 이성과 대화하고 그들의 논리를 공동체가 받아들이는 트랜스-모더니티(trans-modernity : 서구 모더니티의 유아론적 성격을 극복하고 타자의 이성을 포괄하는 새로운 기획) 프로젝트야말로 분열된 세계를 화해시킬 수 있다고 주장한다.

1934년 아르헨티나의 멘도사 주의 라 파스에서 태어난 두셀은 50년대 초반에 대학생활을 보냈다. 1957년부터 1966년에 유럽에서 공부한 그는 라틴아메리카의 지성사에서 '자신의 것이 없음'을 뼈저리게 느꼈다고 한다. 그는 폴 리쾨르, 후설, 하이데거, 가다머를 읽으면서, 당시에 중남미에 유행하던 '존재론적' 민족주의론(베르그송이나 오르테가 이 가세트의 영향을 받아 유행한 주의주의적이고 심미주의적인 전통의 민족주의 철학사조)나 포퍼 류의 분석주의 과학철학 전통을 비판적으로 독해할 수 있는 가능성을 읽어냈다.

그러나 그의 철학에서 새로운 분기점은 국내에 돌아온 뒤에 읽은 엠마뉘엘 레비나스의 「총체성과 무한자」와 마르크스의 저술들이었다. 전자에서 그는 '타자성'에 대한 철학적 독해를, 후자에서 '생활공동체'에 대한 유물론적이고 사회학적 해석을 얻었다. 이러한 성찰 끝에 프랑크푸르트 학파를 넘어선 해방철학의 가능성이 등장한다.

해방철학은 단순히 서구철학 내지 철학사에 대한 비판적 조명에 머

묻지 않는다. 해방의 전거가 될 '역사적이고 가능한 생활 및 의사소통 공동체'의 한 가능성을 아메리카 원주민들의 삶과 언어에서 찾아낸다. 그가 예로 드는 것은 마야어의 한 갈래인 토홀로발어이다. 이 언어에서 직접 보어(補語)의 대상은 타동사의 행동을 수용하는 '사물'이 아니다. 주어와 더불어 타동사의 목적어도 능격 주체(ergative subject)로 포진한다. 토홀로발어는 서구언어처럼 '주어+동사+목적어'의 구조(물상화의 구조)가 아니라, '주어+동사+능격 주어'라는, 주체 상호간의 대화로 나타난다. 이들은 공동체를 의사소통에서 라조나틱(lajonatik, 평등한 우리)이나 '영원한 우리들'로 부른다.

트랜스-모더니티는 바로 은닉된 타자를 발견하여 평등한 일부로 끌어들이고, 모더니티가 가져온 수탈의 구조를 허무는 탈자본주의적(postcapitalist) 사회관계를 이룩할 때만 가능하다. 1975년에 멕시코로 망명한 이래 국립 멕시코 자치대학(UNAM)과 멕시코 시립대학(UAM)에서 윤리학을 강의하고 있는 그는 이 시대 가장 뛰어난 탈식민주의 철학자 중의 한 사람으로 꼽힌다.

(보론) 라틴계 학자와 '지식의 지정학'

우리들은 '근대화', '발전', '시장주의 접근'과 같은 말을 아주 자연스럽게 받아들인다. 심지어 인류사에 보편적인 의미를 지닌 것처럼 느낀다.

그런데 우리 삶을 지배하는 이런 용어들이 대단히 국지적이며 특정한 역사적 경험에서 나온 유럽주의의 소산이라고 비판하는 학자들이 있다. 주로 라틴계 학자들이 주축을 이룬 이 집단은 전통적 사회과학의 '식민성'을 문제 삼으면서 그것의 지정학적 뿌리를 캐고, 나아가 '모더니티의 인류학'을 정초하려고 한다. 이들은 지식이야말로 권력현상이고 지정학적 사건이라고 외친다. 라틴아메리카 출신으로 미국에서 활동하는 아르투로 에스코바르, 미셸-롤프 트뤼요, 월터 미뇰로, 페르난도 코로닐, 카를로스 렌커스도르프, 멕시코의 엔리케 두셀, 페루의 아니발 키하노 등이 그들이다.

서구인들의 문법에 맞지 않으면 역사는 기록되지도 출판되지도 않는다. 존스 홉킨스 대학교의 인류학자 미셸-롤프 트뤼로는 「과거를 묻지 않기 : 권력과 역사의 생산」(1995)에서 1804년에 흑인노예들과 그 후손들이 독립하여 자유공화국을 건설한 아이티 혁명이 서구 역사학계에서 왜 줄기차게 외면을 당했는지 밝힌다. 이 혁명은 구미 백인들이 당시 지니고 있던 인종주의적 통념을 넘어섰기에 외면당했다고 그는 주장한다. 프랑스 혁명이 터진 뒤 겨우 15년 만에 터졌기 때문에 구미인들이 소화할 수 없었다는 것이다.

아르투로 에스코바르는 「발전과의 대면 : 제3세계의 형성과 해체」(1995)에서 자연적, 보편적 질서로 인식되어온 모더니티에 기초한 발전 담론이 구미사회가 주변부 세계의 '현실을 식민화'한 전략이라고 분석한다. 발전 담론은 말로 그치지 않고 국제기구, 정부기관 그리고 학계를 재편할 정도로 권력기관으로 자리잡았고, 아울러 삶의 다양한 영역에 영향을 주었다. 그러나 18세기 서구의 특수한 경험에 기초한 '발전' 관념과 이의 실천은 자연적이지도 보편적이지도 않기 때문에 이제 해체되어야 마땅하다고 그는 주장한다.

페르난도 코로닐은 「마술적 국가 : 베네수엘라에서의 자연, 화폐, 근대성」(1997)에서 공간에 대한 시간의 우위, 자연에 대한 문화의 우위를 특징으로 하는 서구적 모더니티 관념을 의문시한다. 자유주의 경제학자들의 주관적 가치론이나 마르크스주의의 노-자 대립론은 모두 공간과 자연을 추방한 바탕 위에서 제국주의적 문법을 확립했다. 그러나 서구의 성장은 제3세계의 공간과 자연을 착취하면서 탄생했다. 국제분업은 노동분업일 뿐 아니라 공간과 자연의 분업이기도 하다. 그는 일관되게 서구주의에 오염되지 않은 '비제국적 지리-역사적 범주(nonimperial geo-historical categories)'를 확립하고자 한다.

이매뉴얼 월러스틴 등이 집필에 참여한 「사회과학의 개방 : 사회과학

재구조화에 관한 굴벤키안 위원회 보고서」(당대, 1996)도 기존의 사회과학이 안고 있는 지역편파성, 자의적인 학문 구획 등을 문제삼으며 재구조화와 더불어 개방의 전략을 제시하고 있다.

17. 공간의 지배 : 도시문명의 탄생

배꼽들의 전쟁

옴팔로스 증후군(omphalos syndrome)에 빠지지 않은 민족이 있을까? 자신이 사는 곳을 '세계의 배꼽'이라고 생각하는 그 버릇 말이다. 잉카 제국의 수도 쿠스코(코스코)도 '세계의 배꼽'이라는 뜻이다. 아스텍 제국의 중심 테노치티틀란도 신의 점지에 의해서 '세계의 중심축'(axis mundi)에 건축된 도시라고 신화는 전한다. 오늘날 멕시코 기장과 깃발에 있는, 뱀을 물고 있는 독수리가 노팔 선인장 위에 앉아 있는 바로 그 장소는 신이 점지한 자리였다고 신관 테노치가 말했다. 정복은 '배꼽들의 충돌'이기도 했다. 16세기 스페인 정복자들은 예루살렘과 로마를 중심축으로 하는 기독교적 세계지도를 들고 왔다. 아메리카의 배꼽들은 패배와 더불어 새로운 세계지도 속에 변방으로 편입된다.

16세기에 아메리카라는 방대한 영토를 소유하게 된 스페인 정복자들과 관료들은 자신의 권력체계 속에 땅과 주민을 포섭하기 시작했다. 그들은 사람들을 옮기고, 공간을 대대적으로 바꾸면서 스페인의 도시문명을 이식시켰다. 그 덕분에 우리는 멕시코 시티를 가든 쿠바의 아바나를 가든 수도의 소칼로 광장에 서 있는 성당 건물과 관청을 발견한다. 지방 도시를 가더라도 마찬가지이다. 16세기 라틴아메리카를 특징짓는 영혼과 공간에 대한 정복을 이만큼 극적으로 보여주는 것이 어디에 또 있을까?

영혼의 지배와 세속적 권력의 표현으로 탄생한 이 히스패닉 도시문명은 당대 여타 제국주의 열강들의 식민정책과 두드러지게 다른 점이다. 포르투갈이 정복한 브라질과 먼저 비교해보자. 브라질에는 매우 느슨한 도시 정주(定住) 패턴이 자리를 잡았다. 게다가 공간구조의 핵심도 플랜테이션이 위치한 대농장(Casa Grande)이었다. 적어도 18세기에 금광이나 다이아몬드 광산이 발견되기 전에는 대농장이야말로 브라질 사회의 중심이었던 것이다. 뉴잉글랜드의 청교도 공동체가 추구한 공간질서도 스페인처럼 집단적 정체성(corporate identity)을 지닌 도시문화는 아니었다. 신적인 질서를 추구했다는 의미에서 둘 다 종교적 고려가 공간 배치에 반영되어 있지만, 청교도들이 추구한 도시는 자발적이고 독립적인 계약관계에 기초하고 있었기 때문에, 스페인 정복자들이 남긴 엄격한 형식주의와는 거리가 멀었다.

도시문명의 탄생

스페인 사람들은 도시 건설의 명수들이었다. 그들은 가톨릭과 제국의 상징으로서 도시를 건설했다. 먼저 누에바 에스파냐 부왕령(副王領)의 중심지에 멕시코 시티를 재건했다. 테노치티틀란의 주신전(主神殿)이 있는 곳을 허문 그 자리였다. 페루의 리마 시는 새로 건설했다. 커뮤니케이션과 보급의 편의가 우선적으로 고려되었다. 은광 붐이 불면서 사카테카와 포토시와 같은 광산도시가 건설되었다. 포토시는 1610년경 16만명의 인구를 자랑하는 아메리카 최대의 도시였고, "만왕이 시샘하는 부"로 이름을 떨쳤다. 스페인 사람들은 그들의 숫자가 상대적으로 적었음에도 불구하고, 1600년 이전에 300개 이상의 도시를 건설했다.

식민시대 아메리카 문명은 도시문명이었다. 정복자, 성직자, 지주, 광산주, 관료층이 도시에 거주했다. 이들은 엔코미엔다, 광산, 아시엔다, 플랜테이션에서 수입을 얻었지만, 농촌에 거주하지는 않았다. 도시는 권력과 행정과 신앙의 중심지 이상이었다. 그것은 문명의 표상이었다. 아직 농촌은 목가적인 생활을 낭만적으로 영위하는 곳이 아니었다. 따라서 농촌을 목가적 패러다이스로 노래한 예술이나 문예작품은 거의 찾아볼 수 없다. 도시와 대비된 농촌, 도시와 대비된 자연은 두려움과 통제되지 않은 야만성을 내포한 '비문명(非文明)'일 뿐이었다. 반면에 도시는 주민들을 외부의 두려움으로부터 보호하는 방벽이었고 요새였다. 도시민들은 자신이 문명인들이라는 공동체 의식을 지니고 있었다.

도시건설의 모형

스페인의 도시건설의 특징에 대해서 리처드 모스는 다음 세 가지 가설로 요약한다. 첫째, 스페인의 해외 식민지에 확산된 격자(格子) 모양의 도시계획은 방대한 해외영토를 합리적으로 전유하기 위한 것이다. 둘째, 스페인 정복자들과 정착자들은 도시문제에 관하여 식견이 없었고, 고대나 중세 도시의 스타일에 대해서도 정통하지 못해서 실용적으로 문제를 해결할 수밖에 없었다. 그래서 즉흥적인 광산도시, 요새화된 항구, 산발적인 촌락 그리고 넓고 규격화된 행정 중심과 같은 다양성이 존재한다. 셋째, 스페인 정착자들은 환경에 적응해가면서도 고전적인 전례에 따라서 전통의 요체를 간직한 문화적 표현 형태로 도시를 건설했다.

이 세 개의 가설은 서로 배타적이라기보다는 상호 보완적인 성격을 가진다. 분명히 격자 무늬 패턴에 따른 기하학적 추상화는 공간을 합리적으로 전유하려는 제국의 웅대한 야심을 보여준다. 오늘날 라틴아메리카의 큰 도시를 가면 어디서나 볼 수 있는 것이 격자형 공간구조이다. 부에노스·아이레스는 거의 바둑판처럼 구획된 공간 단위로 분할되어 있어서 주소만 있으면 어린아이조차 쉽게 집을 찾을 수 있다. 대체로 도시의 중심인 중앙 광장(Plaza Mayor)에는 성당, 관공서가 들어있는 궁정 건물 그리고 카빌도(시의회)가 나란히 서 있다. 반면 방어용

리마 시의 중심부, 1687. 1. 부왕의 궁전 2. 주교좌 성당(카테드랄), 3. 시의회 건물, 4. 도미니카 수도회 건물, 5. 프란체스코 수도회 건물, 6. 메르세다리안 수도회 건물, 7. 알리아가 가문의 저택.

도시를 건설하기 위해서 지대가 높은 곳에 세워진 브라질의 도시들에는 이러한 기하학적 도상이나 규칙성을 찾아볼 수 없다.

스페인 정복자들이 아메리카에 건설한 도시들에는 자민족 중심주의로 변질된 기독교 신앙의 정서가 듬뿍 담겨 있다. 이베리아의 재정복과 십자군 전쟁을 거치면서 스페인의 종교적 심성은 이방인과 타문화를 관용하기보다는 해체를 추구하는 대단히 공격적인 모습을 띠게 되었다. 정복자들은 산티아고(성 야곱)를 '마타모로'(matamoro : 무어인 죽이기)로, 아메리카에서는 '마타-인디오'(원주민 죽이기)의 수호성인으로 모실 정도였다. 이런 집단적 심성은 기독교-비기독교의 대치를

멕시코 시티의 헌법광장. 메트로폴리탄 성당과 대통령궁이 보인다. 대통령 궁의 왼쪽이 아스텍의 주신전 유적이 발견된 곳이다.

선과 악의 싸움으로, 문명과 비문명 내지 야만의 싸움으로 이해한다. 따라서 정복자들의 도시 건설도 비문명을 억누르거나, 아무것도 존재하지 않는 무의 상태에서 문명을 이식하는 프로젝트로 이해되었다. '텅빈 아메리카'(la América vacía)의 관념은 바로 이들이 도시건설을 시작하기 전의 상태를 의미한다. 만약 테노치티틀란이나 쿠스코와 같은 거대한 원주민들의 도성이 있다면, 철저하게 파괴하여 빈 공간으로 만들었다. 주신전이 파괴된 바로 그 자리에 그곳에서 뜯어낸 돌로 정복자들은 자신들의 권력을 표상하는 건축물을 세웠다.

가톨릭 성인들의 도시

이들이 이 텅 빈 공간에 세우고자 한 것은 스페인의 기독교 신앙과 사회생활 그리고 문화였다. 말하자면 아메리카에 세운 '새로운 스페인'(Nueva España)이었고, 새로운 유럽이었다. 수많은 지명과 도시의 이름이 이를 증명한다. 새로움을 뜻하는 '누에바'(Nueva)가 붙어 있는 도시명은 바로 유럽을 복제하겠다는 강렬한 열망에 다름 아니었다. 누에바 에스파냐(멕시코), 누에바 톨레도, 누에바 갈리시아, 누에바 그라나다, 누에바 카스티야가 그렇고, 아메리카 대륙에 반복해서 나타나는 스페인 지명인 바야돌리드, 코르도바, 레온, 메데인, 라 리오하, 발렌시아, 카르타헤나, 트루히요, 쿠엥카 등이 그러하다. 원주민 언어로 된 지명 위에는 가톨릭 성인들의 이름으로 덧칠했다. 산티아고, 산 세바스티안, 산 호세, 산 안토니오, 산 마르코스, 산 후안, 산 미겔, 산 펠리페 등등이 그것이다.

성인들의 이름을 본떠서 이름을 짓는 습관은 18세기에도 계속되었다. 표트르 대제가 스카웃한 덴마크 사람 비터스 베링(1680-1741)이 1728년에 베링 해협을 발견하고, 러시아가 알래스카를 따라 남진을 시작했다. 영국은 러시아의 남진을 막기 위해서 태평양 연안의 시애틀 부근에 함대를 파견했고, 두 나라는 여러 차례 충돌했다. 경제적 쇠퇴와 군사력의 부재로 고민하던 스페인 사람들은 사제들과 십자가를 잔뜩 싣고 가서 캘리포니아에 미션 지구를 짓기 시작했다. 그 덕분에 오늘날 캘리포니아 사람들은 프란체스코 수도회가 섬기는 성인들의 이름을 본뜬 산 디에고(데 알칼라)(1769), 산타 바르바라(1782), 산 루이스 오비스포(데 톨로사)(1772), 산타 크루스(1791), 산 프란시스코 (데 아시스)(1776), 산 호세 (데 과달루페)(1797) 등에 살고 있다.

18. 영혼의 정복

가톨릭 선교 프로젝트

스페인 왕실은 이교도 원주민들에 대한 기독교 전파를 식민통치의 명분으로 삼았다. 비스페인계 제국의 식민지 통치정책에서는 찾아볼 수 없는 부분이다. 코르테스가 쿠바 총독 디에고 벨라스케스의 명령을 받고 출항을 준비할 당시에 받은 지시문은 아래와 같았다. 코르테스는 곧 총독과 사이가 틀어져 도망치다시피 멕시코 원정을 떠나지만, 아마 이 지시문은 그가 유일하게 순종한 총독의 명령이 아닌가 한다.

"당신이 떠나는 원정의 첫번째 목표가 하느님께 봉사하고 기독교 신앙을 전파하는 것이라는 점을 처음부터 명심하시오. 그러므로 당신은 어떤 종류의 신성모독이나 음탕함도 허용해서는 안 됩니다. 이 명령을 어기는 자를 공개적으로 꾸짖고 처벌해야 합니다. 그 나라에서 십자가들이 발견되었다고 합니다. 그것이 무엇을 말하는지 확인되어야 합니다. 원주민들이 만약 종교를 하나 가지고 있다면, 그것도 연구되어야 하고 상세한 보고가 이루어져야 할 것이오. 마지막으로 당부하건대 어둠 속에서 사는 사람들에게 진정한 믿음과 하느님의 교회의 지식을 전파할 기회를 결코 놓쳐서는 안 됩니다."

이 글에 담긴 정신은 교황이나 스페인 군주들의 칙령에 나타난 것과 대동소이하다. 스페인 정복자들의 실제적인 목표는 황금을 구하고 봉건 영주의 지위를 얻는 것이었지만, 정복사업의 명분은 언제나 기독교를 전파하는 것이었다. 가톨릭 군주는 아메리카에서 스페인의 배타적 지배를 관철하기 위한 명분으로 기독교 선교를 유난히 강조했다. 그 때문에 그는 교황을 설득하여 아메리카에서의 사제 임면권과 십일세를 거둘 권리인 '파트로나토 레알'(Patronato Real)을 확보할 수 있었다. 하지만 카리브 제도에서의 정복과 식민사업이 원주민 인구의 대량 살상으로 귀결되자 군주는 정복자들과 엔코멘데로들의 탐욕을 제재하기 위해서 탁발수도단의 선교사업을 적극 지지하고 나섰다.

탁발수도단의 선교활동

코르테스가 테노치티틀란을 정복하자, 그는 군주에게 원주민을 교화시킬 수사들을 보내주기를 요청했다. 1523년 페드로 데 간테 수사가 멕시코에 들어왔고, 이듬해인 1524년에 프란체스코 교단의 수도사 열두 명이 들어왔다. 탁발수도단의 수사들은 배에서 내린 후 줄곧 남루한 옷차림으로 걸어서 멕시코 시티까지 왔다. 당시 이들의 행장이 너무 초라했기 때문에 길가에서 쳐다보던 원주민들은 "모톨리니아, 모톨리니아"(motolinia : 거지)하고 동정했다고 한다. 열두 명의 수사 중의 일원인 토리비오 데 베나벤테는 이 말을 듣고는 평생 자신의 이름을 토리비오 모톨리니아로 바꾼다.

당시 프란체스코 교단은 청빈한 탁발수도단으로 이름이 높았다. 이들은 당시 유행하던 요하킴 디 피오리의 종말론적 비전을 굳게 믿었다. 요아킴 디 피오리는 12세기의 신학자로 이제 '성부의 시대'와 '성자의 시대'를 지나갔고, 마지막인 '성령의 시대'가 다가오고 있다고 주장했다. '신세계'의 '발견'은 '성령의 시대'가 도래했음을 보여주는 것이라고 이들은 굳게 믿었다. 탁발수도단의 수사들은 오염된 구세계를 떠나 신세계에서 말세를 준비하고자 했다.

이들은 원주민들에게서 기독교 부흥의 희망을 보았고 그들을 엔코멘데로들로부터 보호하여 구세계의 악덕으로부터 구제하고자 했다. 이들의 열정은 멕시코에 들어온 지 50년도 되지 않은 1570년에 이미 70개 정도의 수도원을 건립한 데에서 잘 읽을 수 있다. 1526년에는 도미니쿠스회의 수사 열두 명이 들어왔고, 1533년에는 아우구스티노 교단도 수사를 파견했다.

1523년부터 1572년까지 50여 년 동안 멕시코에서 원주민의 '영혼을 정복하는' 사업은 바로 이 탁발수도단에 의해서 주도되었다. 이 시기에 세속 사제(Secular)가 원주민 사회에 개입할 여지는 거의 없었고, 심지어 주교단의 영향력도 부차적이었다. 멕시코와 같이 거대한 지역에 공식 교단이 사제들을 파송할 능력도, 개입할 의사도 없었기 때문이었다.

프란체스코 교단은 북서부의 미초아칸과 누에바 갈리시아에서 주로 사역을 했다. 아우구스티노 교단은 북동부쪽, 도미니쿠스 교단은 오아하카 부근의 남쪽에 자리를 잡았다. 1568년에 들어온 예수회는 오늘날 캘리포니아의 타라우마라 원주민들이 사는 지역과 파라과이에 원주민 선교 지역을 만들었다.

수사들은 일단 원주민들이 지니고 있던 우상이나 그림책 그리고 그들의 신전을 파괴하면서 선교활동에 나섰다. 원주민들의 성소가 있던 곳에는 자연스럽게 교회가 세워졌다. 1525년 이후부터 우상과 우상 숭배자를 제거하는 종교재판이 시작되었다. 아울러 원주민들에 대한 초심자 교육과 대규모 영세식이 거행되었다. 대단한 열정으로 추진한 원주민 선교사업은 초기에는 매우 성공적으로 보였다. 몇천 명 단위의 사람들이 집단으로 영세를 받았고 성찬식에 참여했다.

선교의 보조자, 민속학의 탄생

그러나 엄격한 교리문답 훈련을 거치지 않은 채 집단영세를 받은 원주민들은 수사들의 눈을 피해서 우상이나 그림책(수사들은 이를 '사탄의 도구'라고 생각했다)을 숨겨놓고, 자신들 고유의 종교세계를 계속 유지하거나 적당히 두 종교를 혼합시킬 수 있었다. 원주민 고유의 다신교적 신앙체계 속에 기독교의 신이나 성인들 몇몇을 수용하는 것은 쉬운 일이었다.

초기의 낙관주의에서 벗어나자 각 교단은 보다 체계적으로 원주민들의 세계를 이해할 필요성을 느끼게 되었다. 효율적인 선교사업을 위해서 원주민들의 언어를 습득해야 했고, 이들이 겪어온 역사, 관습 그리고 전통을 연구해야 했다.

근대 민속학(ethnology)에 가까운 민족지(民族誌)와 원주민 언어 사전과 문법서는 바로 이러한 과정에서 탄생한 것들이다. 기념비적 민족지로 알려진 베르나르디노 데 사아군의 「누에바 에스파냐의 박물지」(*Historia general de las cosas de Nueva España*), 도미니쿠스회의 디에고 두란이 남긴 「서인도사」(*Historia de las Indias*) 그리고 알론소 데 몰리나가 1571년에 집필한 스페인어-나우아어 사전 등은 대표적인 예에 속한다. 수사들이 남긴 귀중한 자료들은 때때로 교계 인사들이 '악마의 산물'이라고 시비를 걸었기 때문에 소각의 위험에 처하기도 했지만, 오늘날까지 살아남아 이 시대를 연구하는 데에 큰 도움을 주고 있다.

멕시코 중앙 계곡의 나우아어와 안데스의 케추아어는 비록 로망스 언어체계로 정리되고 기록되었지만, 수사들의 업적이었다. 만약 스페인 사람들이 자신의 언어만을 고집하여 선교활동을 펼쳤다면, 이 두 언어는 구두언어로 남아 있다가 300년간의 식민시대를 지나면서 유실되었을 가능성이 높다.

원주민들은 수사들의 도움으로 자신들의 언어로 미사를 보고, 성가를 불렀다. 따라서 스페인어를 배울 필요성을 전혀 느끼지 못했다. 스페인어를 습득하지 않게 되자 원주민 공동체의 분리와 고립은 더욱 심해져갔다. 원주민들의 분리와 고립화는 예수회가 운영하던 파라과이 미션 지구에서 가장 심했다. 바로 그 덕분에 오늘날 파라과이에는 스페인어권에서 유일하게 두 개의 공용어(스페인어와 과라니어)를 쓴다.

원주민들의 우주관이나 문화를 이해하는 것도 쉽지 않았지만, 무엇보다 적은 수의 수사들이 그 넓은 지역의 많은 인구를 감당하는 것도 큰 문제였다. 선교도 문제이지만, 이미 전파한 신앙을 유지하는 것도 급선무였다. 수사들은 넓은 지역을 열심히 이동하면서 미사와 성찬식을 집전했다. 멕시코 북부 지역에 선교단을 파견했던 프란체스코 수도회나 예수회는 사실상 선교활동이라기보다는 국경수비대를 파송한 것이나 다를 바 없었다.

선교의 성공은 곧 정복과 정치적 통제에 비례했던 것이다. 인구가 산재했던 유카탄 지역이나 중미의 경우도 정복이 쉽지 않았고, 따라서 기독교의 선교사업도 쉽게 진척되지 않았다. 이곳의 마야 원주민들은 은밀하게 끈질기게 저항했다. 그러나 영혼을 정복하는 사업은 꾸준하게 진행되었고, 원주민 세계는 점차 가톨릭 세계에 동화되어갔다.

19. 바로크와 예수회

한계에 봉착한 유토피아

스페인 가톨릭의 선교사업은 파트로나토 레알을 얻은 왕실이 지원하는 프로젝트였다. 하지만 천년왕국설에 깊이 심취한 수사들 가운데에는 토머스 모어의 「유토피아」를 원주민 신앙공동체를 통해서 재현하고자 하는 자들도 있었다. 이들 대부분은 에라스무스의 교회 개혁론에 크게 공감하는 자들이었다. 1532년 인문주의 수사인 바스코 데 키로가는 멕시코 시티 주변에 산타페 공동체 및 병원을 세웠다. 이어서 그는 1538년에 미초아칸의 파추쿠아로에도 이를 건설했고 또 사제로 봉사했다. 그는 원주민들이 공유지를 공동으로 경작하고 스스로 대표를 뽑아 카빌도(마을 의회)를 운영하게 했다. 원주민들은 교회와 학교를 스스로 운영했고, 교회력에 따라서 가두행렬, 예식, 축제를 조직하여 속세와 종교를 효과적으로 결합시켰다.

1527년 프란체스코 수도회의 후안 데 수마라가는 최초로 멕시코의 주교로 서임을 받았다. 수마라가 주교는 초심자 교리문답서와 신앙교본을 출판하여 원주민들의 신앙훈련을 강화시키는 한편, 틀랄텔롤코에 산타크루스 대학을 세워 원주민 귀족 자제들을 교육시켰다. 여기에서 원주민 자제들은 유럽의 대학생들과 마찬가지로 라틴어, 철학, 수사학, 논리학을 배웠고, 이 교육을 바탕으로 원주민 언어로 성서를 번역하기도 했다.

주교는 수많은 반발을 무릅쓰고 원주민 차세대 교육을 통해서 가톨릭 신앙의 토착화를 도모했지만, 그 실험은 기득권층의 반발에 밀려 오래 지속될 수 없었다. 초기에 시작했던 원주민 사제 훈련 프로그램은 1560년대에 와서 중단되었다. 메스티조에게도 '사생아'라는 꼬리표를 붙여 교단에 들어오는 것을 막았다. 이베리아 반도의 사람들은 '혈통의 순수성'을 강조하는 유사 인종주의 독트린에도 물들어 있었다. 이미 무어인들과 유대인들을 몰아냈던 그들이었다. 원주민과 백인들의 통혼은 용납될 수 없었다. 아무리 몇몇 사제들이 원주민 사제에 의해서 선교활동을 심화시킬 필요가 있다고 말했지만, 기득권층의 벽은 드높았던 것이다.

수도회 수사들은 세속 사제들이나 엔코멘데로들로부터 원주민들의 권리를 보호하고 원주민들을 가톨릭 교리에 따라서 훈육시켰지만, 이들의 노력은 제한적이었다. 수도회 수사들의 원주민 사랑은 가부장적 부모의 자녀 사랑과 마찬가지였다. 자녀는 아무리 자라도 부모에게는 어린아이로 취급될 뿐이다. 이 후견적이고 가부장적인 태도로 인해서 아메리카 교회는 결국 스페인 식민지 교회로 남을 수밖에 없었다. 종교학자 로베르 리카르는 아메리카 교회는 결국 원주민 성직자를 키우지 못했기 때문에 국민적 성격을 획득하지 못했다고 지적했다. 이러한 원주민 사제의 부재로 말미암아 멕시코는 독립 이후 정부와 교회 사이에서 발생하는 끊임없는 갈등에 휩싸이게 된다. 민족주의적인 식자층들은 쉽게 반교권주의 구호에 물들었고, 식민지 시대의 부자이자 이방인 세력인 교회의 재부를 빼앗는 데에 앞장을 섰던 것이다.

바로크의 시대, 예수회의 시대

안데스 지역에도 선교를 위한 탁발수도단의 수사들이 1530년대에 도착했다. 그러나 정복자들의 분란과 원주민 반란으로 선교는 주로 중심 도시 외에는 확산되지 못했다. 이 상황은 거의 1560년대까지 지속되었다. 리마의 부왕(副王)으로 파견된 프란시스코 데 톨레도에 의해서 1560년대에 와서야 안데스는 평정을 찾게 되었다. 그러나 전체적으로 볼 때 안데스의 선교 상황은 멕시코의 경험에 비추어볼 때 크게 뒤졌다. 해안지역인 리마와 안데스 산악 지방 사이의 간극도 존재했고, 안데스 선교의 지리적 조건도 매우 열악했기 때문이었다. 더구나 안데스에서 이교적 신앙은 오랫동안 근절되지 않고 지속되어왔다.

1570년대에 들어와서 선교의 정열은 전반적으로 가라앉게 되었다. 비록 뒤늦게 들어온 예수회(the Society of Jesus)에 의해서 선교 노력이 다시 한번 재개되었으나, 이전의 열정적인 분위기는 결코 재현되지 않았다. 원주민 교구의 통제권도 점차 세속 사제의 손으로 넘어갔다. 원주민들 사이에서도 성모 숭배 사조가 확산되면서 과거 탁발수도단의 청빈한 기풍과는 다른 바로크적 화려함이 존재하게 되었는데, 그것은 16세기 전반기에 교회가 보여준 모습과는 사뭇 달랐다.

바로크의 시대는 예수회의 시대이기도 했다. 예수회 신부들이 식민지 교회의 상층부를 장악했고, 식민지에서 영향력을 확보해나갔다. 이들은 신앙의 토착화 프로그램을 적극적으로 추진했고, 엘리트 교육을 선점했다. 예수회는 신앙의 잡종화를 직접 추구하지는 않았지만, 토착화의 필요성을 절실하게 깨달았고, 또 그것을 실천해나갔다.

바로크 예술의 화려함은 원주민들의 토착신앙이 가톨릭 신앙과 잡종화되는 것을 도와주었다. 가톨릭 종교가 요구하는 형식주의와 형태만 유지한다면, 토착신앙의 내용은 얼마든지 그 형태 속에서 자신을 은닉할 수 있었다. 말하자면 가톨릭 신앙의 성사적(sacramental) 성격, 성모와 성인을 숭배하는 전통 그리고 교회 건축물의 화려한 문양 속에서 원주민의 이교적 사고와 행동은 보호색을 발견할 수 있었다. 바로크 성당에 잉카의 태양신 문양을 집어넣는 것은 아무 문제도 되지 않았다.

1531년 멕시코에서 후안 디에고라는 원주민 농부가 성모를 직접 보았다고 보고했다. 그에게 성모는 세 번이나 현현했다고 한다. 사제들이 믿지 않자 그는 성모에게 증거를 내려달라고 졸랐고, 성모는 그에게 자신의 현현인 장미꽃이 담긴 두루마리를 주었다고 한다. 원주민들의 모신(母神) 토난친 여신을 모시던 곳인 테페약 언덕에서였다. 이렇게 해서 원주민 피부색의 과달루페 성모를 모시는 성당이 여기에 세워졌다. 예수회 신부들은 과달루페 성모신앙을 대대적으로 전파했고, 이 신앙 가운데 원주민, 현지 백인, 메스티조가 함께 하나됨을 추구할 수 있었다. 성모의 현현은 신세계가 구세계와 어깨를 나란히 견줄 수 있다는 징표로도 읽혔기 때문에 모두가 받아들였던 것이다.

예수회의 전성기와 추방

무엇보다 원주민들을 노동력으로 최대한 이용하려고 했던 엔코멘데로들은 이들을 감싸고 도는 수사들을 원망하고 비판했다. 이들과 교단 사이의 갈등은 초기 50년간 내내 지속되었다. 군주 역시 초기에 자신이 지원했던 탁발수도단의 선교 노력을 점차 못마땅하게 생각했다. 이들은 세속 교회에 십일세를 납부하는 것을 거부했고, 자연히 군주나 그의 서임을 받은 사람의 수입이 줄어들게 되었다. 이들은 또 원주민 교구의 관리업무를 세속 사제들에게 이관하기를 주저했다. 이 때문에 세속 사제(secular)와 정규 사제(regular)의 충돌은 심각했다. 여기에 군주는 점차 탁발수도단의 권한을 제한하고 다시 회수하여 이를 공식 교회와 세속 사제들에게 돌려주었다. 이로써 군주는 자신의 통제권 바깥으로 빠져나가려는 수도회의 힘을 어느 정도 억제할 수 있었다.

이러한 황제교권주의(皇帝教權主義) 경향은 1767년 스페인 부르봉의 개혁 와중에 일어났던 사건이었던 '예수회 추방'에서 극적으로 표현되었다. 예수회는 현지 토착백인들과 밀착된 성직자 집단이었고, 스페인에서 온 본토인의 이해보다는 현지에 사는 사람들의 이해를 앞세웠다. 앞에서 보았듯이 그들은 멕시코에서는 의도적으로 과달루페 신앙을 확산시키게 되었다. 과달루페 신앙은 어떻게 보면 초기 민족주의(proto-nationalism) 이데올로기로 읽힐 수도 있다. 파라과이의 미션 지구에서 그들은 포도원과 악기 공방을 운영했던 다국적 기업체였고, 원주민과 더불어 하나의 소우주를 창조했다. 결국 왕실이나 스페인 본토인들은 이들의 입지가 자신의 이해와 충돌한다는 것을 깨닫자, 왕실은 교황청의 반대에도 불구하고 추방을 결정했다. 예수회의 추방은 당시 엘리트 내부에 토착백인들의 정서를 반영하던 민족주의 경향을 자극시켜 종국에는 독립으로 이끄는 한 원인(遠因)을 제공한다.

20. '인디언'이라는 언어의 폭력

명명하기

지도 그리기와 이름 붙이기는 권력 현상이다. 지배자는 항상 지도를 새로 그리고, 새로 획득한 주민들을 부르는 말을 새로 고안해왔다. 아메리카를 정복한 스페인 인들 역시 그랬다. 아메리카 원주민들을 '인디언'(인디오)이라고 명명한 사람은 콜럼버스였다. 1492년 그는 서인도제도를 '발견'했지만, 그곳이 그가 찾아가려고 했던 '인도'인 줄 착각했다. 콜럼버스가 그곳 사람들을 그렇게 불렀던 것은 실수라고 치자.

아메리고 베스푸치의 「네 번의 항해」(1507)라는 책의 서문에서 발체뮐러는 새로운 대륙이 유럽인들에게는 알려지지 않은 '신세계'라고 말했다. 그래서 사람들은 탐험가의 이름을 기념하여 '아메리카'로 명명했다. '콜럼비아'가 되지 못한 것은 유감이지만, 이즈음 이 대륙이 성서에 등장하지 않는 그야말로 '새로운 땅'이라는 인식이 유럽인들에게 확고하게 자리를 잡았다. 이어 1513년 바스코 누녜스 데 발보아가 다리엔 지협(파나마)을 횡단하여 '고요한 서쪽 바다'(태평양)를 발견했다. 이 발견을 통해서 아메리카와 인도 사이에는 지도에 기록되지 않은 새로운 대양이 놓여 있다는 사실도 확인되었다.

하지만 스페인 사람들은 물론 유럽의 식자층은 여전히 인도(las Indias)와 '인디언'이라는 말을 지도와 역사서에다 계속 썼다. 의도적으로 반복한 실수였던 것이다. 마젤란에 의해서 세계일주가 이루어지고,

아메리카와 인도 사이에 지구 반 바퀴 이상의 거리가 놓여 있다는 점이 밝혀지자 궁색했던지, 이번에는 '동인도', '서인도'라는 말을 고안했다. 원조 인도는 동인도로, 아메리카는 서인도로 명명했던 것이다. 동아시아와 태평양이라는 대륙과 바다가 있었건만, 영국인도, 네덜란드인도 인도라고 부르는 데에 불편함을 느끼지 않았던 모양이다. 네덜란드인들은 아시아 무역을 전담하는 회사를 동인도 회사라고 명명했고, 대서양 무역을 담당하는 무역회사를 서인도 회사라고 불렀다.

오늘날 우리에게도 인도의 인디언이라는 말은 낯설지만, '아메리카 인디언'이라는 말은 너무 친숙하다. 유치원에서 영어를 배우는 꼬마들은 이렇게 노래 부른다. "원 리틀, 두 리틀, 쓰리 리틀 인디언즈……" 스페인 아이들은 양을 세면서 숫자를 익히지만, 미국 아이들은 꼬마 인디언을 세면서 숫자를 배운다. 인디언은 도대체 무엇을 의미할까?

지배와 호명의 심리학

'인디언' 곧 '인디오'라고 부르는 습관에는 서양인들이 아메리카 지배를 정당화하고 영속화하는 언어심리학적인 메커니즘이 반영되어 있다. 그것은 백인들이 아프리칸 아메리칸을 니그로(negro)나 니거(nigger)라고 부를 때 느끼는 우월감과 비슷할 것이다. 인디오라는 명칭은 정복자들이 지배를 위해서 행한 최초의 분류작업이었다. 정복자들은 자신들의 식민작업에 동원될 노동력으로 그들을 파악했다. 정복자들의 분류작업에 의해서 인디오는 인간도, 동물도 아닌 중간적 존재로서 위치가 정해졌던 것이다. 여기에도 철학적, 신학적 논쟁이 수반되었다.

정복자들이 '인디오들'을 발견했을 때 스페인의 신학자들이 제기한 최초의 질문은 다음과 같았다. "도대체 인디오가 사람일까?" 정복자들의 이해를 대변했던 신학자들은 인디오들이 '말하는 도구'(instrumentum vocale)에 속하므로 노예 취급을 해야 한다고 주장했다. 아리스토텔레스의 '자연노예' 이론을 동원한 르네상스 인문주의자들의 입에서 나온 소리였다. 물론 이에 반박하는 원주민 보호신학도 등장했다. "하느님 앞에 인간은 평등하다"는 논리를 내세우며, 원주민의 인격성이 타락한 유럽인들보다 훌륭하다는 신학자들도 등장했다. 여기에서 '선량한 야만'(bon sauvage)의 전통이 탄생했다. 하지만 어느 누구도 인디오라는 말은 포기하지 않았다. 어떤 방식으로든지, 인디오는 지배와 훈육 또는 선량한 통치의 대상이었고, 그 영혼은 정복되어야만 했다. 군사적 제국주의로 그들을 지배하고 강제적으로 선교를 하든, 그들에게 왕국 신민의 지위를 부여하고 평화적으로 선교를 하든 지배대상으로 파악하는 것은 동일했다. 바로 그 지배대상을 타자화하는 명명법이 인디오였다.

이런 명명법의 논리는 파시즘의 언어정치와 유사하다. 히틀러의 제3제국은 지배민중(Herrenvolker)에 봉사하는 주변민중(Randvolker)을 구성하는 '하위인간'(Untermenschen)이라는 개념을 제조해냈다. 인디오라는 말은 바로 이 지배대상인 '하위인간'에 가장 유사한 명명법이리라. 그런 점에서 '인디언'이라는 말은 유대인들에게 달아주었던 '다윗의 별' 표시와 같은 기능을 한다. 아메리카가 인도가 아님에도 오늘날까지 '인디오'라는 말이 사용되는 이유이리라.

'인디오'가 파시즘적 언어 구사법이라면, 대안은 무엇일까? 아메리카 원주민들은 인디언(인디오)이라는 말 대신 '인디헤나'(indígena)라는 말을 선호한다. 요즈음 미국 인류학자들도 대부분 이 말을 사용한다. 우리말로 옮기면 원주민(indigeneous)이라는 뜻이다. 다소 서술적이고 추상적이며, 오랜 수탈과 억압의 역사를 은폐하고 있는 비역사적인 말이라는 문제점은 있지만, 비교적 중립적인 용어이다. 이제부터라도 인디언, 인디오라는 단어는 버리고 가급적이면 (아메리카) 원주민이라고 쓰도록 하자.

두 개의 공화국

이제 인디오라는 명명법이 공간의 정책에 어떻게 적용되었는지 살펴보기로 하자. 인디오라는 말은 원주민들이 왕국의 신민으로 받아들여진 뒤에도 계속 유지되었다. 스페인의 정복사업이 끝나고, 그들의 계획에 따라서 도시와 마을이 세워지자 거주공간은 두 개로 나누어진다. 스페인인 공화국(república de los españoles)과 인디오 공화국(república de los indios)이 그것이다. 무어인들과 싸우면서 '혈통의 순수성'(limpieza de sangre)이라는 신화에 집착했던 이베리아의 식민자들은 다른 종족과 피를 섞는 사실을 참을 수 없었다. 그들은 공식적으로는 인디오들을 가혹한 착취로부터 보호하고, 효과적으로 선교하기 위해서 이들을 격리시킨다고 말했다. 그러나 진짜 이유는 따로 있었다. 원주민들을 노동력으로 동원하고, 왕국 신민으로 의무를 다하게 하는 교화와 훈육의 공간으로 밀어넣는, 일종의 '분리'(segregation) 정책이었다.

말하자면 '인디오 공화국'은 곧 원주민들이 지닌 고유 풍습을 박탈하고, 기독교화를 강요하며 아울러 공물수취와 강제노역을 효율적으로 조직하는 모든 식민화 노력을 미화하는 은유법일 뿐이다. 제2차 세계대전 때에 폴란드 유대인들이 살던 게토와 유사한 것이었다. 그들이 광산에 노역으로 동원되는 것과 폴란드 유대인들이 무기 공장에서 일하는 것이 무엇이 크게 달랐겠는가? 그런 점에서 인종주의적 실천은 16세기 이래 인디오, 흑인, 유대인의 예에서 볼 수 있듯이 유럽이 꾸준히 유지해온 전통이라고 말할 수 있다.

그러나 분류와 분리정책에도 불구하고, '혈통의 순수성'은 유지되지 않았다. 오히려 뒤섞임과 잡종화가 현실이었다. 분류의 언어는 '이론적 경계'에 머물렀고, 수많은 혼혈종족을 만들어냈다. 스페인인들과 인디오들을 분리시키는 정책은 당시 아메리카의 현실과 전혀 부합되지 않았기 때문이다. 멕시코의 예를 보자. 1560년 당시 멕시코 시티의 본토인 숫자는 1만 명, 하지만 인디오 인구는 10만 명이나 되었다.

소수였던 스페인 사람들은 자신들의 주거공간에 가사일을 돕는 파출부, 노예, 요리사로 원주민 노동력이 필요했다. 한 지붕 밑에서 살면서 일을 해야 했기 때문에 스페인 사람들이 먼저 법을 지킬 수가 없었다. 자연스레 여기에서 성적인 접촉도 일어났다. 당시 스페인 식민자들은 대부분 대서양을 홀몸으로 건너왔다. 돈을 움켜진 다음에 본국으로 돌아가리라고 생각했던 사람들이었다. 자연스레 그들은 원주민 여성들을 데리고 살았다. 메스티조는 바로 이런 배경에서 탄생한 '칭가다'(chingada : 강간당한 여자)의 자손들이다. '두 개의 공화국' 정책은 실패로 끝났다. 원주민을 격리시키려던 정책은 아메리카의 현실과 너무 맞지 않았던 것이다.

21. 원주민, 그 고된 삶과 투쟁

'인디오의 길'

북소리에 맞추어 원무를 춘다. 발목에 달아놓은 리듬 악기 소리도 시원하다. 두둥 둥둥둥, 차찰 찰찰찰, 두둥 둥둥둥…… 촌스런 리듬 속에서 고대의 춤과 제의를 재현하고 있지만, 정작 그들이 맘에 두는 것은 관광객들이 던지는 동전이고, 그날 그날 팔리는 수공예품의 매상고이리라. 멕시코 시티의 소칼로 광장에서 볼 수 있는 풍경이다. 멕시코 시티를 걷다보면 원주민 가족이 길가에 앉아서 구걸하는 경우를 많이 본다. 맑은 눈망울의 원주민 꼬마 아이를 물끄러미 쳐다보자, 여동생과 함께 잽싸게 달려온다. 호주머니에서 동전을 꺼내주고는 기다리는 다른 손들을 피해서 발걸음을 재촉한다.

서양 문명이 들어온 지 510년이 되었다. 알래스카에서 티에라 델 푸에고에 이르는 그 넓은 공간 속에서 원주민 문명이 겪은 고난에 찬 삶은 아직도 끝나지 않았다. 원주민의 길은 돌멩이로 뒤덮인 길이고, 고통스런 길이다. 계곡과 별들이 함께 하지만, 결코 목가적이지 않은 삶이다. 자신이 케추아(안데스의 원주민 어족으로 남미에서 가장 숫자가 많다) 원주민의 피를 이어받았던 아르헨티나 태생의 위대한 음유시인이자 가수였던 아타우알파 유팡키는 다음과 같이 노래했다.

인디오의 길은

돌멩이로 뒤덮힌 길
인디오의 길은
계곡과 별들이 함께 하는 길

내가 걸어갔던 길
파차마마*가 산속의 어둠 속에서 사라지기 전에
남에서 북으로 내 오랜 동족이 걸어갔던 길

산등성이에서는 부르고
강에서는 울고
밤에는 커지지
인디오의 고통이.
해와 달
그리고 내 노래는
그대의 돌들에 입을 맞추네
인디오의 길이여

한밤중 산속에서
케나** 피리 소리가 울며 그 깊은 향수를 일깨우네
길은 안다네
인디오가 부르는 시골 여자가 누구인지

산꼭대기에선
바갈라***를 부르는 고통스런 목소리
길은 한숨짓네
마치 먼 길이 자기 책임인 것처럼

산등성이에서 부르고……"

---

* 파차마마 : 안데스에서 대지의 어머니를 부르는 말
** 케나 : 안데스 피리의 일종
*** 바갈라 : 안데스 원주민들이 부르는 노래의 일종

위대한 문명의 주인공

510년 전 그들은 자기 땅의 주인들이었다. 계획도시의 건축가들이었고 예술가들이었으며 철학자들이자 시인들이었다. 옥수수와 감자의 문명이었지만, 놀랄 만한 도시계획 기술, 건축술, 의술 등을 보여주었다. 유럽 정복자들도 놀란 호반 도시 테노치티틀란, 거대한 피라미드의 계획도시 테오티우아칸, 견고한 내진 설계에 면도날도 들어가지 않는 경이로운 석축(石築)을 남긴 잉카의 건축술, 지상 100피트 위라야 보이는 나스카 벌판의 동물 그림들을 남긴 그들이었다. 그러나 콜럼버스, 코르테스, 피사로가 이 땅을 밟으면서 원주민 문명은 파괴되고, 지워졌으며, 산속으로 또 변두리로 움츠러 들었다. 땅과 영혼과 인간들은 식민화되었고, 삶의 공간은 점차 주변화되었다. 아메리카가 스페인의 지배에서 벗어난 19세기에도 상황은 개선되지 않았다. 아니, 오히려 더욱 나빠졌다. 적자생존의 시장논리로 무장한 엘리트들은 독립 이후 원주민적 삶과 생활방식이 근대화에 방해가 된다고 이를 근원적으로 파괴하기 시작했기 때문이었다.

20세기에 들어서 원주민들의 고통에 귀를 기울이는 목소리가 들리기 시작했다. 문화적 상대주의가 등장하면서 지배적이었던 인종주의(人種主義) 논리가 약화되었다. 무엇보다 혼합인종의 우수성을 강조하면서 등장한 메스티조 민족주의를 수용한 나라에서는 모성적 뿌리로서 원주민 문명을 적극적으로 평가하기도 했다. 덕분에 대규모 발굴사업이 이루어졌고, 또 박물관에 원주민 문명을 화려하게 전시하는 관행도 나타났다. 이제 원주민 문명은 벽화에, 관현악곡에 새겨졌고 박물관에 남겨졌다. 위정자들은 이로써 새로운 민족의 탄생을 노래하는 정체성 만들기에는 성공했다. 그러나 원주민들은 얻은 것이 아무것도 없었다. 위정자들이 기념한 것은 '죽은 원주민들'이었기 때문이다. 여전히 살아 있는 원주민들은 자신들의 땅에서 '유배당한 자들'이었다.

존엄성을 향한 투쟁

1980년대에 들어와서 원주민들은 라틴아메리카 전역에서 궐기하기 시작했다. 1982년 외채위기 이후 재정상황이 나빠진 중앙 정부가 원주민들의 주거공간을 다시 한번 시장에 강제적으로 편입시키는 정책을 시행했기 때문이었다. 점차 사라지는 생활공간에, 가난과 소외에, 통합이라는 미명 아래 강요되는 배제에 원주민들도 점차 조직적으로 저항하기 시작했다. 이들은 자신들의 언어를 전승하고, 공동체의 문화와 생존방식을 고집하며, 중앙의 통합 프로젝트를 정면에서 거부하기 시작했다.

투쟁의 중심축으로 자리잡은 것은 토지 문제이다. 토지제도(공유지)의 민영화로 인해서 생활여건이 악화되자, 이들은 집단적으로 행동하기 시작했다. 이들은 그동안 빼앗긴 토지를 돌려달라며 무단점거나 시위로 맞섰고, 경우에 따라서는 무장투쟁을 꿈꾸기도 했다. 가장 최근에 나타난 집단적 무력시위가 멕시코의 치아파스 농민반란(1994-)이었다.

이런 농민반란과 시위에는 단순히 경제적 문제만 개입된 것은 아니다. 무엇보다 생활방식 내지 문명관의 충돌도 엿보인다. 멕시코 원주민의 경우 500년간의 동화정책에도 불구하고 800만-1,000만 명의 인구(전체 인구의 10퍼센트)가 60여 개의 언어를 유지해올 정도로 끈질긴 면모를 보인다. 언어는 단순히 말이 아니다. 그 속에는 선조들의 신화와 세계관, 생활의 지혜, 인지체계, 감정이 녹아들어 있는 저수지 같은 것이다. 언어를 유지했다는 것은 자신들의 문명에 대한 긍지와 자부심이 대단하다는 점을 보여준다. 사파티스타들이 자주 쓰는 '존엄성을 향한 투쟁'이라는 말도 이런 맥락에서 이해될 수 있을 것이다.

원주민 문명은 대대로 자연 친화적인 삶을 꾸려왔다. 대부분의 원주민 문명이 농촌 의존적인 도시문명이 아니라, 농촌이거나 아니면 농촌과 결합된 소도시 형태의 생존공간이었기 때문에 삶은 계곡과 강과 별과 달이 함께 하는 문명이었다. 당연히 옥수수 농사의 주기에 맞추어

생활이 조직되었고, 그 속에서 역법과 축제문화가 발달했다. 그러나 500년간의 근대화 역사는 이를 크게 바꾸어놓았다. 좋은 땅과 물대기 좋은 곳은 백인들과 메스티조, 라디노*가 빼앗아 환금작물을 재배하는 공간으로 바꾸었다. 원주민들은 점점 척박한 땅으로, 고립된 곳으로 밀려들어갔고, 그 속에서 커피 재배나 생계용 옥수수를 농사지으며 겨우 살아갈 수밖에 없었다. 이런 까닭에 원주민들은 자연 친화적이면서 생존이 가능한 생태공간을 확보하기를 희망하고, 빼앗긴 비옥한 땅을 회복하기를 바라는 것이다.

원주민 공동체는 아직까지 공화국의 헌법에서 법적 대표성을 인정받지 못했다. 여전히 마을 공동체(푸에블로)는 구성원들이 모두 모여 토론에 부치고, 거수하여 결정하는 직접민주주의 형태를 선호한다. 멕시코의 경우 약 10퍼센트의 인구가 푸에블로 형태로 존재하고 있지만, 90퍼센트를 포괄하는 대의제 민주주의 헌법에서는 정치적 대표가 배제되고 있다. 멕시코의 사파티스타들은 이들에게 새로운 정치적 대표성을 인정할 것과, 이들에게 경제적, 문화적 권리를 부여할 것을 요구한다. 10퍼센트를 포괄하는 문화적, 정치적 다원주의(多元主義)를 꿈꾸는 것이다.

원주민 문명이라고 해서 과거 510년 전의 문명은 아니다. 원주민은 단지 "원주민 말을 쓰는 인구"일 뿐이다. 순종 혈통이나 문화는 이미 사라진 지 오래이고, 어떤 형태이건 서구 문화와 뒤섞여 있다. 하지만 원주민들이 자기 문명의 존엄성을 외치기 시작했다. 비록 변형된 형태일지라도, 자기 고유의 생활방식을 고집한다는 것은 500년간의 서구적 근대화가 가져온 수탈, 착취, 굴종의 삶을 거부하겠다는 의지의 표현이리라. 이들의 외침은 그동안 서구적 모더니티가 남긴 어두운 그림자를 비추어주는 거울임과 동시에, 새로운 세기에 대안적 삶을 기획하는 하나의 조류이기도 하다. 비록 그 조류가 약하다고 해도 말이다. 그것은

* ladino : 식민시대에는 스페인 어로 말하는 원주민을 지칭했으나, 근대 이후에는 비원주민(혼혈이나 유럽계 자손)을 말한다.

계곡과 바람과 강과 함께 했던 삶, 원자화된 개인을 거부하는 공동체적 삶, 물상화된 소외가 존재하지 않았던 삶을 다시 한번 반추해볼 기회를 가지게 하기 때문이다.

제3부

은 : 세계시장의 탄생과 아시아

22. 아카풀코에서 본 아시아

일본 여인의 이미지가 물씬한 마리아 상을 본 것은 정말 우연이었다. 하얀 아이보리로 조각한 마리아 상은 일본 여인의 얼굴을 닮기도 했고, 부처의 후덕한 얼굴 모습을 닮기도 했다. 적어도 우리 눈에 익숙한 유럽 여인풍의 마리아 상은 아니었다. 멕시코 시티의 동북쪽으로 한 시간 정도 가면 찾을 수 있는 테포소틀란의 국립 부왕령(副王領) 박물관(Museo Nacional del Virreinato)에서였다.* 식민시대 300년 동안의 역사유물을 잘 보여주는 예수회 수도원 건물에서 우연히 아시아와 조우하면서 나는 흥분했다. 예수상도 예사롭지 않았다. 유럽인 얼굴보다는 흑발과 검은 수염의 아시아인 모습을 띠고 있었던 것이다.

아하! 당시 마닐라가 스페인의 식민지였고, 누에바 에스파냐(멕시코) 부왕령의 관할하에 있었으니, 아마 일본 교구도 여기에서 통제했겠지. 멕시코 최초의 성인도 일본에서 순교했다고 했지. 하얀 상아로 만들어진 마리아 상이나 예수상은 아마도 가톨릭 금압령의 발단이 되었던 시마바라(島原) 반란(1637)이 일어나기 전에 나가사키(長崎)에서 마닐라로, 마닐라에서 아카풀코로, 아카풀코에서 이곳으로 흘러들어왔던 것이었으리라. 하긴 멕시코시티의 메트로폴리탄 성당에도 아시아 관련 기록과 제품들이 많다고 했다. 성가대 그림은 마카오산(産)으로 1730년에 구비한 것이라고 했고, 성가곡집을 받치는 받침대는 마닐라의 대

* 식민지 시대 300년간 부왕(副王, virrey)이 통치했다고 해서 붙인 이름이 부왕령(Virreinato) 시대이니, 식민시대 박물관이라고 이해하면 되겠다.

주교가 이곳 성당에 기증한 가구제품이라고 했다.

예수회 수도원의 채플 한 곳에 들어가니 이번에는 채색 타일이 바닥에 깔려 있고, 그것을 보호하기 위해서 유리판을 덮어 놓았다. 이 비싼 타일을 이 수도원 채플에 깔아놓은 이유가 무엇일까? 하느님의 영광을 위해서였을까 아니면 주체 못할 예수회의 재부를 과시하기 위해서였을까? 아랍과 중국 자기의 영향이 느껴지는 이 채색 타일은 당시 하늘을 찔렀던 예수회의 위상과 재부를 가늠케 해준다. 식민시대 멕시코는 유럽의 변방이었다. 하지만 재부와 소비 측면에서 유럽의 주요 도시와 어깨를 나란히 했다. 당시 식자층이었던 예수회 사제와 수사들은 멕시코에서 사는 기쁨과 자존심을 '위대한 멕시코'(la grandeza mexicana)라는 말로 표현했다. 아니, 소르 후나나 같은 당대의 가장 뛰어난 세계적인 문인도 배출하지 않았던가?

16세기에 들어온 아시아 음식

멕시코에 올 때마다 내 눈에는 이상하게도 아시아의 흔적이 자주 보였다. 멕시코의 공예품 시장에 가면 꼭 명-청대의 중국 자기를 흉내낸 제품들이 보였고, 중국이나 일본의 상감기술을 응용한 은제품들이 눈에 띄었다. 상감 기술자가 많아서 가격이 저렴한 탓인지 채색 상감을 입힌 구리제품도 많았다. 그래, 식민시대에 푸에블라 지방에서 유래한 치나 포블라나(china poblana)는 화려한 채색의 비단 옷으로 당시 여성들에게 최상의 인기를 누린 적이 있었지. 이것도 중국제 수입 생사로 지은 비단옷이겠지. 중서부의 미초아칸 원주민들이 뛰어난 기예를 자랑하는 구리 상감기술도 마닐라를 통해서 들어온 중국인들에게서 전래된 것이리라. 당시 아카풀코에는 소규모의 중국인 화교 마을도 있었다고 했는데……

세르주 그뤼진스키의 「멕시코 시티의 역사」를 살펴보니, 이미 1540년 멕시코의 대주교 후안 데 수마라가의 메뉴판에 아시아 음식이 등장했다고 적혀 있다. 당번 요리사 후안 누녜스는 "캘리컷 아니면 중국"에서 온 아시아인이었다고 한다. 필리핀 정복 이후 마닐라와 교역하면서 그는 이곳에 흘러들었고, 결국 대주교의 요리사로 정착했던 것이다. 그러고 보니 바스크 출신의 대주교, 아시아 음식, (요즘 유행을 타고 있는) 크리스토발 데 모랄레스와 팔레스트리나의 미사곡이 멕시코 시티의 성당에 함께 모여 뒤섞였겠구나. 당대의 멕시코는 르네상스 유럽과 아시아를 동시에 받아들였던 것이다. 그러고 보니 로페스가의 싸구려 중국음식점들이나, 소나 로사의 화려한 중국요리집의 유래도 따지고 보면 460년도 넘게 거슬러올라간다. 청 말기의 이민이 아메리카와 중국의 첫 만남일 것이라고 막연하게 생각했는데……이왕 내친 김에 아시아와 아메리카를 잇는 교역의 중심지였던 아카풀코로 한번 가보기로 했다.

2000년 여름 늦게 찾은 아카풀코는 저지대에 있는지라 무척 더웠다. 비가 내리는 우기여서 습도도 꽤 높았다. 도착한 첫날 밤, 스콜이 내려 도로가 물웅덩이가 되었고, 전기마저 나가버렸다. 저녁 식사를 하러 나갔다가 주문하기도 전에 밀려 나와야만 했다. 나에게 아카풀코의 첫날은 그렇게 지나갔다. 이튿날 아침 일어나보니, 서북쪽 해안에 그림 같은 별장들이 즐비하다. 얼마 전까지 휴양도시로 꽤 유명세를 치렀지만, 칸쿤이나 다른 곳들이 발전하면서 약간 쇠락한 듯하다. 누군가 내게 상류층 휴양도시에서 중류층 휴양도시로 등급이 하향 조정되었다고 귀띔한다.

하지만 아시아인인 나에게는 역시 유서 깊은 항구도시 아카풀코였다. 식민시대에는 태평양 아메리카에서 중심적인 역할을 한 무역도시였고, '스페인의 호수'(the Spanish Lake)였던 태평양을 통제하던 갤리언 선단이 있던 곳이기도 했다. 항구의 입지는 움푹 들어가 있어서 외적의 침입으로부터 방어하기에 안성맞춤이었다. 해안도로를 따라가면서 식민시대에 건조된 부서진 성벽들이랑 포대를 둘러보았다. 남서쪽 해안도로를 따라가니 전망이 멋진 산등성이 맥주집아 나온다. 한 눈에 항구 전체가 들어온다. 시원한 맥주와 타코를 시켜놓고 잠시 생각에 잠긴다. 아카풀코, 마닐라, 만리장성, 멕시칸 달러, 마리아 상, 경덕진, 블루 앤 화이트, 치나 포블라나……꼬리에 꼬리를 문 상상이, 의문들이 뇌리를 스친다.

은으로 연결된 무역망

산 디에고 요새 터는 비교적 복원이 잘 되어 있어서 당시의 분위기를 간접 체험하기에 안성맞춤이었다. 요새 터 내부에는 잘 단장한 아카풀코 박물관이 자리잡고 있었다. 당시 태평양을 횡단하던 갤리언의 모형, 대포, 아메리카가 수입한 아시아의 물건들이 즐비했다. 대부분 중국산이고, 가끔 일본산으로 생각되는 것들도 눈에 띄었다. 청화백자를 위시한 각종 도자기류는 말할 것도 없고, 온갖 비단제품, 자개를 박은 서랍장이나 의자와 같은 가구류, 각종 상감제품, 장신구 등이 전시장을 채운다. 갤리언 선단에 실려온 온갖 도자기 제품, 생사와 비단 제품, 차와 향료들은 이곳에서 내려져 일부는 페루의 리마 부왕령으로 실려갔을 터이다. 나머지는 길고 긴 여로의 노새 무리에 실려 멕시코 시티로 갔고, 그 가운데 일부는 베라크루스를 통해 스페인 본국을 향하는 길고 긴 항해를 했을 것이리라(길고 긴 항해는 스페인이 동남 아시아와 인도양 루트를 장악한 포르투갈과 네덜란드의 함대를 뚫지 못해서 그랬다). 페루와 멕시코에서 생산된 은괴가 수입품들의 대전으로 치러졌을 것이고, 그 은괴는 마닐라의 복건성(福建省) 출신 무역상들의 손을 거쳐서 명대의 중국으로 넘어갔을 것이다. 항상 부족했던 제국의 재정은 은괴의 유입으로 숨통이 트였을 것이고, 결국 명대의 상거래 결제 제도까지 바꾸지 않았던가?

일조편법(一條鞭法)으로 통일된 명대의 세금 징수는 물론 시중의 거래조차 모두 은 중심으로 굳어졌다. 물론 일본에서도 유럽에서도 명나라를 향해서 대량의 은괴가 흘러갔다. 오호라, 16-17세기에 이미 아시아에도 세계체제라고 불릴 수 있는 무역 시스템이 확실하게 자리잡고 있었구나. 정교한 분업체계가 존재했고 세계화폐인 은이 아시아로 물밀 듯이 쏟아졌는데, 왜 해밀턴은 아니 우리들은 중국의 상업혁명을 이야기하지 않았던가? 아카풀코는 마닐라와, 마닐라는 경덕진과 양자강 하구의 도시들과 긴밀히 연결되어 있었다. 인도양과 동남아의 각 지역의 진귀한 물건들도 마닐라로 흘러들었고, 일부는 태평양을 건넜다. 명대에 축성된 만리장성은 결국 아메리카, 일본, 유럽 등지에서 빨아들인 은괴들이 숨을 거둔 무덤이었으리라. 아메리카 은괴는 대서양 너머로 흘러들어갔지만, 일부는 태평양 너머로도 흘러들어 아시아도 경제적 지형을 크게 바꾸었다.

23. 스페인 병

피 흘리는 산들

안데스의 케추아 원주민들이 전하는 이야기이다. 잉카 황제 와이나 카팍은 스페인 정복자들이 오기 전 한 세대 전에 포토시의 세로 리코에서 처음 은광을 발견했다고 한다. 잉카인들이 수마 오르코(Sumaj Orcko), 즉 '아름다운 산'이라고 불렀던 이 산에서 은을 캐려고 하니, 이윽고 산에서 큰 소리가 울려나왔다. "이 산에서 은을 가지고 가지 말라. 그것의 주인은 따로 있느니라." 와이나 카팍은 물러설 수밖에 없었다.

얼마 되지 않아서 예언은 실현되었다. 케추아 원주민들은 결코 은광의 주인이 아니었다. 그들은 은광의 갱도에서, 작업장에서 광석을 깨고 나르는 노역을 부담하는 노동자로 운명이 정해져 있었다. 그들은 자기 땅에서 유배당한 자들이었다.

페루를 정복한 피사로 원정대는 9,636킬로그램의 금괴와 2만6,572킬로그램의 은괴를 자신들의 스페인 군주에게 킨토세(quinto, 20퍼센트 세금) 명목으로 보냈다. 아스텍 제국을 정복한 코르테스가 보낸 1,442킬로그램의 금에 비해서 여덟 배 이상의 은과 금을 보낸 것이다. 그러나 스페인과 군주에게 진정 거부를 안겨준 것은 1545년 알토페루(오늘날 볼리비아)의 포토시에서 발견된 은광이었다. 이어 1546년 멕시코의 사카테카에서도 은광이 발견되었다. 이때부터 아메리카 땅의 혈맥은

잘려지고 피를 흘리기 시작했다.

해발 4,000미터가 넘는 포토시의 세로 리코(Cerro Rico)는 말 그대로 '풍요로운 산꼭대기'이다. 식민시대 중부 안데스 지역에서 생산된 은의 85퍼센트가 이 산에서 나왔다. 오죽하면 세르반테스가 「돈키호테」에서 엄청난 부를 말할 때 "포토시만큼 가치가 있다"(vale un Potosí)고 표현했을까? 1573년에 이미 포토시의 인구는 12만 명이나 되었고, 1650년에 이르면 16만 명으로 팽창했다. 당시 유럽의 런던과 파리에 맞먹는 사이즈의 도시로 급팽창했던 것이다. 포토시를 지배한 스페인 사람들은 시의 문장(紋章)에다 이렇게 빼겼다. "나는 포토시, 만왕들이 시샘하는 세계의 부 그 자체." 포토시는 진정 16세기와 17세기 유럽에 은을 공급하는 파이프라인이 되었던 것이다.

아말감 법의 탄생

아메리카 이곳저곳에서 은광이 발견되자, 때마침 수은 아말감 법으로 은을 정련하는 방법이 개발되었다. 1555년 세비야 출신 광업자 바르톨로메 데 메디나가 은광석을 잘게 부수어 수은과 섞는 방법으로 은을 정련하는 세칭 파티오(patio : 마당) 방법을 개발했다. 이 방법은 원래 중세 연금술사들이 개발한 아말감법을 원용한 것이었지만, 바로톨로메가 최초로 은광 제련에 적용했던 것이다. 이제 저질의 광석에서도 순도가 높은 은을 뽑아낼 수 있게 되었다. 페루의 우앙카벨리카에서 수은광까지 발견되어 포토시로서는 행운이 겹쳤다.

유럽 은광들의 빛이 바래기 시작했다. 도저히 경쟁력을 가질 수 없었던 것이다. 풍부하고 질 좋은 은광석, 제로에 가까운 저임금 노동력을 공급받는 아메리카 은광들과 견줄 수 없었다. 하지만 아메리카 원주민들로서는 재앙이었다. 식민세력과 광산주들은 돈이 들지 않는 원주민 노동력을 강제노역으로 징발했다. 1573년 페루의 부왕 프란시스코 톨레도는 미타(mita)라는 이름의 노역제도를 강제했다. 북쪽의 쿠스코에서 남쪽의 타리하에 이르는 1,300평방킬로미터 내륙 지역에서 18세에서 50세에 이르는 청장년 남성의 일정 수를 촌락별로 할당하여 포토시의 광산에서 노역하게끔 했다. 매년 1만3,500명가량이 징발되었다. 원주민들에게 '풍요로운 산꼭대기' 세로 리코는 저주스런 산이 되었고, 포토시는 그저 이방인의 땅일 뿐이었다.

스페인 병

포토시는 금방 팽창했다. 이 은광도시에서 태평양 연안의 아리카 항구로 가는 길에는 은괴를 실은 야마와 노새 무리들이 줄을 이었다. 포토시는 은괴를 바깥으로 내보냈고, 세비야로부터 전 세계의 물품을 들여왔다. 스페인의 포도주와 올리브, 프랑스의 모자와 비단옷, 플랑드르의 거울과 태피스트리 그리고 수공품, 독일의 도검류(刀劍類), 제노바의 제지제품, 나폴리의 스타킹, 베네치아의 유리, 키프로스의 양초, 실론의 다이아몬드, 인도의 상아, 아라비아와 말라카 그리고 고아의 향신료, 페르시아의 양탄자, 중국의 자기, 아프리카의 흑인노예, 칠레의 말이 포토시로 흘러들었다.

포토시는 세계에서 가장 물가가 비싼 곳이었다. 하지만 이곳에 수입된 공산품 가운데 스페인이 생산한 것은 하나도 없었다. 세비야 상인들이 유럽 전역에서 공산품을 수입했고, 그것을 재수출했을 뿐이었다. 스페인에게 포토시의 은괴는 축복이자 저주였다. 은이 많이 쌓일수록 생산은 점점 더 위축되었다. 해밀턴의 지적대로 요소가격(원재료, 노동, 자본)의 인플레이션이 국내 생산자들의 입지를 점점 더 어렵게 만들었다. 게다가 지방적 이해관계에 깊이 뿌리박은 상인들의 이해관계도 국민적, 국가적 이해관계로 발전하지 못했다. 부르고스 상인은 부르고스의 이해관계만을, 세비야 상인은 세비야의 이해관계만에 집착했다. 스페인의 양모산업은 직물공업을 일으키지 못했고, 메리노 양털 수출에만 그쳤다. 이를 독점한 부르고스 상인들은 국내 유치산업의 발전을 가로 막았다.

아메리카와의 무역을 독점한 세비야 상인들은 독과점적 체제에 온존했다. 그들은 새로운 수요에 부응하지 못하는 공급의 애로를 타개할 국가적 프로젝트를 제시하지 못했다. 그들은 유럽의 공방과 아메리카 소비자를 연결하는 수동적인 매개자에 불과했다. 스페인 황금세기의 문학 거장 프란체스코 데 케베도는 다음과 같이 탄식했다.

존경스런 서인도에서 태어난 돈 디네로*는
스페인에서 죽지만
묻히는 곳은 제노바라네.

대서양 무역을 독점한 세비야의 관리무역 체제는 곧 밀무역을 양산시킨 원흉이 되었다. 상인들은 제한된 공급물량을 최고가로 팔았다. 당연히 식민지에서는 공급 부족분에 대한 수요가 있었고, 스페인 당국의 눈만 피한다면 세금 포탈을 통해서 엄청난 수익을 얻을 수 있었다.

밀무역이 광범하게 확산된 메커니즘은 아래와 같다. 유럽 전역이 아메리카의 새로운 수요에 부응하여 생산을 증가시켰다. 그 결과 생산비는 떨어졌고, 가격경쟁도 치열해졌다. 당연히 합법무역에서 생산자들이 벌 수 있는 이윤에 압박이 가해졌다. 그렇게 되자 밀수품들을 확보하는 것이 수입업자, 수출업자, 심지어 식민지 소비자 모두를 즐겁게 만드는 게임이 되어버렸다. 밀수품은 세비야 세관의 기록부에서 누락된 채 스페인 상인들에 의해서 재수출되었다. 아예 네덜란드와 영국의 무허가 선박들은 물품을 잔뜩 싣고 카리브 해역을 누비기도 했다. 17세기 100년간 밀무역을 근절시키려는 스페인 당국의 감시와 노력은 무위로 돌아갔다. 오히려 국가의 감시와 조사활동은 관리들이 세비야 상인들로부터 쉽게 자금을 융통하려는 수단으로 변질되고 말았다. 밀무역은 식민지 사람들에게는 상대적으로 값싸게 소비재를 구입하는 제2

---

* 돈 디네로(Don Dinero) : '돈'은 귀족에게 부치는 존칭, '디네로'는 돈이라는 뜻

시장이기도 했다. 스페인의 대서양 무역체제에서 독점과 밀무역은 교묘하게도 양립했던 것이다.

역설적으로 스페인은 유입된 은으로 인해서 점차 유럽의 주변부로 전락하게 되는 기묘한 운명에 처했다. 아무도 일을 하려고 하지 않았다. 은괴로 인한 부는 화려한 문양과 황금색으로 채색된 17세기의 바로크 예술품으로 둔갑했지만, 바로크 문학의 핵심 주제인 '덧없음'을 절감하게 만들었다. 식민지 바로크의 멕시코가 낳은 천재 시인 소르 후아나 수녀는 이렇게 '장미'의 허망함을 노래했다. 장미, 곧 "너"를 은으로 바꾸어 읽어도 무방할 것이다.

> 그렇게도 뽐내고 우쭐댔던 너의 화려함에서
> 너는 다가오는 죽음을 얼마나 경멸했느냐!
> 그리곤 이내 시들어가는 너의 존재에
> 절망하고 풀이 죽은 채
> 또 얼마나 서글픈 모습을 보여주었느냐!
>
> 살면서 우리를 속였고 죽으면서 가르쳐주었던
> 너의 박식한 죽음과
> 그리고 너의 무지한 삶과 함께.

24. 세계시장의 탄생

은이 연 세계시장

"아메리카가 발견된 이래 은광에서 나온 생산물의 시장은 점차 커져갔고, 보다 광범하게 뻗어갔다…… 대부분의 유럽 지역은 상황이 크게 개선되었다…… 동인도는 아메리카 은광으로 덕을 본 시장이었고, 계속 더욱더 많은 양의 은을 취했다…… 특히 중국과 힌두스탄에서 귀금속의 가치는 유럽의 경우보다 더 높았는데, 이런 경향은 지속되었다…… 이 모든 것을 고려해볼 때 귀금속을 인도로 가지고 가는 것이 가장 이득이 많았고, 또 지금도 많다. 그곳에서 이보다 더 값을 쳐주는 상품은 없다…… 중국이나 인도의 대부분 지역에서는 은 10 내지 적어도 12온스로 금 1온스를 살 수 있다. 하지만 유럽에서는 14 내지 15온스가 필요하다. 이리하여 신대륙의 은은 구대륙의 두 극단(유럽과 중국/역자 주) 사이의 무역을 대규모로 매개하는 중심 상품의 하나가 되었다. 이제 세계의 먼 곳이 서로 연결되었던 것이다."

애담 스미스는 「국부론」에서 이렇게 말했다. 은은 아메리카에서 유럽으로 흘러들었고, 또 오스만 튀르크와 인도로, 나아가 중국까지 흘러갔다. 물론 태평양을 건넌 은괴 선단도 있었지만, 은괴의 여행은 주로 동쪽으로 향한 여정이었다. 동진 항로는 은괴가 유럽에서 수입한 물건의 대전으로 지불된 것이기 때문에 당연했다. 국지적 시장들을 연결한 세계시장(世界市場)이 드디어 등장했던 것이다. 아메리카의 은괴는 세계시장을 탄생시켰고, 은의 지역별 가격차를 노린 화폐시장까지 등장하게 되었다. '글로벌 카지노'는 그때부터 존재한 것이다.

움직인 것은 은괴나 페소(스페인 은화)만이 아니었다. 은도 상품인 만큼 그것과 교환할 물건도 함께 움직였다. 디패스크는 은이 만들어낸 세계시장의 지리적 확장 과정을 생생하게 표현한다.

"스페인에서 흘러나온 은괴는 카스티야에서 구할 수 없는, 영국, 프랑스, 저지대(네덜란드/역자 주)의 공산품을 구매하는 데에 지불되었다. 영국, 프랑스, 플랑드르 또는 네덜란드 항구에서 선적된 스페인 페소는 다시 발트 해나 무르만스크를 통해서 스칸디나비아나 러시아로 흘러들었고, 그곳에서 모피와 교환되었다. 러시아에서…… 은은 볼가 강을 따라서 남향하여 카스피 해나 페르시아로 전달되어, 다시 육로나 해로를 통해서 아시아로 흘러들어갔다.

"스페인령 아메리카의 은괴는 스페인에서 지중해로 흘러들어가기도 했다. 여기에서 은괴는 육로로 동진하거나, 해로를 통해서 레반트 지역으로 향했다. 인도는 아메리카의 은을 수에즈-홍해-인도양을 연결하는 〔해상〕 무역을 통해서 얻거나, 지중해의 동쪽 끝에서 터키-페르시아-흑해를 통해서 인도양으로 연결되는 육로 무역을 통해서 얻었다. 아니면 유럽에서 직접 바스코 다 가마가 발견한 희망봉 루트를 타고 온 배를 통해서 얻기도 했다.

"희망봉 루트는 포르투갈, 네덜란드, 영국의 선박들이 스페인령 아메리카의 보화를 직접 아시아 항구로 실어와 아시아 상품과 교환하는 데에 이용되기도 했다. 마지막으로 오랫동안 잊혀져 있었던 루트가 있었다. 아메리카 은괴는 아카풀코에서 마닐라로 이어지는 태평양 루트를 통해서 동방으로 오는 길을 발견하기도 했다.

잃은 자들

1500년부터 1650년 사이에 유럽이 흡수한 은의 양은 1만6,000톤이나 되었다. 피에르 쇼뉘의 추정치에 따르면 아메리카 은의 3분의 1은 중국으로, 3분의 1은 인도와 오스만 튀르크로 갔고, 나머지 3분의 1이 유럽에 남게 되었다고 한다. 은괴의 유입으로 가장 큰 혜택을 입은 것은 세계의 변방, 유럽이었다. 유럽은 십자군 전쟁보다 더 강력한 힘을 발휘한 은괴를 얻게 되어 기쁨을 감출 수 없었다. 500년간 밀린 세력 싸움은 물론이고, 가장 가까이는 콘스탄티노플을 빼앗긴 수모를 이제야 씻을 수 있게 되었다.

오스만 튀르크의 은화 악세(akce)는 1584년이 저물기도 전에 가치가 절반으로 폭락했다. 그것은 아메리카 은의 유입으로 수차례 발생한 물가 상승의 당연한 귀결이었다. 이전에 국제시장에서 악세가 누렸던 경화(硬貨)로서의 지위는 사라졌고, 그 이후 다시 회복하지 못했다. 콜럼버스가 틈틈이 뇌까리던 예언이 실현된 것이다. 치팡구의 금을 얻어 예루살렘을 정복하겠다는 그의 꿈이 변형된 형태로 실현되었다. 아메리카의 은이 기독교 세력의 열세를 일거에 만회시켜주었던 것이다.

아메리카 은의 발견은 아프리카로서도 재앙이었다. 전통적으로 유럽에 금을 공급하면서 필요한 물건을 수입하던 무역망도 마비되었다. 금무역으로 화려한 도시문명을 이룬 팀북투나 송하이 제국을 방문하던 유럽 무역상들의 발길이 끊어졌다. 아프리카인들은 유럽에서 수입하던 의류, 구슬, 가죽, 철제품을 지불할 수단을 잃게 되었다. 결국 그들이 마지막으로 발견한 지불수단은 '검은 황금', 곧 노예였다. 아메리카의 원주민들처럼 아프리카 흑인들도 대서양 문명의 피해자가 된 것이다.

얻은 자들

반면 유럽은 그동안 중국, 인도, 오스만 튀르크에 뒤진 물질문명을 개선시킬 여유를 얻게 되었다. 세비야에 은 선단이 들어오면 유럽 전역의 화폐시장은 성시를 이루었다. 화폐의 공급이 원활해짐으로써 생산 부문에 자극이 가해졌고, 교역도 늘어났다. 가격혁명도 일어났지만, 곳곳에 수출 붐이 일어났다. 직물산업에서 인도와 중국에 뒤떨어진 유럽은 아메리카라는 신생 시장을 발견했다. 아메리카는 유럽이 다른 대륙에 뒤진 기술력과 생산성을 따라잡는 데에 필요한 '숨쉴 공간'을 제공했다. 유럽과 아메리카를 연결하는 대서양이라는 새로운 공간은 유럽이 오스만 튀르크, 인도, 중국을 뒤따라잡고, 종국에는 이들을 추월하는 능력을 배양하는 인큐베이터가 되었던 것이다.

아시아 역시 아메리카 은괴의 수혜자였다. 중국과 인도 모두 은괴를 흡수한 나라들이었다. 여기에서도 유럽과 마찬가지로 거래가 늘어났고, 생산 부문에 자극이 가해졌다. 하지만 가격혁명은 없었다. 중국이나 인도에서 지금(地金)의 유입으로 인한 물가 상승의 압력은 산출고의 증가와 유통속도의 증가에 의해서 흡수되었던 것이다. 마르크스는 은의 유입이 중국에 끼친 영향을 다음과 같이 묘사한다.

"〔수출품 대전으로〕 은괴가 중국으로 유입되었다…… 1600년경, 이 무역으로 아마도 연평균 20만 킬로그램의 은이 영파(寧波)에서 광주(廣州)에 이르는 남부 및 남동부 중국의 해안경제권에 들어왔을 것이다. 비단에 대한 수요가 증가하자 토지 이용 패턴이 크게 바뀌었다…… 1700년에 이르면 삼림의 거의 절반이 〔누에를 키우는 데에 필요한 뽕나무를 심거나, 저지대에서 면화, 사탕수수, 쌀을 경작하거나, 산간 지대에서 옥수수와 고구마를 심기 위해서〕 사라졌다."

은의 유입은 경제의 상업화를 부추겼고, 토지의 이용도를 점차 높여 갔다. 당연히 생산성은 증가했고, 인구도 증가했다. 남부 중국이나 인도의 벵골은 더 이상 국지적인 시장 속의 일부가 아니었다. 그곳은 이미 세계시장과 함께 호흡하는 글로벌 공간의 일부로 편입되었던 것이다.

「리오리엔트」를 쓴 안드레 군더 프랑크는 아메리카의 은이 유럽보다 아시아에 더 많은 혜택을 주었다고 주장한다. 유럽 역사학자들의 속을 긁는 주장임에 틀림없다. 그가 내세우는 근거는 두 가지이다. 하나는 유럽에는 은의 유입으로 가격혁명이 일어났던 반면, 아시아에서는 산출고의 증가로 구매력 증가를 흡수할 수 있었다는 것이다. 두번째는 아시아 인구는 6퍼센트 증가했지만, 세계인구의 20퍼센트를 차지하고 있던 유럽 인구의 비중은 거의 변하지 않았다는 점이다. 프랑크는 1750년 기준으로 아시아의 인구가 세계 총인구 가운데 66퍼센트 미만이었음에도 불구하고, 세계 GNP의 80퍼센트를 생산했다고 지적한다. 아시아가 유럽, 아프리카, 아메리카 보다 훨씬 더 유연했고, 생산성이 높았다는 것이다. 그렇다면 16세기에 유럽이 세계체제의 중심부가 되었다는 월러스틴의 주장은 대체 무엇이라는 말인가?

25. 만리장성, 은괴의 무덤

만리장성, 15인치 등우량선

"조국을 사랑하고 장성을 복구하자." 1984년 9월 덩샤오핑(鄧小平)은 만리장성 복구 캠페인을 대대적으로 벌인 적이 있었다. 수백 년간 손보지 않아서 거의 무너져 흔적조차 희미해진 장성이었다. 문화혁명 당시 홍위병들은 장성을 낡은 것의 상징이라며 대대적으로 파괴한 바 있었다. 덩샤오핑은 망각 속에 묻혀 있던 장성을 중국민족의 상징으로 복구했다. 이 시절의 복원작업 덕분에 장성은 오늘날 외국 관광객들을 끄는 데에 일조한다. 관광객들은 장성의 웅장함에 놀란다. 하지만 루쉰(魯迅)은 "장성은 웅장하다! 장성은 저주스럽다!"고 외쳤다. 그는 폐쇄적인 중국의 성벽과 음침한 공간을 혐오했다. 루쉰이 혐오하던 그 장성이 이제는 민족주의의 상징이 된 것이다. 장성은 그대로 일진대 장성을 바라보는 눈은 그만큼 다른 것이다. 도대체 장성은 무엇일까?

저명한 중국사가 웨이크먼은 이렇게 말한다. 멀리 중앙 아시아에서 산해관(山海關)까지 뻗어 있는 "만리장성은 방어선 이상의 의미를 지녔다. 중국인에게 그것은 문명과 오랑캐 무리들 —— 역대왕조를 계속 위협해 온 훈족, 투르크족, 거란족, 몽골족 —— 사이의 경계를 뜻했다. 만리장성은 유목민족을 손짓하고 불렀고, 이들은 달려갔다. 그것은 황량한 스텝과 산림 지역으로부터 중원의 평화스런 도시와 초원으로 들어가는 문이었다. 그 장벽은 두 다른 세계가 만나는 기점이었다. 이 국경지대에서 농경문화와 유목문화가 만났으며, 한족과 이민족은 교역을 하고, 통혼을 하며, 때때로 새로운 사회생활의 복합형태를 창조했다." 만리장성은 그런 점에서 상이한 문명이 만나 서로를 살찌우는 공간이었다.

오언 래티모어는 한발 더 나아가 '15인치 등우량선(等雨量線)'의 일부분이 만리장성과 대체로 일치한다고 말한 바 있다. 유목민족과 정주형 농경민족의 경계를 등우량선으로 확인시켜주었던 것이다. 그는 이렇게 덧붙였다. "이 경계는 중화제국이 쉽게 팽창하면서 자발적으로 그은 한계선이다……그것은 중국에 대한 유목민족의 공격에 의해서 만들어진 것이 아니다. 유목민족의 공격은 중국인들의 경계 긋기에 의해서 나온 결과물로, 그것은 주로 교역조건의 불평등에 기인했다."

장성은 두 개의 문명이 만나 교환을 하는 접점이기도 했지만, 갈등을 일으킨 분쟁지역이기도 했다. 하지만 이 지역을 다루는 방식은 역대 왕조마다 달랐다. 오직 진(秦), 한(漢), 북위(北魏), 수(隋) 그리고 명(明)만이 장성을 쌓았다. 그만큼 장성을 바라보는 시선이 달랐던 것이다.

관료주의의 실패작

기원전 1세기경 한나라 시대에는 타클라마칸 사막이 있는 타림 분지에 방벽과 위소를 설치하기도 했다. 반면에 송나라 시대는 주로 오랑캐들에게 세폐(歲幣)를 바쳐가며 평화를 사기도 했다. 명나라 시대에 이르러 비로소 장성은 새로운 의미를 띠었다. 애초 몽골족의 왕조 원나라를 이은 명조의 초기 황제들은 원나라의 국제주의 감각을 이어받았다. 영락제(永樂帝)도 베트남 원정을 통해서 동남 아시아에 대한 통제권을 확보하는 한편, 환관 정화(鄭和)를 남해로 여러 차례 원정을 보내 조공무역(朝貢貿易) 체제를 강화시켰다. 하지만 초원의 몽골에 대해서는 14년간 끊임없는 원정을 통해서 복속시키고자 노력했으나, 성공하지 못했다. 영락제가 죽은 뒤 궁정의 관료들은 환관들의 영향력을 제거하고, 또 심각한 재정난을 덜기 위해서 해상 진출을 완전히 봉쇄

시키는 데에 성공했다. 명나라 역시 대륙강국과 해상강국의 두 조건을 모두 충족시킬 수는 없었다.

영락제가 죽은 후 조정 대신들은 점차 초원의 제국만을 명나라와 대항관계로 보는 협애한 민족주의 관념 속으로 빠져 들어갔다. 일찍이 동부 아프리카, 인도, 동남아 해역으로 '열린 중화 질서'를 추구했던 영락제의 꿈의 프로젝트는 파기되었다. 북방민족에 대해서는 더욱 적대적이 되어 그들을 고립시키는 정책을 취했다. 명나라 관료들에게 중국은 한족 문명만의 '중화'제국이었고. 오랑캐들로부터 격리되어야 할 공간이었다.

조정의 대신들은 결코 평화공존을 전제로 한 외교나 거래로 북방민족을 달래려고 하지 않았다. 조정은 내내 북방 방위 문제로 격론을 벌였지만 명쾌한 결론을 낼 수 없었다. 지루한 토론 끝에 나온 정치적 타협책이 장성 재건 프로젝트였다. 이전 왕조 시절부터 있던 장성을 이용하고 그 위소를 재정비하면 오랑캐가 쳐들어오더라도 쉽게 막을 수 있다는 계산이었다. 이를 위해서 장성은 말 한마리도 들어오지 못하도록 완벽해야 했다. 마침내 관료적 편의주의와 '닫힌 중화주의'가 승리한 것이다.

장성의 재건사업은 명나라 재정을 갉아먹은 밑도 끝도 없는 프로젝트였다. 초기의 수고와 노력에도 불구하고, 1550년 알탄 칸은 장성을 돌아서 쉽게 북경에 들어왔다. 넘을 필요 없이 돌아갈 수 있었던 것이다. 마치 프랑스가 자랑하던 마지노선이 1940년에 독일군이 그것을 우회함으로써 무력화되었듯이 장성은 외적 방어에 도움이 되지 않았다. 그래도 명대 관료제는 꿋꿋하게 장벽을 쌓았다. 그것도 내화벽돌로 더욱 단단하게 장벽과 위소를 단장했다. 재정은 점차 고갈되어갔지만, 장벽 쌓기를 멈출 수는 없었다. 망할 그 순간까지 말이다. 청조를 열게 될 만주족의 도르곤도 산해관을 쉽게 넘어 들어왔다. 명의 장수 오삼계(吳三桂)가 문을 열어주었다. 명나라는 장성이라는 허상을 추구하다가 망한 것이다.

은으로 쌓은 장성

오늘날 보는 장성의 대부분은 16세기에 축조된 것들이다. 이 거대한 성벽과 위소들은 당시 일본, 마닐라 그리고 마카오를 통해 들어온 은괴가 아니었으면 불가능했던 사업이었다. 명대 내내 새로운 장성의 축조와 재건은 구운 벽돌이나 돌로 이루어졌기 때문에 기술이 좋은 장인들이 필요했고, 또 도로와 수송망도 정비해야 했다. 당연히 요역만으로는 불가능했고, 엄청난 중앙 재정이 뒷받침되어야만 했다.

중국인들은 1530년대에 시작된 은 유입을 환영했다. 원대의 불환지폐 실험이 실패했기 때문에 명대에 들어와서는 자연히 거래에 은을 이용했다. 명대는 은을 중요 지불 수단으로 삼아 칭량화폐(稱量貨幣)로 이용했던 것이다. 세제도 일조편법(一條鞭法)으로 통일하여 은으로 수취했다. 은에 대한 수급이 맞아떨어졌다. 중국은 은을 원했고, 은의 구매력이 유럽이나 일본에 비해서 더 높았다. 반면 일본과 유럽은 중국의 고가 사치품을 원했다. 중국은 자기나 생사, 비단 제품으로 은괴를 샀다. 모두가 덕을 본 게임이었다.

중국에 대한 최초의 은 공급원은 일본이었다. 16세기 중-일 교역은 대부분 위법적인 것이었다. 하지만 일본은 중국의 생사를 원했고, 중국은 일본의 은을 원했다. 그래서 밀수상인이 중국의 남부 해안과 일본의 남부에서 교역을 했다. 1542년경부터는 포르투갈인들이 양국 교역을 중개했다. 가미키와와 야마무라는 1560년에서 1600년 사이 매년 3만-5만 킬로그램의 은이 일본에서 유출되었다고 추산한다. 그 덕분에 "히데요시의 시대(1582-1598) 이후 전반적인 평화가 도래하자 무역도 증가하여 온갖 사람들이 비단 옷을 입었다. 심지어 농부와 그 부인도 비단 허리띠를 둘렀고, 그들 중 형편이 나은 사람들은 비단 옷을 입었다"고 포르투갈 예수회의 한 신부가 증언했다.

은의 유출은 도쿠가와 막부가 성립된 이후에 더욱 증가했다. 17세기 초 몇 년 동안 거의 15만-18만 킬로그램이 일본, 중국, 포르투갈, 네덜란드 무역선을 통해서 빠져나갔다. 그러나 1635년 막부는 쇄국령(鎖國令)을 내렸고, 이어 1637년의 시마바라(島原) 반란을 계기로 무역을 전면적으로 금압했다. 따라서 은의 유출도 크게 줄어들었다.

명대에 은을 대량으로 공급한 두번째 지역은 아메리카였다. 1530-40년대에 멕시코와 볼리비아에서 은광이 발견되고, 1570년대에 아말감법으로 은이 정련되면서 세계의 화폐사는 큰 변화를 맞이했다. 스페인이 정복한 마닐라가 아메리카의 은괴를 중국에 공급하는 새로운 창구가 되었다. 아카풀코에서 마닐라로 이르는 태평양 해로는 '스페인의 호수'가 되었고, 이 해로를 통해서 은괴는 자기와 비단과 교환되었다.

세번째 공급원은 역시 아메리카의 은괴였지만, 그 통로는 스페인의 세비야였다. 스페인의 은괴는 포르투갈, 인도, 동남 아시아를 거쳐서 중국으로 흘러들었다. 영국과 네덜란드의 동인도회사도 스페인에서 얻은 은괴를 싣고 와서 중국 자기를 사갔다. 오늘날 리스본이나 암스테르담에서 쉽게 볼 수 있는 블루 앤 화이트, 곧 청화자기(青華磁器) 컬렉션들은 대부분 이때 모은 것들이다.

이와 같이 패쇄적인 중화주의를 상징하는 명대의 만리장성 개축은 역설적으로 자기와 비단 무역을 통한 은 유입에 힘입은 것이었다.

26. 마닐라의 갤리언 무역

지구촌을 탄생시킨 갤리언 무역

마닐라 만과 파식 강변에 건설한 인트라무로스(Intramuros, 城內)를 보고, 우리는 파리안으로 향했다. 성내에는 스페인계가 살았고, 파리안은 중국인들이 살았던 차이나타운이다. 마닐라는 리마나 아바나에 스페인 사람들이 건설한 항구도시와 비슷하게 생겼다. 요새형 도시에다 차이나타운이 존재한다는 사실도 똑같았다. 공간의 분리를 통해서 이민족을 통제했던 스페인 사람들의 식민주의 통치유산이 지금도 생생하게 느껴진다. 거리에 돌아다니는 차량에 형형색색으로 그린 그림들도 동남아 정서를 반영하기 전에 바로크적인 냄새를 먼저 풍긴다. 마치 내가 멕시코 시티의 한 골목길에 서 있는 듯한 착각에 빠지기도 했다. 라디오에서 들려오는 소리. 영어와 타갈로그어가 뒤섞여 쓰이는 것도 가히 바로크적이다. 우노, 도스, 트레스……타갈로그어 가운데 숫자를 표현하는 말은 그냥 스페인어를 그대로 쓴다. 2001년 가을, 나는 아직도 살아 있는 바로크적인 도시 마닐라를 보고 놀랐다. 비록 빛바랜 색조에다 경제침체로 활기를 잃어버린 도시였지만 말이다. 그러나 한때는 갤리언 무역으로 아시아와 아메리카를 잇는 아시아-태평양 무역의 허브 항구도시였다.

"마닐라의 갤리언 선단은……세계를 지구촌으로 축소시킨 최초의 매개물이었다"고 필리핀 역사가 닉 호아킨이 말했다. 1565년 멕시코에서 원정단을 이끌고 온 레가스피가 이 땅을 정복하여 세부에 정착했고, 1570년에 마닐라를 건설했다. 그는 이 군도를 "펠리페 2세의 땅" 곧 "필리핀"이라고 명명했다. 문제는 돌아가는 회항로였다. 여러 번 실패 끝에 아레야노와 우르다네타는 일본 쪽으로 올라가다가 편서풍을 받아서 태평양을 건너는 해로를 발견했다. 이로써 아시아와 아메리카를 잇는 마닐라-아카풀코 무역로가 탄생했다. 마닐라는 1565년부터 1815년 250년간 아시아-태평양 무역과 대서양 무역을 매개한 중심지였다. 스페인의 무적함대와 바로크 예술이 아메리카 은괴로 가능하게 했듯이, 마닐라-아카풀코 무역도 멕시코와 페루의 은괴가 없었으면 불가능했다.

400년 전의 국제도시 마닐라

그 당시의 동남아의 허브 항구도시 마닐라는 중국 복건성의 항구인 아모이(하문〔厦門〕)와 광동(廣東)에서 온 정크 선단으로 북적거렸다. 100톤에서 300톤 급의 배들은 해마다 11월과 5월 사이에 비단 제품과 자기를 싣고 이곳을 찾았다. 이들은 파리안이라고 불리는 차이나타운에 온갖 물건을 부리고는 아카풀코의 갤리언 선단이 실어올 은괴를 기다렸다. 스페인 사람들이 사는 타운 바깥(엑스트라무로스)에 있는 파리안에는 이미 1620년에 1만6,000여 명의 복건성 화교들이 공동체를 이루고 있었다. 3,000여 명의 일본인들도 딜라오에 집단 거주지를 가지고 있었다. 이들은 아열대 기후에서 나지 않는 밀가루와 염장육을 스페인 사람들에게 공급했고, 또 아카풀코로 보낼 채색 비단, 도검, 상감 제품을 일본의 나가사키(長崎)로부터 실어날랐다. 당시 마닐라의 총 인구 4만1,400여 명 가운데 필리핀 사람들은 2만 명을 헤아렸다. 하지만 성내에 사는 스페인 사람들은 겨우 2,400여 명에 불과했다. 국제도시 마닐라의 분위기를 바르톨로메 데 레토나는 이렇게 전한다.

"도시의 무역은 대단했고, 부유했으며, 비정상적으로 이윤이 많았다. 거래는 중국인들과 그들의 배로 이루어졌다. 〔동남아의〕 섬들과 통킹, 코친차이나, 캄보디아, 시암의 네 왕국과도 거래가 있었다. 또 전쟁이 없을 때에는 여러 개의 만(灣)과 동부 인도, 페르시아, 벵골, 세일란의 수많은 왕국들과도 무역을 했다. 일본 제국과 왕국〔藩〕들과도 마찬가지였다. 마닐라와 그 주변에서 보는 사람들은 세계에서 가장 다양했다. 스페인, 프랑스, 영국, 이탈리아, 플랑드르, 독일, 덴마크, 스위스, 폴란드, 모스크바, 동인도와 서인도, 튀르크, 그리스, 페르시아, 타타르, 중국, 일본, 아프리카, 기타 아시아의 모든 왕국과 민족들이 포함되었다. 전 세계 모든 왕국, 지방, 민족 가운데 그 대표자가 없는 곳은 하나도 없을 것이다. 항해의 방향도 사방, 즉 동서남북으로 뻗어 있다."

마닐라 사람들은 모두 국제무역으로 먹고 살았다. 아카풀코에서 갤리언 선단이 들어오고 나가는 이틀 동안은 이 도시 전체가 요동을 쳤다. 배가 들어온 날은 그야말로 축제일이었다. 투기꾼들은 곧 실현될 이익에 흥분했고, 교회도 대여해준 돈을 회수할 수 있어서 좋아했다. 마닐라 만에 배가 들어오면 성당의 종소리가 크게 울려퍼졌고, 거리는 축제 분위기로 바뀌었다. 헤어졌던 가족들은 재회했고, 새로 부임하는 관리와 사제들이 땅을 밟았다. 무역은 스페인 사람들의 통치를 확인하는 통과의례이기도 했다.

물건을 싣고 아카풀코로 돌아가는 의례는 엄숙했다. 멀고 위험한 항해를 안심할 수 없었기 때문이었다. 총독은 선단에 할당된 짐의 양과 종수를 검수했다. 이어 성당들에서는 선단의 무사귀환을 비는 미사가 올려졌다. 사제들은 성모 마리아 상을 지고 간선도로에서 부두까지 가두행렬을 벌였다. 그런 다음 고위 성직자가 나서서 경건하게 선단에 축성을 했다. 선단의 항해가 어려움에 봉착한다면 손실이 막대했기 때문이다. 배와 물건이 유실되면 마닐라 시민들은 1년 동안 우울증에 빠져 지냈다. 심지어 성직자들의 능력까지 의심받는 지경이었다.

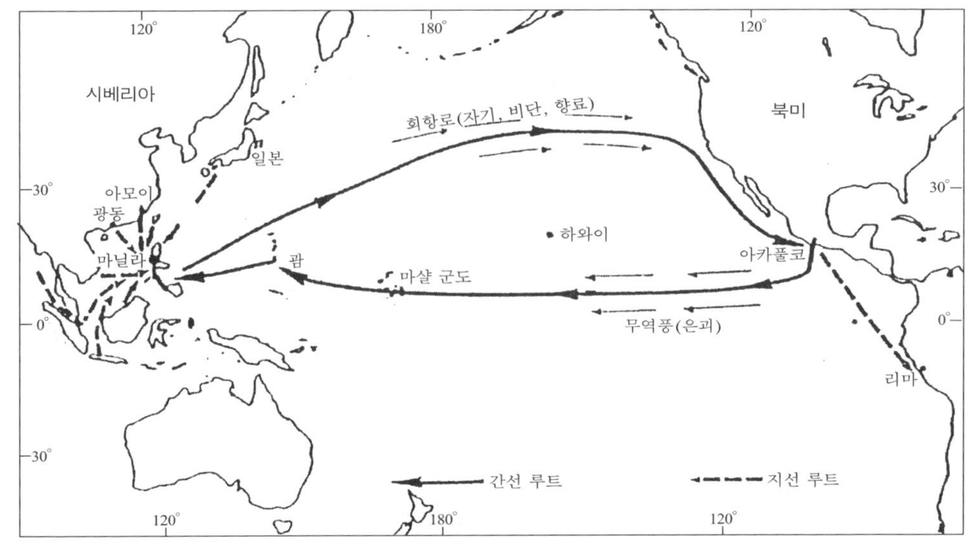

스페인 갤리언 무역 루트

아카풀코-마닐라 무역

당시 마닐라에는 중국과 일본 물건뿐만 아니라 페르시아의 카펫, 인도의 보석, 벵골의 침대보, 실론의 계피, 자바와 수마트라의 후추, 말라카의 향료, 캄보디아의 상아 제품도 거래되었고, 멕시코에서 온 상인들은 이를 대거 구매했다. 수요가 컸던 도자기의 경우 1573년 두 대의 갤리언 선에 실린 규모는 2만2,000점이었다고 한다. 마닐라는 중국을 위시한 아시아 제품을 팔았고, 아메리카의 은괴와 은화를 샀다. 코민은 250년간 마닐라 무역으로 약 4,000만 페소의 은화가 유입되었다고 했다. 쇼뉘는 200년간 아메리카가 생산한 은의 3분의 1에 해당하는 4,000-5,000톤이 동아시아로 유입되었을 것이라고 추정했다. 누구도 정확히 얼마가 흘러들어왔는지 알 수 없다. 당시에 광범하게 퍼져 있었던 밀무역의 규모가 공식통계에 반영되어 있지 않기 때문이다.

중국과 마닐라 그리고 멕시코와 대서양을 잇는 무역 루트에서 가장 중요한 세력은 멕시코와 중국의 상인들이었다. 스페인의 세비야 상인들이나 왕실은 식민지 독점무역 체제를 고수하려고 했지만, 전혀 통제할 수 없었다. 밀무역을 근절시키려는 노력이 수차례 실행되었지만, 은괴를 빨아들이는 중국의 힘과 중국 제품(비단, 자기류, 각종 사치재)을 이용해서 큰 수익을 남기는 멕시코 상인들의 힘에 의해서 계속 좌절되었다. 마닐라 무역을 대서양 중심 세계체제의 '외곽'이라고 설명하는 월러스틴의 해석은 불리한 논의를 회피하는 방법일 뿐이다.

"중국이 발산하는 강력한 시장의 힘 때문에 가능했던 여러 무역망의 연결에서 결정적인 상품이 바로 은이었다"고 플린과 히랄데스가 말했다. 마닐라는 이런 여러 무역망들을 연결하는 중심 고리 가운데 하나였다. 아메리카의 은은 아시아 상품을 매개로 큰 이윤을 남기는 멕시코 상인들 덕분에 엄청나게 빠져나갔다. 아메리카 은의 생산량에서 유럽 수출량을 뺀 양은 연간 135톤이나 되었다. 이 가운데 상당수가 마닐라 밀무역에 활용되었을 가능성이 높았다. 1630년대 한 사제의 고변은 40만 페소의 무역 허용량에 200만 페소(57.5 톤의 은)의 밀무역이 공공연히 자행되고 있음을 밝히고 있다.

스페인 왕실이 두려워한 것은 자국의 비단 산업이었다. 아메리카 은이 빠져나가고, 또 비단 산업이 위축되는 것을 막기 위해서 군주는 아메리카 백성들에게 중국 의류를 입지 못하도록 하는 금령을 내리기도 했다. 그리고 은괴가 빠져나가는 것을 막기 위해서 필리핀과 페루의 거래를, 나아가 멕시코와 페루의 무역을 일체 금지시켰다. 하지만 왕실의 칙령에는 누구도 신경 쓰지 않았다. 세비야는 멕시코로부터 너무 멀었고, 마닐라의 경우에는 전혀 통제할 수 없었다.

27. 훔볼트의 빗나간 예언

낭만주의 여행가, 알렉산더 폰 훔볼트

탁스코는 멕시코 시티에서 아카풀코로 가는 중간에 있는 은광도시이다. 지금은 은 세공품과 관광산업으로 사람들이 생계를 유지하지만, 16세기와 18세기의 은광 붐 시절 대단했던 은광도시였다. 지금도 관광객들은 이 아름다운 도시의 건축물과 세공품들을 눈요기하려고 가파른 도로를 흑흑대며 오른다. 1,800미터 높이의 산등성이에 선 이 조그만 도시의 중앙에는 산타 프리스카 성당이 서 있다. 화려한 추리게라 양식*의 정면이 보이는 이 성당은 18세기 은광왕 호세 델 라 보르다가 사제였던 아들을 위해서 지었다고 한다. 이곳에서 광맥을 발견하여 거부가 된 그가 아들에게 물려준 유산이었을 것이다. 보르다 광장 앞에 서 있는 이 성당은 세계 바로크 10대 건축물 가운데 하나로 꼽힐 정도로 아름답다. 훔볼트 역사박물관(카사 훔볼트)은 이 성당에서 동쪽으로 한 블록 정도 가면 있다. 1803년 아카풀코를 거쳐 멕시코로 들어가던 훔볼트가 하룻밤을 자고 간 여관 건물이다.

당대에 가장 뛰어난 탐험가, 지리학자, 박물학자였던 알렉산더 폰 훔볼트(1769–1859)는 나폴레옹이 태어난 해인 1769년 베를린에서 태어났다. 당연히 계몽사상의 세례를 받았고 —— 프로이센의 유명한 계몽

---

* 바로크 말기의 건축양식으로 곡선, 회화, 조각을 많이 사용했고 과잉 장식이 특징이다.

사상가 빌헬름 폰 훔볼트가 그의 형이었다 ── 또 혁명기 파리를 유랑하며 낭만주의 조류에 흠뻑 젖었다. 유럽은 중심에서 변방으로 팽창하고 있을 때였다. 나폴레옹이 이집트학(Egyptology) 열풍을 만들었듯이, 그도 북유럽에 별로 알려지지 않았던 미지의 대륙 아메리카를 유럽적 지식과 과학의 세계로 편입시켰다. 팽창하는 유럽은 자신의 잣대로 변방의 지리, 인구, 자연, 문화를 재단하고 포섭했다. 근대 지리학의 토대를 세운 훔볼트 역시 낭만주의 프로젝트의 선봉장 가운데 하나였다.

당시 유럽은 주변부와 접촉했고, 그곳에 자신을 투사했다. 작가들과 학자들은 서로 다투듯이 아메리카, 이집트, 아프리카, 폴리네시아, 이탈리아로 빠져나갔고, 그곳 풍물을 기록하고 출판했다. 유럽인들은 낭만주의를 자유, 개인주의, 계몽이 유럽의 중심에서 주변부로 흘러들어가는 운동이라고 생각하는 경향이 있다. 그러나 이들이 접촉한 주변부에서 유럽으로 들어오는 역류(逆流)의 힘도 컸다. 주변부에서 기록되고 분류된 유럽적 지식과 정보 그리고 열정이 다시 중심부를 규정했던 것이다. 조지 포스터, 샤토브리앙, 뷔퐁, 캡틴 쿡, 디드로로 이어지는 주변부 소요학파의 계보에 훔볼트도 끼어 있었다.

정복자들은 황금을 얻으러 건넜고, 프란체스코 교단의 탁발수도사들이 영혼을 구제하러 건넜던 대서양을 그는 '과학적 지식'을 구하고자 건넜다. 1799년 그는 프랑스인 박물학자 봉플랑과 함께 남미로 향했다. 봉플랑은 나폴레옹의 황후 조제핀의 정원사로 일한 생물학자였다. 오리노코 강 유역의 야노(초원 지대)를 거쳐서 안데스로 들어갔고, 마침내 1803년에 아카풀코를 통해서 멕시코 시티로 들어갔다.

"전체적으로 보면 유럽의 어느 도시도 멕시코 시티만큼 아름답지 않을 것으로 생각된다. 멕시코 시티에는 토리노나 밀라노에서 볼 수 있는 건물의 규칙성이나 통일감이 존재하고, 파리나 베를린에서 볼 수 있는 아름다운 시가지 구획이 조성되어 있다. 모든 도로는 직선상에서 규칙적으로 뻗어 있고 도로폭은 매우 넓다. 길 양쪽에는 납작한 돌을 깔아

놓은 근사한 보도가 정비되어 있다. 그곳에 석조 상점이 병렬로 건축된 정방형의 시장이 없다면, 대광장은 세계에서 가장 크고 아름다운 광장 중의 하나가 될 것이다. 대성당과 부왕의 궁전이 그곳에 면해 있다."

홈볼트는 은광과 상업적 재부로 활기찬 인구 13만의 멕시코 시티를 보며 파리, 베를린, 상트 페테르부르크, 필라델피아를 떠올렸다. 산카를로스 왕립 아카데미와 왕립 광산학교에서 만난 지식인들과 과학자들의 수준에도 혀를 내둘렀다. 그도 프라이부르크 광산학교를 다닌 광산 기술자였기 때문에 한눈에 그 수준을 알아볼 수 있었다. 멕시코는 당시 아메리카에서 계몽주의 운동이 가장 활발했던 곳이었다. 그가 보기에 멕시코는 충분히 독립할 자격이 있었다. 은광도 있었고 지식도 있었다. 훔볼트는 멕시코가 독립을 해서 자유를 얻는다면, 조만간 미국처럼 대국이 될 것이라고 선언했다. 멕시코의 토착백인(크리오요) 지식인들은 감격했다.

저물어가는 은의 시대

17세기의 침체기가 끝나고 18세기가 들어서자 다시 멕시코 은광 붐이 재현되었다. 포토시의 영화는 오래 전에 사라졌다. 18세기 말에 이르면 아메리카 은의 3분의 2를 멕시코가 공급했고, 연평균 수출액은 250만 마르크에 달했다. 과나후아토, 사카테카스, 카토르세 등이 새로운 중심으로 부각되었다. 훔볼트는 유럽 광산과 꼼꼼하게 비교했다. 그는 멕시코 광맥의 은 함유량이 높다거나, 원주민 노동력의 착취 때문에 경쟁력이 있다는 속설을 뒤집었다. 광맥이 두터운 장점은 있었지만, 수익의 대부분은 대규모 투자와 높은 생산성에 기인한다고 밝힌 것이다.

매년 10월이면 '세르반테스 축제'로 떠들썩한 과나후아토에는 지금도 시원하게 뚫린 지하갱도로 자동차와 버스가 다닌다. 영화 "메트로폴리스"의 한 장면 같은 분위기가 연출된다. 아름다운 건물들과 광장은 해마다 많은 관광객들을 끌어들이는 고즈넉하고 푸근한 도시의 풍광을 지니고 있다. 하지만 한때는 멕시코에서 가장 많은 은을 캐던 광산도시였다. 훔볼트가 방문했던 과나후아토의 발렌시아나 광산은 거대한 지하도시였다. 광산의 중심부는 네 개의 축대로 지지되었는데, 그곳에서 5야드 너비의 터널이 방사형으로 뻗어나갔다. 광부가 지하 550미터에 있는 광맥에서 은광석을 캐내면, 직경 11야드의 팔각형 모양으로 잘라냈다. 그러면 여덟 마리의 노새가 끄는 권양기(捲揚機)로 광석 덩어리를 지표면으로 끌어올렸다. 권양기의 샤프트를 설치하는 비용은 100만 페소나 되었다.

1803년 당시 발렌시아나는 3,332명의 노동자를 고용하고 있었다. 4분의 1은 광맥에서 광석을 추출하거나 발파하는 작업을 했고, 4분의 1은 캐낸 은광석을 가까운 샤프트로 져다날랐다. 광부들의 연간 임금 비용만 해도 75만 페소나 되었다. 매주 소요되는 경상비용 부담도 컸기 때문에, 광산주는 캐낸 광석 가운데 일부만 직접 정련을 하고, 나머지는 전문 정련업자에게 내다팔았다. 경기가 좋은 시절이면 대체로 광산주는 300만 페소의 은을 생산했고, 약 100만 페소의 순익을 올릴 수 있었다. 훔볼트는 독일의 경우와 비교했다. 발렌시아나 광산은 독일의 힘멜스퓌르스트 광산에 비해서 4-5배 많은 노동자를 가지고 50배 이상의 광석을 캤다. 여기에서 36배 이상의 은을 얻었고 33배 이상의 수익을 올렸다. 광산의 규모는 유럽에서 가장 규모가 큰 기업들과도 맞먹었다.

멕시코 광부의 임금은 100-120수였던 반면에 독일의 그것은 18수에 불과했다. 그렇다고 멕시코 노동자들이 대단히 잘살았다고 말할 수 있을까? 그렇지 않다. 멕시코의 광산들은 생필품 공급지에서 너무 멀었다. 멕시코 시티에서 400킬로미터 정도 떨어진 고지대로 밀가루, 모직물, 포도주, 쇠, 수지, 수은, 사치품을 노새로 날라야 했다. 살인적인 물가 때문에 노동자들은 상대적인 고임금을 받았음에도 불구하고 채무의 악순환에서 벗어날 수 없었다.

홈볼트는 유럽에 비해 손색이 없는 광업회사들, 수준 높은 기술과 과학, 정연한 도로계획과 뛰어난 네오클래식 건축물들에서 '독립 멕시코'의 밝은 미래를 읽어냈다. 하지만 그는 "멕시코가 권리와 재부에서 엄청난 불평등의 나라"라는 점도 지적했다. 특히 그는 라티푼디아 제도로 인한 토지 소유의 불평등, 가톨릭 교회의 종교적 불관용, 인디오 농민들의 문화적 후진성을 진보의 걸림돌이라고 「정치 에세이」에서 지적했다. 독립 이후 멕시코의 자유주의자들은 훔볼트가 제기한 이러한 문제점들을 정치적 쟁점으로 부각시키는 데에 성공했다. 그런 점에서 훔볼트는 멕시코 자유주의자들의 대부 노릇을 한 셈이었다.

그의 뛰어난 분석과 예언적인 언명에도 불구하고 그가 꿈꾼 멕시코의 부국화(富國化)는 결코 실현되지 않았다. 독립전쟁(1810-1820)이 시작되자 정치적, 사회적 혼란 때문에 대부분의 광산은 문을 닫았다. 공화국이 성립된 이후에도 광산 경기는 회복되지 않았다. 아메리카 은의 시대는 이제 저물고 있었다.

제4부

설탕 : 검은 노예노동과 자유의 투쟁

28. 그토록 달콤한 설탕

북서행 길의 슈거 로드

파라오의 압제에서 벗어나서 "젖과 꿀이 흐르는 땅" 가나안으로 간 히브리 사람들은 달콤한 설탕 맛을 보지 못했던 모양이다. 유럽인들의 혀 끝에 황홀한 그 맛이 처음 닿았을 때는 십자군 전쟁 시절 아랍인들과 접촉하면서였다. 7세기 아랍의 팽창기에 지중해 연변인 키프로스, 시칠리아, 몰타, 로도스, 마그리브(모로코) 그리고 스페인의 그라나다 지방으로 사탕수수가 퍼진다. 이슬람 세력이 남부 유럽인들에게 설탕 맛을 전해준 것이다.

설탕을 의미하는 슈거(sugar)라는 말에도 그 흔적이 남아 있다. 슈거는 중세 라틴어 수카르(sukkar)에서 나왔고, 이 말은 아랍어 알수카르(alzucar)에서 왔다고 한다. 프랑스어 쉬크르(sucre), 이탈리아어 주케로(zucchero)도 수카르의 변형이지만, 특히 이슬람 세력이 장기간 머물렀던 스페인의 경우, 아수카르(azucar)는 아랍어의 직접적인 변형이리라.

설탕의 여로는 주로 북서행 길이다. 여행의 출발점은 기원전 8,000년 경 남태평양 뉴기니에서 시작한다. 그로부터 2,000년 뒤에 필리핀과 인도로 전파되었고, 뒤에 남중국으로 들어갔다. 설탕에 대한 최초의 기록은 기원전 400년경 인도에서 발견된다. 제당법(製糖法)이 인도에서 중국에 들어간 것은 당 태종 시절인 것으로 보인다. 불교에 관심이 많았던 당 태종이 647년에 마가다 왕국에서 제당법을 배워오기 위해서 사람을 보낸 기록이 있기 때문이다. 불법(佛法)의 길을 통해서 제당법이 함께 전파되었던 것이다.

반면 아랍인들은 중근동과 인도 그리고 동남아로 팽창했을 때 그들의 신앙(코란)을 넘겨주고 설탕을 서쪽으로 가져왔다. 그들은 다시 지중해 방면으로 팽창하면서 코란과 함께 설탕을 넘겨주었다. 남태평양에서 서쪽을 향해 나아간 설탕의 여행길은 8세기에 이르러 대서양 연변까지 도달했다. 곧 스페인 사람들은 카나리아 섬을 정복하고, 그곳에다 사탕수수 밭을 만든다.

아직 사탕수수를 효율적으로 짜내는 방법이 없었기 때문에 16세기에 이르기까지 설탕은 너무 귀했다. 설탕은 감미료보다는 약제로 사용되었다. 결핵과 콜레라의 해열제로 사용된 설탕은 아직 가게의 상품이 아니라 약국에서 취급하는 의약품이었던 것이다. 그렇지만 15세기에 이르면 여유가 있는 사람들은 일상생활의 단조로움에서 벗어나고자 설탕과자를 만들어 후식(소화제)으로 즐긴다. 아울러 각종 요리에도 설탕을 조미료로 이용하기 시작한다.

콜럼버스와 더불어 대서양을 건넌 사탕수수는 16세기에 이르러 아시아, 아프리카, 유럽, 아메리카 모든 대륙에 자리를 잡게 되고 진정한 '글로벌 작물'로 부상한다. 대서양을 건넌 사탕수수는 포르투갈 사람들에 의해서 브라질의 북동부 해안가에 퍼지기 시작하고, 또 스페인 사람들에 의해서 서인도 제도에도 재배가 시작된다. 그렇지만 노동력이 엄청나게 소요되는 것이 사탕수수 플랜테이션이었다.

포르투갈인들이 정착한 곳은 가용 노동력이 거의 없었고, 서인도 제도의 원주민들도 유럽인들이 가져온 병균과 노동력의 혹사로 인해서 거의 사라졌다. 원주민이 당한 참상을 고발하고 원주민을 보호하는 데에 힘썼던 도미니쿠스 수도회의 라스 카사스 신부도 흑인노예 유입은 용인한다. 신토마스주의자였던 그도 아리스토텔레스의 자연노예론을 완전히 부정하지는 못했던 모양이다. 그는 후일 이런 생각을 후회했지만, 흑인 노예제를 서인도 제도와 중남미 해안의 플랜테이션에 도입하는 것은 의외로 반발이 적었던 것이다. 스페인 군주는 아프리카 흑인 노예 노동력을 할당하는 아시엔토(asiento) 제도라는 편법을 이용하여 고가의 소비재인 설탕 생산을 부추긴다.

1518년 최초로 노예 할당권이 독점 판매된 시점부터 브라질과 쿠바에서 노예해방령이 내려진 19세기 말에 이르기까지 근 400년간 검은 피부의 아프리카 사람들 1,200만 명은 그들이 태어난 곳에서 강제로 팔려와 먼 이역 땅에서 고역을 치른다. 토픽의 표현대로 사탕수수는 "아시아의 작물, 유럽의 자본, 아프리카의 노동력 그리고 아메리카의 대지가 결합된 진정한 국제적 작물"이었다. 하지만 아프리카인들에게는 고통과 한의 상징물이었다.

미각의 해방영웅

르네상스는 인간의 재발견과 문예부흥의 시대였지만, 이런 것은 소수의 엘리트에게나 해당되는 이야기였다. 보다 많은 사람들이 관심을 기울인 것은 혀 끝이나 치장이었다. 이 시절부터 시작된 '미각의 해방'을 위해서 등장한 상품이 설탕, 커피, 초콜릿, 차, 향료와 같은 기호식품(drug food)이었다. 이 기호식품들은 실크로드의 종착역이었던 베네치아나 제노바를 통해서 유럽에 퍼졌다. 제노바 출신 콜럼버스가 제2차 항해 때에 사탕수수 모종을 싣고 쿠바에 온 것은 결코 우연이 아니었다. 그로 인해서 쿠바의 운명이 정해졌다. 쿠바는 사탕수수가 자랄 수 있는 북방 한계선에 가까웠고, 그런 만큼 최적지였다. 우기철의 더운 여름 날씨는 사탕수수가 쑥쑥 자라게 만들었고, 온화한 겨울은 설탕 정제에 딱 들어맞았다.

16세기 이래 쿠바를 위시한 카리브 해역의 도서들은 구미시장을 겨냥한 거대한 설탕 생산지였다. 유럽인들은 이곳에 흑인노예제를 도입했고, 자본주의형 기업의 제당소를 만들었다. 쿠바나 아이티는 거대한 설탕공장이었다. 설탕 사이클에 따라서 모든 것이 춤을 추는 나라가 된 것이다. 카스트로의 혁명 이후의 쿠바도 여기에서 크게 벗어나지 않았다.

유럽인들에게 그 달콤한 설탕이 제공되지 않았더라면, 아마도 커피, 초콜릿, 차는 대중 소비재가 되기 힘들었을 것이다. 이슬람의 수피들이나 마시는 씁쓸한 커피, 아스텍의 왕족들이 들이킨 시큼한 초콜릿, 남부 중국인들이 마시는 차를 유럽인들이 어떻게 마실 수 있었겠는가? 사실 18세기에 커피와 초콜릿이 대중적으로 유행하게 되자 유럽의 설탕 소비량은 세 배로 늘어났다고 한다. 심지어 영국인의 끽다(喫茶) 습관도 설탕이 없었다면 퍼지지 않았을 것이다. 대중들의 끽다 습관은 설탕이나 밀크를 듬뿍 넣은 달콤한 차를 마실 수 있음으로써 가능했다. 설탕은 칼로리를 보충하는 데도 도움이 되었다. 설탕은 새로 탄생한 미각자본주의(味覺資本主義, taste capitalism)의 진정한 총아였다.

검은 설탕, 검은 커피

유럽인들의 미각을 해방하는 데에 큰 기여를 한 설탕을 만든 사람들은 따로 있었다. 그들은 아프리카 서부해안에서 잡혀온 흑인노예들이었다. 노예선주들은 럼주나 총, 화약을 주고 추장들로부터 노예들을 샀다. 이 검은 피부의 아프리카인들은 좁디좁은 노예선에 실려 한 많은 대서양을 건넜다. 흑인들이 흘린 엄청난 눈물과 고통을 생각한다면, 설탕이 그토록 달콤할 수 있을까? 흑인들이 뿌린 엄청난 땀을 생각한다면, 커피를 노닥거리며 그토록 즐길 수 있을까? 흑인노예들은 농장의 고된 노동에도 불구하고 착취와 망각에 대항하여 싸웠다. 그래서 그들은 고향의 악기를 만들어 두들기며 노래를 불렀고, 춤을 추었다. 에로틱한 룸바 음악에서 현란한 삼바 댄스에 이르기까지 아프로-라틴 음악은 그렇게 탄생한 것이다. 아프리카 흑인들도 아메리카 원주민들처럼 세계를 향해서 아낌없이 '퍼주었던' 사람들이었다.

그래서 라틴아메리카는 정확히 '라틴-아프로-아메리카'라고 불러야 한다. '라틴아메리카'(Latin America)는 나폴레옹 3세가 신대륙에서 프랑스의 입지를 강화시키기 위해서 학자들을 동원하여 만든 조어였다. 이 단어는 프랑스 외교의 승리를 웅변하고 있지만, 아메리카 대륙에 큰 기여를 한 흑인들의 흔적을 지운다. 그러나 카리브 해역이나 대서양 연변의 라틴아메리카, 심지어 페루 해안의 역사에도 설탕의 역사와 함께한 노예제의 그림자가 깊이 드리워져 있다.

13세기 말에는 같은 무게의 은과 바꾸었던 설탕이 이제는 천덕꾸러기로 바뀌었다. 사람들은 건강과 다이어트 때문에 설탕을 두려워하기까지 한다. 게다가 생산 과잉으로, 옥수수 시럽과 같은 대체제의 등장으로 가격은 폭락한 상태이다. 1980년대에 700만-800만 톤을 생산하던 쿠바도 2002년에는 400만 톤 이하로 줄인다고 했다. 총 156개 가운데 70개 공장의 문은 닫고, 나머지는 자본주의 기업으로 재구조화한다고 했다. 누군가가 사회주의는 "자본주의에서 자본주의로 이행하는 과도기"라는 말을 했다. 설탕의 시장 탈출도 결국 실패하고 만 것이다.

29. 설탕 전쟁

검은 브라질

몇 년 전 나는 아르헨티나를 지나 이과수 폭포를 보면서 남부 브라질에서 북쪽으로 여행을 한 적이 있었다. 내가 발견한 것 중 꽤나 흥미로운 점은 남에서 북으로 갈수록 사람들의 피부색이 점점 더 검어져갔다는 것이다. 유럽 이민이 밀집한 브라질 남부의 주들에서는 흑인들이 거의 보이지 않았다. 하지만 상파울루에 들어가니 흑인, 물라토, 백인이 조화롭게 뒤섞여 있었다. 여행의 종착지였던 북동부의 바이아 주로 이동하니 숫제 아프리카로 들어온 느낌이었다. 그 여행은 나에게 마치 스위스에서 파리를 거쳐서 아프리카의 황금해안으로 들어간 듯한 느낌을 주었다. 색깔은 내게 브라질의 역사를 해독하는 하나의 단서를 제공했다.

북동부의 고도(古都)이자 바이아 주의 주도(州都) 살바도르에서 내가 본 것은 아프리카의 영혼과 피부였다. 칸돔블레* 음악도, 베림바우** 리듬에 맞춘 카포에이라 춤에도, 음식과 신앙에도 모두 그 검은 피부와 영혼의 그림자가 짙게 드리워져 있었다. 그랬다. 정녕 브라질을 건

* 칸돔블레(candomblē):아프리카 토착신앙과 가톨릭 신앙의 혼합종교로 제의를 수행할 때, 반투족 기원의 타악기 음악과 노래가 뒤따른다.

** 베림바우(berimbau) : 브라질 흑인들이 카포에이라 춤을 출 때 이용하는 리듬 악기로 쇠줄이 달린 활대에 호리병박 울림통이 달려 있다.

설한 사람들은 아프리카 노예들이었다. 북동부에 사탕수수 밭과 제당소를 세운 포르투갈인들이 노예상인들로부터 공급받은 흑인노예들이야말로 진정 브라질을 건설한 사람들이었다.

"아프리카 노예와 대서양 노예무역이 없었다면, 아메리카가 지닌 잠재적인 경제적 가치는 결코 실현되지 않았을 것이다. 왜냐하면 포르투갈도 스페인도 새로운 영토를 탐사하고 개발하는 데에 소요될 예비 노동력이 없었기 때문이다. 노예 공급원을 포착하면서 '야만을 길들이고', 도시를 건설하고, 적대적인 국경선을 안정시키고, 광산을 개발하고, 아시엔다*와 파젠다**, 플랜테이션을 건설할 수 있었다."

역사학자 프랭클린 나이트의 말이다. 원주민 노동력을 공급해서 광산 개발에 나선 멕시코와 페루의 경우는 좀 달랐지만, 카리브와 대서양 연변은 정말 그의 말이 옳았다. 금은 광산을 찾을 수 없었던 포르투갈인들은 일단 향료무역에 매달렸다. 그들은 곧 브라질 북동부가 사탕수수를 재배하기에 적합한 곳이라는 점을 포착하고, 노예 노동력을 끌어들였다. 살아남아서 대서양을 건넌 1,200만 명의 흑인노예 가운데 300-400만 명이 이곳 브라질로 흘러들어왔다. 그 덕분에 아직도 흑인이 부모인 브라질인의 인구구성은 총 인구의 45퍼센트나 된다.

오늘날 북동부의 페르남부쿠와 바이아는 가장 가난한 지역에 속하지만, 16세기 중반부터 19세기 초기에 이르기까지 설탕의 집산지로 유명했다. 1542년 두에르티 코엘류 페레이라가 제당소를 설치하고 흑인 노예를 수입한 이래 제당소는 급속도로 불어났다. 1585년에 제당소는 120개로 늘어났고, 17세기에 이르면 연간 1만 톤 이상의 설탕을 수출했다. 초기 100년간은 브라질이 설탕의 독점적인 공급원이었다.

---

* 아시엔다(hacienda) : 중남미의 대장원.

** 파젠다(fazenda) : 주로 커피를 생산하는 브라질의 대농장.

네덜란드인들의 브라질 도시 페르남부쿠. 드 브리 동판화.

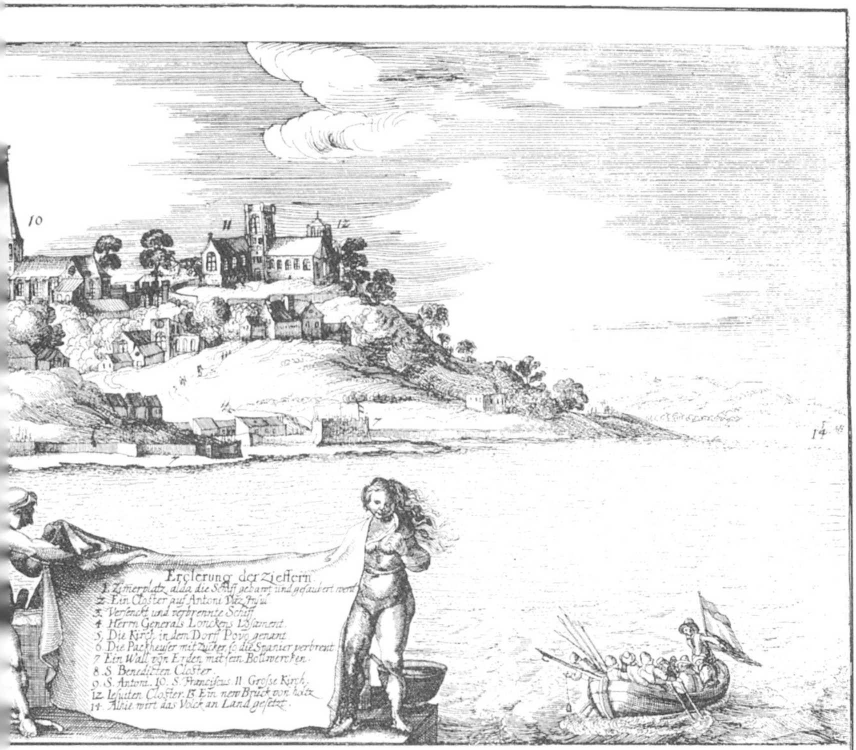

10

11

12

14

Erclerung der Zieffern

1. Zimerplatz alda die Schiff gebawt und gesaubert werd
2. Ein Closter auf Antoni Vaz Insul
3. Versenckt und verbrennte Schiff
4. Herrn Generals Lonckens Losament.
5. Die Kirch in dem Dorff Povo genant.
6. Die Packheuser mit Zucker, so die Spanier verbrent.
7. Ein Wall von Erden mit sein Bollwercken.
8. S. Benedicten Closter.
9. S. Antoni. 10. S. Franciscus. 11. Grosse Kirch.
12. Iesuiten Closter. 13. Ein new Brück von holtz
14. Alhie wirt das Volck an Land gesetzt.

NDA DE PHERNAMBUCO.

eede nach dem Leben abgezeichnet.

설탕 전쟁과 주식회사

이런 사태가 지속되자, 히딩크의 나라 네덜란드 사람들이 가만히 있지 않았다. 주식회사를 근대적 형태로 혁신한 사람들은 암스테르담 사람들이었다. 대체로 20년이 지나면 회사를 청산하여 초기 창업자금을 투자자들에게 나누어주던 방식으로 무역전쟁에 이길 수는 없었다. 왜냐하면 17세기 무역전쟁은 그야말로 '전쟁'이었기 때문에 무장능력이 뛰어나야 했고 돈이 많이 들었다. 결국 익명의 투자자들로부터 엄청난 자금을 모집해야 했고, 동시에 주식회사는 '영속적인 조직'으로 재편성되어야 했다. 그런 점에서 주식회사의 진정한 기원은 폭력과 전쟁이었다. 그 덕분에 주식시장도 탄생했다.

네덜란드 동인도회사를 본받아 만든 서인도회사는 설탕 전쟁을 수익사업의 일환으로 생각하고, 일단 브라질의 설탕 지대를 노렸다. 그 회사는 1624년에 바이아를, 1630년에 레시피를 정복했다. 이어 페르남부쿠까지 먹어치운 네덜란드인들은 노예 송출 항구로 아프리카에 상 조르지 다 미나를 세웠다. 루터 교도들도 드디어 노예무역에 관여하기 시작했던 것이다.

요한 마우리츠 데 나사우가 1637년에 '더치 브라질'(Dutch Brazil)의 지사로 부임했다. 그는 레시피를 '적도의 암스테르담'으로 재건했다. 플랑드르풍의 정원과 건축물, 격자형의 도로, 운하와 연못 속에서 가톨릭, 루터 교도, 유대인들이 설탕 비즈니스로 어울렸다. 정치도 일종의 비즈니스로 보는 네덜란드 사람들은 이익만 있다면 무엇이든 관용했다. 노예제도 당연히 관용했다. 포르투갈 제당업자들은 여전히 별 어려움 없이 제당소를 운영할 수 있었다. 이 소식을 들은 전 세계 유대인들은 안전한 투자처인 레시피로 가고 싶어서 안달했다.

그러나 1645년 더치 브라질에 현지인들의 반란이 일어남으로써 네덜란드인들의 '브라질 모험'은 짧게 끝났다. 네덜란드 서인도회사는 자본금도 모두 까먹었고, 또 막대한 부채까지 안게 되었다. 신용에 기초한 그들의 노예판매 전략은 실패작이었다. 50명의 현지인과 1,000명이 넘는 흑인노예들은 카리브 해의 프랑스령 앤틸리스로 거점을 옮겼다. 이제 카리브 해에 네덜란드 사람들이 들어오면서 열대작물 플랜테이션 시대가 활짝 열렸다.

제2차 대서양 체제

콜럼버스 이래 17세기 초반까지 포르투갈과 스페인이 주도한 제1차 대서양 무역체제는 국가 주도형이었다. 군주의 특허장에 기초한 철저한 관리무역(管理貿易)이 이베리아가 주도하는 대서양 체제의 특징이었다. 포르투갈과 스페인은 필요한 자본이나 선박, 인프라가 턱없이 부족했기 때문에 네덜란드, 영국, 프랑스가 틈새를 노릴 수는 있었지만, 이 체제에서 일정한 지분을 확보할 수 없었다. 그렇지만 네덜란드가 스페인으로부터 독립했고, 전 세계에서 이베리아 반도를 상대로 무역전쟁이 벌어지자, 대서양 체제에 균열이 생기게 되었다. 곧 네덜란드, 영국, 프랑스, 덴마크가 고개를 내밀고 카리브에서 스페인의 주도권에 도전하기 시작했다.

네덜란드의 카리브 정착으로 열린 제2차 대서양 체제는 이전 체제와 크게 달랐다. 카리브라는 도서 중심의 지형 때문에 각국은 관리무역 체제를 완벽하게 유지할 수 없었다. 자연스레 식민지들 사이의, 국가들 사이의 경쟁논리가 자리를 잡게 되었다. '시장의 힘'(market force)이 탄생한 것이다. 노예무역선들은 자국 식민지의 수요분을 충족한 다음 잉여노예들을 다른 섬에 팔았고, 이 덕분에 노예가격은 크게 떨어졌다. 수요공급의 법칙이 먹혀들기 시작한 것이다. 유럽 국가들 사이의 잦은 전쟁 덕분에 카리브 제도에 투자한 농장주들의 국가에 대한 충성심도 변덕스럽게 흔들렸다. 애국심보다는 이익이 더 큰 관심사였기 때문에 무엇이든 고가를 부르는 사람에게 생산물을 처분했다.

프랑스인인 뒤 테르트르는 네덜란드의 뛰어난 경쟁력을 칭송했다.

"네덜란드 사람들은 우리보다 훨씬 더 크고 잘 건조된 배를 가지고 있다. 승무원들도 훨씬 더 능숙하다. 숫자는 적지만, 우리 선원들보다 임금을 훨씬 더 많이 받는다. 네덜란드 수입품 가격은 프랑스의 그것보다 훨씬 더 싸다. 소금에 절인 소고기의 경우 가격이 50퍼센트나 더 싸다." 노예무역도 마찬가지였다. 영국은 1672년에 가서야 노예무역을 전담할 왕립 아프리카 회사를 설립할 수 있었다. 프랑스령 식민지들은 처음부터 네덜란드 노예 공급망에 크게 의존했다.

바야흐로 18세기, 중상주의 시대가 도래했다. 콜베르의 프랑스도, 조지 캐닝의 영국도 자국 시장과 식민지의 배타적 관계에 집착했다. 모두 자국의 지금(地金)이 빠져나가는 것을 극도로 두려워했다. 그들은 '분할된 카리브'를 통한 배타적인 관리무역을 꿈꾸었지만, 시장의 힘은 완전히 꺾이지 않았다. 암스테르담의 자본시장은 국적을 가리지 않고 투자를 했고, 노예무역에서도 여전히 경쟁이 유지되었다. 네덜란드는 프랑스령에서 생산된 설탕의 유럽 판매를 담당했고, 영국도 생산량의 일부를 유럽 대륙에다 내다팔았다.

게다가 북미의 '양키 무역상들'도 개방적인 카리브 시스템에 참여했다. 그들은 카리브 제도에 부족한 곡물과 말 등을 공급하면서 대전으로 당밀을 받아갔다. 미국인들은 당밀로 럼주나 설탕을 뽑았고, 이를 다시 외부에다 내다팔 수 있었다. 미국이라는 존재는 유럽이라는 메트로폴리스의 중상주의와 독점체제를 제어하는 데에 대단히 유효했다. 17세기 중반 이래 네덜란드인들이 큰 활약을 한 비스페인계 카리브 해는 개방 무역체제(開放貿易體制)로 발전했다. 노예제에 기초한 이 체제는 유럽의 식탁에 설탕, 커피, 카카오를 공급했고, 산업혁명이 도래하기까지 상업혁명을 주도했다.

30. 설탕과 아시아 무역체제

나가사키 카스테라

요캉(양갱)과 만주를 차와 함께 들던 가마쿠라 막부(鎌倉幕府 : 1185-1333) 시절부터 일본인들은 설탕 맛에 빠져들게 되었다. 그렇지만 설탕은 16세기 말까지 여전히 중국에서 수입되는 진귀한 물건이었다. 도쿠가와 막부(德川幕府 : 1603-1867)의 평화가 도래하자 부유한 도시민들 사이에서 설탕 소비가 증가하기 시작했다. 스페인, 포르투갈 사람들이 캐러멜, 사탕, 케이크, 쿠키 맛을 전해주었던 것이다. 외국 상인들이 들어오던 나가사키(長崎)는 달콤한 파운드 케이크로 유명해졌다. '나가사키 카스테라'(castella란 스페인어에서 유래했다)가 바로 그것이다.

1637년부터 1833년 사이에 나가사키 상관에 들어온 다양한 설탕 제품은 매년 133만 파운드에서 266만 파운드에 이르렀다. 1641년에는 중국의 정크 선편으로 665만 파운드의 설탕이 수입되었다. 도시민들의 설탕 수요는 가히 폭발적이라고 할 만했다. 일본인들은 아시아인 가운데 설탕을 가장 많이 소비했다. 당시 「농업전서」를 쓴 미야자키 안테이(1623-1697)는 너도 나도 설탕을 소비하니 수입량을 감당하기 힘들 정도로 국부(은)가 유출된다고 우려하기도 했다.

일본 사람들의 설탕 소비는 도쿠가와 막부 시대의 경제성장과 도시화 ── 18세기 초반에 에도(江戸 곧 東京)는 인구 1백만의 세계 최대

도시 중의 하나였다 ── 와 밀접한 관련이 있다. 도시 인구가 증가하면서 소득 수준도 높아지고, 또 상업화된 작물에 대한 소비량도 증가했던 것이다. 이런 점은 설탕을 생산했던 중국의 경우 의외로 내부 소비량이 상대적으로 적었다는 사실과 대비된다. 중국은 비록 양자강 삼각주 지역이나 남부의 일부 해안지역이 발전하고 있었지만, 19세기 말까지도 전체적으로 도시화가 대단히 늦었고 농촌인구가 90퍼센트 이상을 점한 사회였기 때문이었을 것이다.

소농의 설탕 생산

설탕은 대서양 무역만이 아니라 아시아에서도 성가를 누렸다. 아시아 무역에서 주요 품목으로 등장했던 것이다. 중국의 사천, 광동, 복건, 인도 동부의 벵갈이 설탕의 중요 생산지였다. 일찍이 아시아 무역에 발을 내딛었던 네덜란드 사람들이 주목한 물품 중의 하나도 설탕이었다. 1605년 포르투갈의 아시아 무역 독점을 깨기 위해서 파견된 네덜란드인 선장 코넬리스 마텔리에프가 2년 뒤 돌아갈 때 실은 짐 목록은 다음과 같았다. "1만2,000부대의 후추, 400부대의 육두구, 설탕, 흑단과 생사 조금."

브라질에서 네덜란드인들이 포르투갈인들과 갈등을 빚으면서 설탕 공급이 원활하지 않자, 점차 암스테르담의 미정제 설탕 값은 폭등했다. 네덜란드는 자신들의 아시아 거점 항구인 바타비아에다 중국 설탕 주문량을 점차 늘여갔다. 1633년에는 65만 파운드로, 1636년에는 110만 파운드로 수입량이 늘어났다. 1637년 다급해진 네덜란드 동인도회사 중역들은 중국 설탕을 "무한정" 수매할 것을 지시했다. 그 결과 412만 파운드의 중국 설탕이 네덜란드로 들어왔다. 브라질 설탕의 운명은 이미 중국 설탕의 운명과 긴밀하게 연계되어 있었다.

설탕의 세계시장은 아시아에서도 대단히 유연하게 움직였다. 중국의 설탕에 대한 중요한 고객 중의 하나인 일본이 수요를 크게 줄인 적이 있었다. 1685년과 1715년 두 차례에 걸쳐 막부 정부는 국내 거래에 필요한 은과 동이 빠져나가는 것을 막기 위해서 귀금속 수출을 제한하는 명령을 내렸다. 이것은 곧 비단이나 설탕 같은 중국제 수입품의 무역을 제한하는 조치였고, 당연히 중국 설탕에 대한 수요도 점차 줄어들게 되었다.

하지만 이번에는 영국 동인도회사가 삼각무역을 통해서 중국 설탕의 시장 문제를 해결해주었다. 영국 상인들은 봄베이의 면화를 아모이, 곧 하문(厦門)으로 가져왔고, 그 대전으로 광동의 잉여 설탕을 받아갔던 것이다. 원래 사탕수수 재배로 유명했던 벵골 지역은 18세기 후반에 원사 수출 붐이 일자, 설탕 생산을 포기하고 인디고와 양잠업으로 전환했다. 오늘날 인도 대부분의 지방에서 과립 백설탕을 치니(chini)라고 부른다. 당시 중국-인도의 설탕 무역이 언어에 남긴 흔적이다.

유럽을 앞지른 정크 무역

아메리카와 서인도 제도에서는 노예제와 플랜테이션이 결합된 생산체제에서 설탕이 생산되었다. 하지만 중국에서는 소농경제(小農經濟)가 설탕을 생산했다. 설탕 생산의 기후조건이나 토질은 좋았지만, 도시화가 너무 낮았기 때문에 내수시장은 작았다. 농민경제는 도시가계와 달리 설탕을 일용품으로 소비할 수 없었던 것이다. 자연스레 광동, 복건, 대만의 사탕수수 밭은 대부분 수출용으로 외국 시장을 겨냥했다.

복건성과 광동성의 화교들이 아시아 역내무역을 주름 잡았다. 그들은 중국이 필요로 하는 동남아의 향료, 염목, 주석, 상아를 아모이에 풀어놓고, 생사, 설탕, 차를 일본으로 싣고 갔다. 그 대전으로 일본에서 중국인들이 필요로 하던 은과 구리를 실었다. 동남아-중국-일본을 연결짓는 삼각무역은 중국인들이 주도했다. 가장 유명했던 상인집단이 코싱가(Koxinga)라고 불렸던 정성공(鄭成功 : 1624-62) 가문이었다. 이들은 항주와 아모이에 각각 다섯 개의 행(行)을 두고 이 삼각무역을 통제했다. 청 나라에 끝까지 저항했던 정성공은 1661년에는 네덜란드인을 몰아내고 대만을 점령함으로써 근대 중국의 반외세의 상징적인 인물이 되었다.

흔히 '무역의 시대'에 아시아 역내무역에서 주도적인 역할을 한 것은 아시아인들이 아니라 포르투갈인들이나 네덜란드인들 또는 영국인들일 것이라고 생각한다. 명-청 시대의 중국이나 도쿠가와 막부는 대외무역을 제한적으로 허용하거나 아니면 잦은 해금령(海禁令)이나 천계령(遷界令)으로 대외무역을 금압했던 기록을 가지고 있기 때문이다. 하지만 이렇게 유럽의 역할을 과장하는 것은 명백한 오류일 뿐이다.

명대의 해금 정책으로 한동안 조선을 비롯한 동아시아 해역에 왜구(倭寇)가 발호한 바 있다. 따지고 보면 왜구도 아시아 무역체제에서 하나의 연결고리 역할을 했다. 이들은 수익률이 높은 동아시아 해상무역을 국가 바깥에서 추구한 세력이었다. 왜구는 보통 서양의 사략선(私掠船)이나 다를 바 없는 무역상 겸 해적이었다. 무역이 흥할 때면 그들은 무역상인으로 행세했고, 조정에서 무역을 금하면 해적질로 돌아가는 유연 반응 조직체였던 것이다. 한 연구에 따르면 1540년대 열네 개 왜구 집단의 지도자들 가운데 한 명만 제외하고는 모두 중국인이었다고 하니, 왜구의 성격은 물론이고 이를 단순한 일본인 집단으로 오해해서는 안 될 것이다.

동아시아 해상무역에서 중국의 역할은 물량 하나만을 보아도 알 수 있다. 나가사키 상관의 기록이나 바타비아의 기록을 보아도 항상 화교들의 정크 선의 수가 네덜란드나 포르투갈의 선박 수를 크게 앞질렀다. 1630년대 아시아 무역에서 중국 정크들의 총 톤수는 4만 톤인 데에 비해 네덜란드의 총 톤수는 1만3,000톤 수준에 머물렀다는 연구도 있다. 청조가 대외무역을 일체 금압했던 1665년부터 1684년 사이에 나가사키 상관에 등록된 선박 숫자도 네덜란드의 경우 112척에 불과하지만, 중국의 정크 선은 600여 척으로 거의 여섯 배가 되었다.

이런 경향은 아편전쟁 이전의 19세기 전반기에도 마찬가지이다. 영국의 '컨츄리 무역'(country trade : 아시아 역내무역을 이렇게 불렀다)이 기승을 부리던 당시 1833년 동인도 회사의 중역들이 런던에 모여서 토론한 내용도 흥미롭다. 중국-인도 무역은 3,200만 달러, 중국-영국 무역은 1,100만 달러의 규모인 반면, 중국의 정크 선들이 동남아와 일본과 교역한 양은 7,000만-8,000만 달러 규모라고 지적한다. 또 같은 시기의 또 다른 지적에 따르면, 동인도회사의 교역을 포함한 영국의 총 대외무역량은 4,400만 달러로 중국의 정크 무역 규모와 비슷하다고 했다. 그러니까 중국은 아편전쟁이 터지기 전까지 한번도 아시아 무역에서 무게중심을 잃지 않았다.

「중국의 설탕과 사회」(*Sugar and Society in China*)을 쓴 수체타 마줌다르는 아편전쟁이 일어나기 250여년 전 아시아에도 잘 짜여진 무역구조가 존재했다고 주장한다. 이 아시아간(인도-동남아-중국-일본) 무역구조에 포르투갈, 네덜란드, 영국이 참여하고 있었지만, 가장 큰 지분은 중국과 화교들이 가지고 있었다. 월러스틴은 「근대세계체제」 제3권에서 1750-1850년대에 인도와 중국이 세계자본주의 경제에 외부에서 '편입'(incorporation)되었다고 설명한다. 그러나 설탕 무역만 보아도 '편입'이라는 말을 쓸 근거가 전혀 없다는 것을 알 수 있다.

31. 노예제 옹호와 비판 : 몽테스키외, 볼테르, 제퍼슨

몽테스키외, 노예제의 옹호자

18세기 프랑스는 세련된 연회와 살롱의 시대였다. 그리고 카페의 시대이기도 했다. 사람들은 경쾌한 리듬의 춤곡을 들으면서 설탕을 듬뿍 친 커피를 마셨다. 사부아 보좌신부(루소의 「에밀」), 위스베크(몽테스키외의 「페르시아인의 편지」), 자디그(볼테르의 단편소설 「자디그」)의 주인공으로 현자) 같은 재사들은 살롱과 카페에서 열띤 토론을 벌였다. 그들은 부르봉 섬(인도양의 프랑스령 레위니옹의 옛 이름)과 생 도밍그에서 재배한 커피와 설탕이 주는 그 '순수한' 기쁨에 푹 빠져들었다. 하지만 계몽주의자들이 노예제에 대해 취한 태도는 상이했다.

설탕 맛에 취한 몽테스키외는 값싼 설탕을 위해서 흑인 노예제가 필요하다고 옹호했다. 그는 아리스토텔레스의 '자연노예제' 이론을 받아들이지 않았지만, 풍토가 노예제를 정당화한다고 말했다. "더위가 육체를 약화시키고 체력을 지나치게 소모시키기 때문에 사람이 징벌의 불안에 의하지 않고는 의무를 완수할 의욕이 생기지 않는 지방이 있다. 거기에서는 노예제가 그다지 이성에 어긋나지 않는다." 「법의 정신」은 피부색과 모발로 흑인노예제를 정당화한다.

"유럽 민족은 아메리카 민족을 근절시켜버렸으므로, 그 광대한 토지를 개척하기 위해서 아프리카의 민족을 노예상태로 둘 의무가 있었다. 노예들이 설탕을 재배하지 않는다면 그 값이 너무 비쌀 것이다. 문제가 되는 것은 흑인들이다. 그들의 코는 몹시 납작해서, 그들을 동정한다는 것은 거의 불가능할 정도이다. 대단히 현명한 존재인 신이 영혼을, 특히 선량한 영혼을 새까만 육체 속에 깃들이게 했다고는 도저히 생각되지 않는다.

"인간성의 본질을 구성하는 것이 피부색이라고 생각하는 것은 지극히 자연스럽다……피부색은 머리털의 빛깔로 판단되는데, 세계에서도 가장 뛰어난 철학자인 이집트인들 사이에서는 이 모발의 빛깔이 대단히 중요한 뜻을 가지고 있었다. 그래서 그들은 붉은 머리털의 인간이 눈에 띄면 모조리 죽였던 것이다.

"흑인에게 지적 능력이 없다는 증거는 그들이 문명국에서 대단히 귀중히 여기는 금목걸이보다는 유리목걸이를 중히 여긴다는 점에 있다. 이들을 인간이라고 상상하는 것은 불가능하다. 왜냐하면 만약 우리가 그들을 인간이라고 생각한다면, 우리들은 기독교도가 아니라는 의심이 생기게 될 것이기 때문이다.

"소심한 사람들은 아프리카인에 대해서 행해지고 있는 부정을 너무 과장하고 있다. 만일 그들이 말하는 것과 같다면, 그토록 많은 쓸모없는 협정을 서로 만들고 있는 유럽 군주들 머릿속에 자비와 연민에 따른 협정을 만들고자 하는 생각이 떠오르지 않았을 리가 없을 것이기 때문이다."

볼테르의 노예제 비판

그렇지만, 계몽주의가 낳은 뛰어난 철학자이자 문필가인 볼테르는 부드러운 설탕 맛 속에 숨어 있는 압제를 「캉디드」(1759)에서 고발한다. 캉디드와 카캄보는 엘도라도에서 네덜란드령 수리남으로 여행하면서 왼쪽 다리와 오른쪽 손을 잃은 한 흑인을 만난다.

"우리가 제당공장에서 일할 때 맷돌에 손가락을 찧기라도 하면 손이 잘립니다. 도망치려고 하면 다리가 잘립니다. 저는 이 두 경우에 해당된 거지요. 바로 이런 대가를 치르고서 당신네들이 유럽에서 설탕을 먹는 거지요……개, 원숭이, 앵무새들이 저희보다 훨씬 덜 불행합니다. 저를 개종시킨 네덜란드의 물신들(목사들)은 백인과 흑인 우리 모두가 아담의 자손이라고 일요일마다 제게 말한답니다. 저는 족보학자는 아니지만, 전도사들 말로는 우리 모두가 육촌이라는 겁니다. 이제 당신은 이보다 더 끔찍하게 친척들을 대할 수는 없다고 제게 시인하실 테죠."

흑인이 말하자, 캉디드는 팡글로스의 '낙천주의' 이야기를 생각해내고는 이렇게 외친다. "아! 낙천주의란 우리가 비참할 때 모든 것이 잘 되어가고 있다고 주장하는 광기에 불과해."

계몽주의 철학자들은 달콤한 설탕 맛 이면에 숨은 쓰라린 아픔이 자연에 어긋난다고 고발했다. 「백과사전」의 편집자 드니 디드로의 말을 들어보자. 아이가 아버지의 재산이 될 수 없고, 부인이 남편의 재산이 될 수 없고, 하인이 고용인의 재산이 될 수 없고, 신민이 군주의 재산이 될 수 없듯이 사람이 주인의 재산이 될 수 없다. 이와 반대로 생각하는 사람은 사람을 사물과 혼동하는 자이다. 엘베시우스도 이렇게 말했다. 유럽에 도착하는 모든 설탕 상자에는 피가 배어 있다고.

그렇지만 1771년 식민지 담당 장관은 왜 노예의 자손들인 물라토(흑백 혼혈)가 해방되어서는 안되는지를 강한 어조로 말한다. "국왕 전하의 생각은 다음과 같습니다. '그런 선처는 자연이 백인과 흑인 사이에 부과한 차이점을 파괴할 경향이 있다. 따라서 유색인과 그 자손들에 대한 정치적 편견은 결코 메울 수 없을 정도로 조심스레 유지해야만 한다. 어느 정도 영속적인지 모르겠지만, 흑인들에게 당연한 멸시의 상태를 약화시키지 않는 것이 훌륭한 질서의 이익에 따르는 것이다. 이러한 편견을 노예들의 가슴 속에 깊이 새기는 것이 훨씬 유용할 뿐 아니라 식민지에 상응하는 평화에도 크게 도움이 된다……'"

계몽주의자들이 식민지 노예제를 비판했음에도 불구하고 프랑스 사회는 노예제를 스스로 포기할 생각이 전혀 없었다. 1789년 프랑스 혁명이 일어나고, 인권선언이 선포되지만, 식민지의 노예상태는 여전히 유지되었다. 자유, 평등, 박애는 백인 남성들에게 국한된 것이었다. 아울러 대서양 저편에서 일어난 1776년의 미국 독립혁명의 지도자들도 노예제와 불가분한 관계에 있었다.

제퍼슨, 노예 소유자들의 자유와 평등

"우리는 다음을 자명한 진리로 받아들인다. 모든 인간은 평등하게 창조되었다. 창조주는 그들에게 생명, 자유, 행복의 추구와 같은 양도가 불가능한 권리를 주었다." 1776년의 독립선언문은 이렇게 말한다. 하지만 이 선언문이 선포될 당시 50만 명의 흑인 노예들은 그것을 듣지 못했다. 그들은 "모든 인간"(all men)의 범주에 속하지 않았기 때문이다. 이 문구를 기초한 토머스 제퍼슨은 200명에 가까운 노예를 거느린 노예 소유주였다. 독립전쟁의 영웅 워싱턴도 전쟁을 치를 당시 135명의 노예를 거느리고 있었고, 세상을 떠날 즈음 그 숫자는 더욱 늘어 277명을 소유하고 있었다. "연방주의 교서"(*Federalist Papers*)의 토론자들도 모두 노예 소유자들이었다.

미국에서 자유와 평등의 고양은 바로 버지니아를 위시한 13개 주의 노예제와 밀접하게 관련되었다. 미국 상인들은 자메이카와 바르바도스 섬에서 당밀을 수입했고, 매사추세츠의 술도가는 이를 럼주로 만들었다. 럼주는 대서양을 건너 아프리카 기니 만에서는 흑인노예로 변신했고, 이 노예들은 다시 사우스캐롤라이나, 조지아, 버지니아 주에서 노동력이 되었다.

미국에서 자유는 곧 노예제를 전제한 것이었다. 미국 상인들과 정치인들이 요구했던 '해상의 자유'를 예로 들어보자. "자유로운 항해로 자유로운 물품 교역을 하자."(Free ships make free goods.) 멋진 말이다.

하지만 자유 교역재 대부분은 노예노동력으로 생산된 것들이었다. 독립전쟁 당시 미국은 프랑스의 지원이 필요했다. 프랑스의 도움은 오직 담배를 팔아서 살 수 있었다. 버지니아 주의 노예들이 생산한 담배로 말이다. 그들이 서인도 제도에서 식량을 주고 대신 구입한 당밀, 커피 등도 모두 흑인노예들이 생산한 것이었다.

노예주 버지니아는 미국의 자유와 평등을 대변하는 가장 뛰어난 정치가들을 배출했다. 버지니아인 워싱턴은 대륙군을 지휘해서 독립을 쟁취했다. 또다른 버지니아인 제퍼슨은 독립선언문과 1787년의 미국 헌법과 수정조항을 기초했다. 헌법 제정 뒤 36년 가운데 32년 동안 대통령직을 버지니아인들이 도맡았고, 그들은 모두 노예 소유자들이었다. 미국의 자유는 노예제와 끈끈한 연분을 지니고 있다고 에드먼드 모건은 「미국의 노예제와 미국의 자유」에서 명쾌하게 밝히고 있다.

32. 페르난도 오르티스, 탈식민주의 설탕 이야기

미스터 토바코와 미시즈 슈거의 담시 대결

"설탕은 아폴로의 딸이고, 담배는 페르세포네의 자식이다." "설탕은 문명의 과학적 선물이지만, 담배는 야만세계의 마술적 선물이다." "담배는 니코틴이라는 독을 가지고 있지만, 설탕은 탄수화물이라는 영양분을 공급한다. 니코틴은 정신을 고양시켜 악마적 상상력을 이끌어내지만, 과도한 당분이 혈액에 투입되면 머리가 둔해지고 심지어 바보가 되기도 한다. 그래서 담배는 자유주의 개혁집단에, 설탕은 반동적 보수주의자들에게 어울린다."

"설탕의 가치는 줄기에 있고 이파리는 버리지만, 담배는 이파리를 쓰고 줄기를 버린다. 사탕수수는 수년 동안 살지만, 담배는 겨우 몇 개월 살 뿐이다. 사탕수수는 빛을 갈구하지만, 담배는 그늘을 찾는다. 전자는 낮과 해를, 후자는 밤과 달을 갈망한다. 사탕수수는 하늘에서 떨어지는 비를 좋아하지만, 담배 이파리는 물기를 제거하여 말린다. 설탕의 운명은 액체로 바뀌어 시럽이 되지만, 담배는 불에 타서 날아가는 연기로 끝나는 운명이다. 설탕은 희고, 담배는 검다. 설탕은 달콤하고 냄새가 없지만, 담배는 씁쓸하고 향내가 난다."

"이 둘은 항상 대조적이다. 음식과 독약, 깨어남과 취함, 에너지와 몽상, 육체의 기쁨과 영혼의 기쁨, 감성과 사고, 식욕의 충족과 순간적 환상의 고뇌, 영양분인 칼로리와 환상적인 빨아들임, 요람에서부터 맛

본 일상적인 익명성과 어디에서나 인정받는 귀족적인 개별성, 의약품과 마술, 현실과 기만, 덕과 악. 설탕은 그녀(she), 담배는 그대(he). 설탕은 신들의 선물이고, 담배는 악마의 선물이다."

"설탕은 항상 노예노동을 선호했지만, 담배는 자유인을 택했다. 설탕은 흑인들을 강제로 끌고 왔고, 담배는 백인의 자발적인 이민을 부추겼다." "담배는 중간계급이나 자유로운 부르주아지를 창출하지만, 설탕은 두 개의 극단, 곧 주인과 노예, 프롤레타리아와 부자를 창출한다." "설탕은 시끄러운 기계음의 오케스트라 아래 생산되지만, 담배는 침묵 속에서, 아니면 이야기가 곁들여지면서 생산된다. 설탕은 화성적 합창을, 담배는 솔로 멜로디를 요구한다." "설탕 일거리는 노동(trade)이지만, 담배 일거리는 예술이다. 설탕은 기계와 육체적 힘이 중심이지만, 담배는 장인의 개별적 기술이 문제가 된다."

담배 씨(돈 토바코)와 설탕 부인(도냐 아수카르)이 담시 대결을 벌인다. 경쾌한 문장에 촌철살인의 사회과학적 분석이 담겨 있다. 화성적 기교도 뛰어나지만 대위법적 정교함도 함께 느껴진다. 위의 글들이 마치 바흐의 "브란덴부르크 협주곡"처럼 흐르고 있는 「담배와 설탕의 쿠바적 대위법」(1947)을 쓴 페르난도 오르티스는 쿠바 역사를 "백인과 흑인의 교창(交唱) 기도문으로, 룸바 춤사위의 사랑 놀음으로, 농부와 아프로-쿠바 남성들의 대위법적 담시"로 묘사한다.

탈식민주의 이론가 오르티스

요즈음 탈식민주의 비평이론, 인류학, 역사학 분야에서 새삼 페르난도 오르티스의 「담배와 설탕의 쿠바적 대위법」이 재조명을 받고 있다. 아마도 탈오리엔탈리즘적, 탈서구주의적 관심 때문일 것이다. 그는 에드워드 사이드가 「문화와 제국주의」(1993)에서 "대위법적 시각"을 말하기 46년 전에 이미 동일한 관점에서 쿠바의 물질문명사를 서술했다. 대위법은 '근대와 전근대', '주체와 타자', '중심과 주변', '지배와 종속'이라는 지배자 중심의 이분법을 해체하고자 한다.

시드니 민츠의 「설탕과 권력」(1985)도 뛰어난 인류학적 저술이다. 이 책은 세계체제론의 관점에 서서, 카리브 식민지의 플랜테이션 경제가 발전하는 과정과 중심부 영국에서 대중 소비재로 설탕이 등장하는 과정을 촘촘하게 엮어내고 있다. 민츠는 특히 플랜테이션의 설탕 생산 시스템 자체가 바로 영국 공장의 생산조직에 하나의 전범(典範)으로 기여했다고 지적한다. 고전적인 설명에 따르면 영국의 공장제도는 봉건제의 내부 분해, 전대제(轉貸制)의 매뉴팩처로의 전화를 거쳐서 발전한 것이라고 한다. 하지만 민츠는 영국의 산업발전은 공간적으로 분리되었지만, 명백히 역사적으로 연계된 식민지 지배과정과 결합되어 있다고 주장한다.

그러나 자신의 뛰어난 설명에도 불구하고, 민츠는 "식민지의 생산, 중심의 소비"라는 도식을 암묵적으로 받아들인다. 식민지의 타자(他者)는 유럽적 주체를 설명하는 형식에 포섭된다. 생산자의 세계는 노동과정을 제외하고는 거의 노출되지 않는다. 그들의 소비, 유통, 문화 생산과 변형은 소실점 뒤로 사라진다. 민츠의 서술은 여전히 유럽 중심주의 틀에 갇혀 있다.

오르티스는 1930년대의 기능주의 영미 인류학이 만들어낸 문화접변(文化接變, acculturation), 문화접촉(cultural contact)과 같이 일방적인 변화를 지칭하는 용어를 비판하고, 문화변용(文化變容, transculturation)이라는 말을 만들어낸다. 식민지를 매개로 한 문화적 만남은 상호 변형적 성격을 띠고 있다는 것이다. 그는 담배와 설탕이라는 상품생산을 통해서 쿠바 사회가 어떻게 형성되었는지 생생하게 보여준다. 반식민지 쿠바 사회는 더 이상 타자가 아니다.

그는 쿠바를 자아 준거의 중심에 놓고 설탕의 모든 측면을 분석한다. "1851년 미국 주재 쿠바 총영사는 다음과 같이 공식 서한을 보냈다. '쿠바는 비록 스페인으로부터 정치적 지배를 받고 있지만, 미국의 경제적 식민지이다.' 그 이후부터 미국의 설탕 소비가 쿠바의 왕이 되었다. 미국의 설탕 관세가 쿠바 헌법보다 쿠바 정치생활에 더 큰 영향을 미친다. 전 국토가 하나의 거대한 설탕 공장이다. 쿠바는 외국인 주주들이 통제하는 거대한 공장을 지칭하는 상징적 이름일 뿐이다." "미국에 수출하는 설탕에 대한 관세가 0.5센트만 차이가 나도 쿠바 전국이 비극과 호황 사이에서 춤을 춘다. 비극의 경우 국가예산에서부터 박봉까지 모두 잘리고, 심지어 거지에게 주는 동냥까지 줄어든다. 흥청망청할 때에도 그 혜택은 결코 전체 인민에게, 전체 국민에게 돌아가는 법이 없다."

한마디로 쿠바의 정치, 경제, 사회는 미국의 설탕 수입 쿼터와 관세가 좌지우지하는 "거대한 설탕 공장"의 드라마일 뿐이다. 따라서 미국이라는 "뱀 또아리"에서 벗어나지 못하면 결코 진정한 독립을 얻지 못한다. "쿠바는 식민경제를 말고 있는 뱀 또아리에서 해방되지 않으면 결코 독립국이 될 수 없다. 뱀은 쿠바 인민을 질식시키며 영양분을 취한다. 뱀은 공화국의 문장에 나와 있는 야자수 나무를 휘감아 그것을 양키 달러로 바꾸어버린다." 반식민지 종속국의 현실을 비판적으로 바라본 이 노대가는 카스트로의 혁명이 일어나자, 젊은이들의 농지개혁을 기꺼이 지지했다.

오르티스는 원래 형법학자였고, 기능주의 인류학에서 출발하여 쿠바 문화를 분석했지만, 이 저작에서 그것을 벗겨냈다. 이 책은 담배와 설탕의 상호 작용을 통해서 만들어진 쿠바 문화의 진수를 보여준다. 그는 낮은 문화가 우월한 문화에 적응한다는 지배자들의 문화접변 시각을 단연코 거부하고, 문화란 "주고받는" 과정이며 잡종화와 상호변용의 과정임을 보여준다. 에드워드 사이드가 서구 고전음악 세계에서 대위법적 시각을 끄집어내지만, 오르티스는 이미 오래 전에 아프로-쿠바 음악의 세계에서 그것을 엿보았던 것이다.

오르티스는 누구인가?

오르티스는 1881년에 태어나서 1969년에 사망한 쿠바의 대학자이자 활동가였다. 아바나 대학교에서 법학을 공부했고, 바르셀로나에서 박사학위를 받았으며, 형법학자로 학자의 길에 접어들었다. 하지만 그의 학문적 관심의 폭은 넓어 사회학, 고고학, 역사학, 문헌학, 인류학, 음악학, 민속학 등으로 뻗어갔다. 쿠바 문화에 아프리카적 요소가 끼친 기여를 체계적으로 연구했고, 그 결과 "쿠바 정체성을 가장 잘 규정한 사람"이라는 평가를 받았다. 1906년에 출판한 「아프로-쿠바적 지하세계 : 흑인들의 마술」(*Hampa afro-cubano : Los negros brujos*)에서 '아프로'(afro)를 사회학, 인류학 연구의 접두어로 도입했다. 문화의 상호 침투를 지칭하는 문화변용 개념은 기능주의 인류학자 말리노프스키의 극찬을 받기도 했다. 그가 연구했던 주제는 노예제에서 음악, 춤, 선교사에 이르기까지 다양하다.

33. 아이티 지우기

삭제된 역사

역사기술은 기록권력(archival power)이 움직이는 무대이다. 흑인노예들과 그 자손들이 스스로 족쇄를 풀고 공화국을 세웠던 아이티 혁명에 대한 연구는 구미에서 이상하리만치 소외되어왔다. 뛰어난 카리브 역사가인 미셸-롤프 트뤼로는 「침묵지키는 과거 : 권력과 역사 생산」(1995)에서 그 이유를 밝힌다. 그는 중심부의 역사 기술이 지배의 차원에서 어떻게 담론을 조직하고 불리한 담론을 삭제하는지를 아이티 혁명의 예로 들어 잘 보여준다.

"아프리카 노예와 그 자손들이 자유를 꿈꿀 수 없고, 더욱이 이 자유를 쟁취하고 보장할 전략을 세울 수 없다는 〔서구인들의〕 확신은 경험적 증거에 기초한 것이 아니다. 게다가 세계와 그곳에 사는 사람들을 암묵적으로 조직하는 존재론으로도 뒷받침되지 않는다. 그렇지만 이런 세계관은 동질적이지는 않지만, 구미의 백인들과 유색인 농장주들 사이에 폭넓게 공유되어왔다. 정도의 차이는 있지만 이들은 노예 플랜테이션에서 혁명적 봉기가 일어날 가능성, 나아가 봉기가 독립국가를 건설하는 데에까지 성공하리라고 생각할 수 없었다. 아이티 혁명은 독특한 특성을 지닌 채 세계사에 진입했지만, 막상 일어났을 때까지 구미인들은 도대체 감을 잡을 수 없었다."

"가능한 대안들 가운데에서 포착할 수 없는 것은 생각할 수 없게 된다. 질문이 제기되는 조건을 넘어서기 때문에 모든 대답이 왜곡된다. 이런 의미에서 아이티 혁명은 당대에 상상조차 할 수 없었다. 인종, 식민주의, 노예제의 찬성자와 반대자 모두가 공유한 준거틀 자체를 넘어섰기 때문이었다."

"백인 헤게모니는 자연적이고 주어진 것이며, 다른 대안들은 아직 상상할 수 없는 영역에 존재할 뿐이라는 세계관이 사실을 밀어낸 것이다."

그래서 아이티 혁명은 오랫동안 구미 역사학계에서 연구대상이 되지 못했다.

아이티 혁명, 흑인 최초의 독립혁명

프랑스 혁명의 인권선언에 영향을 받은 생 도밍그의 흑인과 물라토 지도자들은 자치를 위해서 봉기를 하고 1801년에 헌법을 작성한다. "이 땅에서 누구도 노예를 취할 수 없다. 모든 사람은 자유로운 프랑스인으로 태어나고, 살고 죽는다."(제2조 제3항) 흑인들은 공화주의 프랑스에서 완전히 이탈할 생각이 없었지만, 프랑스인들은 카리브 해의 영국인들에게 구원을 요청했다. 1802년 나폴레옹은 1789년 이전의 노예제 법령을 회복시켰다.

투생 루베르튀르, 장-자크 데살린, 크리스토프 페티옹과 같은 흑인 지도자는 민병대를 이끌고 아이티의 독립을 위해서 게릴라전을 벌인다. 프랑스인들을 완전히 물리친 다음 1804년 1월 1일 데살린은 생 도밍그가 독립국임을 선포하고 국호도 '아이티'(Haiti : '산이 많은 곳'이라는 뜻의 토속어)로 개칭한다. 아메리카에서 미국 독립(1776)을 뒤이은 쾌거였다. 이제 백인들은 토지를 소유할 수 없게 되었고; 농장주들은 그곳을 떠나야 했다. 아이티 혁명은 구미 백인들의 입장에서 보면 하나의 '악몽'이었다. 특히 아메리카의 농장주들은 아이티의 열병이 전염될

아이티 독립 영웅 투생 루베르튀르 장군.

까 전전긍긍했고 그 소식을 숨기려고 안간힘을 다했다. 그렇지만 프란시스코 미란다나 시몬 볼리바르 같은 중남미 해방영웅들은 아이티 혁명의 역사적 중요성을 깊이 깨달았고, 또 그곳의 도움을 받기도 했다.

최초의 흑인 독립공화국 아이티의 쾌거에도 불구하고, 흑인들의 역사를 남긴 기록물들에는 인종주의의 그림자가 짙게 드리워져 있다. 독일의 반고전주의(反古典主義) 작가 폰 클라이스트(1777-1811)의 「생도밍고 섬의 약혼」은 봉기한 흑인들의 배은망덕, 폭력 물신주의를 노골적으로 드러낸다. 무성영화의 걸작으로 평가받는 그리피스(1875-1948)의 "국가의 탄생"(1915)도 미국 남부 흑인들을 적나라한 인종주의 시각에서 그리고 있다.

인종주의적 기록물이 압도적임에도 불구하고, 이에 저항하는 대안적 기록도 적지 않다. 영화 "알제리 전투"로 유명한 질로 폰테코르보(1919-)의 "불탄 섬"(Queimada ; 영어로는 Burn!, 1970)은 흑인들의 반식민주의 정체성의 성장을 잘 보여준다. 시기와 배경은 다르지만 사실상 아이티 독립과정을 은유한다. 가르시아 마르케스(1928-)의 「사랑과 다른 악마」(1994)는 흑인 노예들이 일상생활 영역에서 벌이고 있는 '또 다른 정복'을 보여주며 유쾌한 뒤집기를 시도하고 있다.

계속되는 아이티 지우기

아이티가 독립한 이후에도 미국의 출판계나 할리우드는 계속 아이티를 백인들의 피를 빨아먹는 "좀비들*의 나라"로 묘사해왔다. 이런 관행은 비교적 최근작인 앨런 파커 감독의 "앤젤 하트"(1987)에서도 잘 드러난다. 파커 감독은 부두교를 흑마술이나 난잡한 섹스 파티와 연결시킨다. 다른 종교나 문화에 대한 섬세한 이해는커녕 왜곡을 일삼는 이런 관행은 어떻게 탄생한 것일까?

---

* zombie : 정령이나 초자연적인 힘이 유입되어 움직이는 죽은 시체.

아이티 혁명이 발발하자 미국 남부의 백인 노예주들은 이 열병이 퍼질까봐 전전긍긍했다. 자연스레 당시 유행하던 인종주의 이데올로기에 영향을 받은 작가들은 부두 신앙을 흑마술, 좀비, 미신, 식인풍습, 악마숭배와 연결시켰고, 이를 바탕으로 괴기소설이나 공포영화를 만들었다. 미국이 보기에는 아이티인들은 자치능력이 없고 미신에 빠진 미개한 흑인들이었다. 독립공화국은 그들에게 사치라고 생각했다. 1915년 미국 해병대는 이 흑인들에게 문명을 전파하기 위해서 아이티를 점령했고, 1934년까지 '백인의 의무'를 다하고자 노력한다. 점령군의 일원인 해병 소위 포스틴 워커스는 1,000만 부를 넘게 판 「라 고나브의 백인왕」(1931)이라는 책에서 "부두교는 곧 흑마술"이라는 등식을 전 세계로 전파한다. 과연 그럴까?

부두교, 민족 정체성의 뿌리

아이티 독립운동의 지도자들은 초기부터 다양한 출신과 언어, 서로 다른 농장에서 모병된 흑인노예들을 통합할 수단이 필요했다. 반투족이 다수이기는 했지만, 20개가 넘는 언어가 사용되고 있었다. 따라서 아프리카 정령(lwa) 신앙의 변형인 부두교만이 이들에게 하나의 공동체 의식을 심어줄 수 있었다. 흑인노예들에게 부두교는 정령, 인간 그리고 자연이 서로 의사소통하던 원초적 과거의 기억이었고, 현상(가톨릭 백인들의 노예제)을 타파하고자 하는 바람이 응결된 제의였다. 그것은 노예해방을 향한 단결의 상징이기도 했다. 흑인들은 부두 댄스, 노래, 북소리, 신화, 의례, 치료요법을 통해서 '뿌리 뽑힘'이 주는 정신적 상처를 치유할 수 있었고, 강력한 저항의식을 단련할 수 있었다.

독립혁명이 성공한 다음 초기의 국가 수반들은 부두교 사제인 운강들의 정치적 영향력을 차단하기 위해서 부두교를 억압했다. 흑인 엘리트들은 가톨릭을 국교로 해야 선진국들과 동등한 지위를 누릴 수 있다고 판단했기 때문이다. 이제 부두 신앙은 변두리 농촌으로 은밀하게 퍼지게 되었다.

1915년 미군이 진주하면서 아이티 토착문화가 위협을 받게 되자 장 프리스-마르스는 문화적 민족주의 운동을 시작한다. 그는 1927년에 「삼촌은 이렇게 말한다」에서 미국 문화의 압력에 맞서 민중문화와 농촌의 종교적 전승을 활성화해야 한다는 격문을 띄웠다. 많은 지식인들과 예술인들이 여기에 응답했고, 곧 부두 의례와 음악이 국민문화로 자리잡게 되었다. 오늘날 아이티의 부두 음악은 메렝(mereng) 음악과 더불어 세계음악에서 아이티의 대표적인 민속음악으로 자리잡고 있다. 렉바 정령을 아프리카로부터 불러내는 초혼곡(招魂曲)에 해당하는 음악은 점잖고 경쾌하다. 또 우리에게 유용한 약초와 독초를 구분하는 부두 노래는 그들에게 일종의 「동의보감」 격이다. 부두-재즈는 세계 재즈 인구의 사랑을 받고 있다. 부두교를 흑마술과 좀비의 종교로 그리는 것은 19세기 미국 남부 농장주들의 공포를 반영한 일그러진 잔상일 뿐이다. 부두교는 브라질의 칸돔블레, 쿠바의 산테리아와 같이 가톨릭과도 융합된 혼합 종교이고, 아이티 국민들의 귀중한 문화적 전승이다.

제5부

커피 : 미각자본주의의 빛과 그림자

34. 스타벅스와 마르코스

스타벅스, 미각자본주의의 총아

미각자본주의(味覺資本主義, taste capitalism) 계보사에서 스타벅스는 맥도날드를 잇는 유망주이다. 1971년 시애틀에서 시작된 이 회사는 2002년 4월 기준으로 24개 국에 5,000개가 넘는 가게를 거느리고 있다. 2001년도 매출은 30억 달러로 전년도 대비 31퍼센트의 증가율을 보였다. 2002년에도 20퍼센트 정도 성장했을 것이라고 한다. 1992년에 미국에 불과 165개의 가게를 거느리고 있던 이 회사가 국제적으로 급성장한 비결은 무엇일까?

좋은 커피콩을 엄선하여 잘 볶아서 중산층 소비자들의 기호에 맞춘 것이 첫번째 비결일 것이다. 마드리드의 스타벅스 점포는 기계에서 뽑아낸 '원 샷'(one shot : 에스프레소 커피 한 잔분)도 10초가 지나면 '맛이 바뀌기 때문에 버린다'고 할 정도로 맛에 집착한다. 또 자신들이 사용하는 커피는 세계 원두의 최상급 1퍼센트에 속한다고 주장한다. 어떤 점포는 "커피의 맛을 보호하기 위해서 담배 피는 것을 자제해줄 것"을 요청하는 글귀까지 붙여놓았다. 커피와 담배는 떼놓을 수 없는 오랜 친구인데도 말이다.

그러나 맛만 가지고 모든 것이 해결될 리가 없다. 국제적 마케팅에서 성공한 요소는 바로 코스모폴리타니즘이다. 국제화되어가는 중산층의 기호에 어필하는 실내장식, 음악, 패스트리 등이 어우러진 판매기법도 팽창과 매출 성장에 큰 몫을 한 것으로 알려져 있다. 스타벅스를 마시는 것은 커피 맛을 즐기는 행위이기도 하지만, 바로 그 상표를 마시는 행위이기도 하다. 당신이 스타벅스를 선택했다고? 아니다. 스타벅스가 당신을 선택했고, 당신의 욕망을 지정하고 있는 것이다. 스타벅스 커피는 어느새 라이프스타일로, 신분증명서로 둔갑했고, 당신은 그것을 구매하고 있는 것이다.

네덜란드의 네스카페도 여전히 경영성적이 우량한 커피 다국적기업이다. 하지만 사람들은 전통적인 커피를 만드는 스타벅스에 점차 몰리고 있다. 이미 영국, 사우디아라비아, 중국, 한국에서 재미를 본 이 기업은 2002년에는 커피의 전통적 명소에 해당하는 유럽으로 진출했다. 비엔나 커피로 유명한 오스트리아를 필두로 스위스, 스페인, 독일, 그리스에도 점포를 개설했다. 서울 사람들도 한 잔에 2,500원이 넘는 스타벅스 커피를 부담 없이 즐긴다.

공급과잉의 커피 시장

감미로운 미각의 세계와 달리 커피 생산의 세계는 고달프다. 오늘날 다국적기업들이나 유통업체들이 커피 농가로부터 커피콩 1킬로그램을 수매하는 가격은 불과 10센트에 불과하다. 공급과잉으로 생산량이 넘쳐흐르고 있기 때문이다. 2001년 뉴욕과 런던의 커피 선물시장에서 1킨탈(100파운드)의 가격이 60달러 밑으로 떨어졌다. 지난 몇 년 동안 평균 가격은 120달러 수준이었다. 2001년 멕시코에서도 커피 1킨탈 수매가격이 고작 350페소에 머물렀다. 하지만 생산자가 그 다음해 농사를 준비하려면 900페소가 필요하다. 커피 수매가가 생산비의 40퍼센트를 보전할 수도 없는 수준이었다. 커피 농가는 도대체 어찌하라는 말인가?

1킬로그램에 10센트의 원두가 도시의 매장에 나오면 8달러로 팔린다. 커피 수매가가 반으로 떨어졌다고 네스카페가 인스턴트 커피와 자판기 커피 값을 떨어뜨렸다는 소리를 들어본 적이 있었던가? 1킬로그램 커피콩으로 보통 90잔 정도의 커피가 나오니, 전통적 원두커피를 끓여서 파는 업체의 수익도 엄청날 것이다. 커피 시장에서는 시장의 법칙이 작동하지 않는다. 뉴욕 선물시장은 커피 농가에만 영향을 미칠 뿐, 소비자들이 구입하는 소매가격과는 아무 관계가 없다. '자유 시장'은 커피 농가에 관한 한, "데모(voice) 아니면 게릴라(exit)"를 택하도록 강요하는 독재자이다. 시장은 중간도매상이나 다국적기업에게만 '충성'(loyalty)을 바칠 뿐이다. 소비자는 자신이 총애를 받고 있다고 믿고 있지만, 실상은 전혀 그렇지 않다.

도대체 커피 값이 이렇게 떨어진 까닭은 무엇일까? 공급과잉이 가장 큰 원인이다. 지난 수십년간 커피 시장의 수급은 국제커피기구(ICO) 덕분에 상대적으로 안정화되어 있었다. 질 나쁜 커피의 유통은 저지되었고, 농가에는 적당한 수준의 소득이 보장되었다. 하지만 1980년대 말에 이르러 이 수급 조절 메커니즘은 '자유시장'의 이름으로 깨져버렸다. 신자유주의자들이 이런 조절기구를 죄악시하기 시작했던 것이다.

먼저 세계은행과 프랑스가 10년 전, 커피를 거의 생산하지 않던 베트남에게 생산을 권했다. 이들은 이 사회주의 국가의 시장경제 개혁에 도움이 될 수출부문으로 커피 산업을 추천했다. 달러 가격으로 터무니없이 싼 임금을 고려한다면 충분히 승산이 있는 게임이었다. 덕분에 오늘날 베트남은 브라질에 이어서 제2의 커피 수출국이 되었다. 이 나라는 2002년 1,400만 부대나 생산했다. 세계은행만 그랬던 것도 아니다. 유엔 기구의 각종 프로그램들도 커피 공급과잉을 부추겼다. 유엔 기구들은 선한 의도로 콜롬비아와 볼리비아의 코카 농가를 커피 농가로 전환시키려고 했다. 심지어 국제커피기구까지 앙골라에 자금을 지원하여 커피 산업을 확장시켰다.

그러나 그 결과는 '구성의 모순'(fallacy of composition)이었다. 극장에서 무대를 더 잘 보려고 한 사람이 일어나자 다른 사람들도 일어나기 시작해서 결국 아무도 제대로 볼 수 없게 되는 것과 같은 이치이다. 국제기구들의 단견이 농민들에게 고통만 가중시켜준 것이다. 그 덕분에 세계 커피 시장에는 매년 900만 부대 정도의 과잉 공급분이 생겼다. 2002년 현재 이미 수입국의 재고물량도 1,770만 부대나 누적되어 있다. 그러니 커피 수매가의 하락은 끝이 없다. 하지만 소비자가 누리는 소비자 잉여의 추가분은 전혀 없다. 수요공급 법칙도 가끔 고장이 나는 모양이다.

게릴라와 친숙한 커피

멕시코의 커피 생산지역인 치아파스나 오아하카는 게릴라가 출몰하는 지역이기도 하다. 커피 농사가 잘 되어 시장에 물건을 내놓아도 턱없이 낮은 수매가격 때문에 비료값이나 농기구 비용 대기도 힘들다. 앞에서 지적했듯이 커피 수매가격이 생산비용의 40퍼센트 정도밖에 보전할 수 없는데, 농민들이 할 수 있는 것이 무엇이겠는가?

농민들은 정부나 시장에서 흡수할 수 있는 수매량만 따고 나머지는 그냥 썩힌다. 한숨을 쉬는 커피 농가들은 군청사, 주청사에 모여서 대책을 요구한다. 재정이 빈곤한 주정부는 물론 1990년대 이래 긴축 기조의 재정을 운영하는 중앙정부도 커피 생산자들을 지원할 돈이 없다고 답한다. 백방 요로에 진정을 해도 통하지 않고, 집단행동을 하면 경찰이 무력으로 진압한다. 결국 농민들은 게릴라 세력이 되거나 아니면 그들을 지원하는 불만세력으로 자리를 잡는다.

멕시코에서 커피 생산 농가의 지도는 곧바로 "폭력의 지도"이기도 하다. 커피 농가들은 베라크루스, 게레로, 치아파스, 오아하카, 산 루이스 포토시의 주청사를 점거하고, 국도를 점거하고 소요를 벌인다. 이곳의 커피 농가들은 비탄, 분노, 불안으로 가득 차 있다. 이들은 합법적인 방식으로 자신의 요구사항을 정부에 제시하지만, 돈이 없는 정부는 보상금을 쥐꼬리만큼 내고는 슬그머니 물러선다. 때때로 지주들이 지원하는 우익 자경단들이 나타나서 이들을 유린한다. 할 수 없이 농민들은 게릴라가 되거나 이들을 심정적으로 지원하게 된다. 마르코스의 사파티스타 민족해방군은 바로 알토 치아파스의 커피 재배 지대와 인연이 깊다. 적어도 치아파스 반군의 사례를 보면, 게릴라란 누가 만드는 것이 아니다. 그것은 그냥 만들어진다.

17-18세기 남미에서 커피는 주로 노예노동력으로 재배되었다. 하지만 19세기에 노예해방령이 내린 다음부터는 소농과 자유계약 노동자들의 노동력으로 바뀌었다. 산골의 나지막한 언덕배기에서 잘 자라는 커피나무는 호경기 때 소농들에게 적지 않은 기쁨을 안겨주었다. 가난한 남유럽의 농촌 사람들은 브라질로, 콜롬비아로 이민을 왔고 열심히 커피를 재배했다. 하지만 항상 등락을 거듭하는 사이클에 따라서 농민들과 노동자들은 고달픈 삶을 살아야 했다.

양질의 커피 원두로 유명한 콜롬비아에서 발생한 라 비올렌시아(La Violencia)는 1946-66년 사이에 20만 명의 생명을 앗아간 내전사태를 일컫는다. 폭력사태는 커피 생산의 중심지에서 집중적으로 발생했다. 커피를 생산하는 소농들 사이에서 만인 대 만인의 홉스적인 경쟁상황이 폭력의 제로섬 게임으로 발전했던 것이다. 커피는 소비자에게는 미각과 즐거움을 제공하지만, 생산자들에게는 항상 빈곤과 폭력의 어두운 그림자를 드리운다.

35. 커피, 천의 얼굴

이슬람 음료

커피는 대체 어디에서 유래했을까? 콜롬비아, 브라질, 자바? 모두 아니다. 에티오피아가 아라비아 커피의 원산지이다. 이슬람 교도들은 대천사 가브리엘이 예언자 무하마드의 쇠퇴해진 기를 북돋아주기 위해서 커피를 내려주었다고 말한다. 하지만 아무도 본 사람이 없으니 믿거나 말거나 자유이다. 기원에 관한 가장 흔한 이야기는 염소 이야기이다. 예멘의 산등성이를 돌아다니던 염소가 처음 커피 열매를 먹고는 흥분했고, 이를 이상히 여긴 이슬람 수도원 사람들이 그 열매로 음료를 개발했다는 이야기이다. 모카 커피의 원조가 예멘의 모카이니, 이는 어느 정도 신빙성이 있다고 볼 수 있다.

확실한 것은 1000년경 부카라에 살았던 아랍의 저명한 철학자이자 의사였던 아비세나가 커피를 접했다는 기록이 남아 있다는 것이다. 신비주의자들인 수피들은 커피의 카페인 성분이 신을 명상하는 데에 도움이 된다는 점을 발견했다. 수마(睡魔)를 몰아내는 데에 탁월한 효과가 있었던 것이다. 차가 선불교의 승려들이 즐겨 들었던 음료라면, 커피는 이슬람의 수피들의 음료였다. 커피는 15세기부터 예멘의 모카에서 본격적으로 재배되었고 음료로 개발되었다.

'수피의 음료'로 시작된 커피의 여정은 곧 중동사회의 카페로 이어진다. 성과 속이 분리되지 않은 이슬람 세계에서 음료를 마시며 담소를 즐기는 커피하우스는 무슬림들에게 예외적으로 허용된 세속적인 공론장(公論場)이기도 했다. 그런데 보수적인 율법학자들이 이에 반발했다. 중독성이 짙은 이 음료가 성스러운 신앙생활에 장애가 된다고 믿었기 때문이었다. 이들은 메카에서 커피 자루를 모아서 불태웠다. 그리고 오스만 튀르크 제국의 총리대신도 커피하우스를 폐쇄시켰다. 정부를 비난하고 각종 음모와 유언비어를 생산하는 반란의 중심지가 되었기 때문이었다. 이스탄불, 카이로, 다마스쿠스, 알제 모든 곳이 그랬다. 여러 차례 시행된 금지령에도 불구하고 커피에 중독된 무슬림의 숫자는 늘어만 갔다. 16세기에 이미 커피는 '이슬람의 음료'로 자리를 잡았던 것이다. 메카를 방문한 인도와 자바의 무슬림들도 귀국선물로 커피콩을 들고 갔다. 알제리의 민족주의 시인 아브델 카데르(1807-1883)는 이슬람 음료인 커피에 대한 송가를 이렇게 남겼다.

오 커피여, 너 슬픔의 희석자여,
너는 충실한 이들의 음료,
노동하는 이들에게 건강을 주고,
선한 이가 진실을 발견토록 하네.
오 커피여, 너는 우리의 황금!
네가 제공되는 곳에서,
인간은 선해지고 현명해진다.
알라가 너의 중상자들을 굴복시키고
그들의 책략에서 너를 구하시길.

크리스천 음료

17세기 커피콩이 걸었던 레반트 무역로는 길고 험했다. 1696년의 파리 주간지 「메르퀴르 갈랑」은 이렇게 기록한다. "커피는 메카의 이웃 지방(모카/역자 주)에서 수확되어 제다로 운반된다. 거기에서 선적되어

모카 커피 수입상의 선전 포스터.

수에즈로 운송되었다가, 낙타 등에 실려 알렉산드리아로 옮겨진다. 그러면 알렉산드리아에 있는 이집트 상인 소유의 창고에서 프랑스와 베네치아 상인들이 자국의 소비자들에게 제공할 커피콩을 구매하게 된다.” 커피는 모카에서 제다로, 제다에서 수에즈로, 수에즈에서 알렉산드리아로 옮겨졌고, 여기에서 다시 유럽으로, 이스탄불로 이동했다. 하지만 모카의 커피나무는 반출이 금지되었고, 커피 무역조차도 엄격하게 통제되었다.

베네치아 상인들이 커피부대를 가지고 귀국했던 것은 1615년이었다. 커피가 서방세계에 선을 보인 것이었다. 에스프레소, 카푸치노와 같은 커피 음료의 이름이 이탈리아 말인 까닭은 베네치아가 레반트 무역의 지중해 종점이었기 때문이리라. 오스만 튀르크의 군주도 유럽 각국에 대사들을 파견할 때 커피를 선물로 가지고 가게 했다. 곧 태양왕 루이 14세의 궁정에서도 이 시커먼 음료가 유행하기 시작했다. 1683년 오스만 제국은 비엔나(빈)를 잠깐 점령했지만, 완전히 장악하는 데에는 실패했다. 오스트리아 군에 밀렸고, 가지고 갔던 커피 500부대를 남겨두고 퇴각할 수밖에 없었다. 일찍이 오스만 튀르크 사람들로부터 모카커피를 끓이는 방법을 배운 바 있던 폴란드인 콜쉬츠키는 선물로 받은 몇 부대 몇 개를 밑천으로 비엔나에서 커피하우스를 냈다. 아이스크림을 얹은 ‘비엔나 커피’는 이렇게 탄생한 것이다.

‘이슬람 음료’가 ‘크리스천 음료’로 변신하는 데에는 퇴마(退魔)의식이 필요했다. 커피가 로마에 들어왔을 때 클레멘트 8세는 이렇게 말했다. “너무 달콤한 이 사탄의 음료를 이단세력(무슬림/역자 주)만 마시게 하기에는 너무 가슴이 아프다. 악마를 쫓아내고 영세식을 거행함으로써 이 음료를 크리스천의 강장제로 만들어야만 할 것이다.” 1600년 로마 교황청은 커피를 ‘크리스천 음료’로 공인했다.

비즈니스 음료, 정치적 음료

카페는 곧 유럽 세계에 재빨리 퍼졌다. 런던, 파리, 암스테르담, 베를린 모든 곳에 커피하우스가 번창했다. 성장하고 있던 부르주아들은 커피하우스에서 새로운 미래를 설계했다. 부르주아들은 커피를 마시면서 비즈니스 기회를 엿보았고, 새롭게 열리고 있는 해외시장에 대한 정보를 얻었다. 1692년 로이드가 경영했던 카페 로이즈에서 로이즈 보험회사(Lloyd's)가 탄생했다. 이들은 가끔 국왕이 부과하는 높은 세금에 분통을 터뜨리며 체제비판에 가담하기도 했다. 런던의 금융가 시티(the City)의 증권거래소에서는 요즘도 문서 수발꾼을 '웨이터'(waiter)라고 부른다. 커피하우스 시대의 흔적이 남아 있는 셈이다.

낡은 사회를 무너뜨리려는 계몽주의의 세례를 받은 혁명가들도 살롱이나 카페에서 열띤 토론을 벌였다. 몽테스키외, 볼테르, 디드로, 루소와 같은 18세기 계몽의 사도들에게 커피는 각성의 음료였고, 토론의 윤활유였다. 커피는 이제 성장하는 부르주아지의 공론장의 윤활유가 되었다. 카미유 드물랭은 카페 드 푸아에서 바스티유 감옥 습격 계획을 짰다. 카페는 드디어 산악당의 자코뱅들이 음모를 꾸미는 정치적 토론장이 되었고, 커피는 '혁명 음료' 내지 '민주 음료'로 변신했다. 마라, 당통, 로베스피에르는 카페에 모여서 혁명에 나섰던 것이다.

카페는 발자크의 말대로 '민중의 의회'가 되었다. 카페는 신분을 떠나서 누구에게나 개방되었고, 마음대로 의사를 표현할 수 있는 곳이었다. 사람들은 카페에서 정치화되었고 자신의 의견을 표출했다. 나폴레옹 지지자들은 왕정주의자들에게 맞서 말의 전쟁을 벌였고 지나치면 난투극까지 갔다. 드레퓌스 사건 때는 반유대주의자들이 카페에 모여 "유대인에게 죽음을", "프랑스 군 만세"를 외쳤다. 하지만 그때 에밀 졸라는 카페 뒤랑에서 드레퓌스 대위를 옹호하며 열변을 토했다. 그는 이 카페의 한 구석에서 프랑스 지성사와 정치사를 가른 기념비적 저작 「나는 고발한다」를 썼다. 이제 커피는 너무나 정치적인 음료가 되었다.

테일러주의 음료

19세기에 들어와 '자본의 시대'가 되자 커피는 산업혁명의 역군으로 또 변신한다. 기계 리듬이 지배하는 산업혁명이 시작되자 자본은 항상 깨어 있는 노동자들을 원했다. 수피들의 수마가 아니라 노동자들의 수마와 겨루는 힘겨운 전투에 커피가 동원되었다. 커피는 또한 실제 전쟁에도 동원되었다. 나폴레옹은 커피가 군인들의 사기에 커다란 영향을 미친다는 사실을 알고 있었다. 식량이 부족할 때 기아의 고통을 완화시키는 데에 도움이 되었고, 곧 '군인의 음료'가 되기도 했다.

근대적 공장체제가 성립하자 커피는 대중적인 상품이 되었다. 커피에 대한 관세가 사라지고 가격도 하락하자, 외부로부터의 공급도 크게 늘어났기 때문이다. 자바에서, 서인도 제도에서, 브라질을 위시한 중남미에서 커피가 대량으로 공급되었다. 커피 값은 7년 주기로 춤을 추었고, 등락에 따라서 커피 원산지에서는 재배농가의 희비가 엇갈렸다. 암스테르담과 런던은 커피 선물 시장의 중추로 자리잡았다.

20세기에 들어와 공장체제의 진정한 혁명이라고 부를 수 있는 테일러주의(Taylorism)가 도입되자 커피는 '테일러주의 음료'로 둔갑했다. 자명종 소리에 피곤한 몸을 일으킨 노동자는 따끈한 커피와 빵 한 조각을 먹고는 공장으로 달려갔다. 미국에서 커피는 곧 노동자 대중의 음료로 자리잡았고, 곧 자명종 시계가 되었다. 테일러는 시간연구와 동작연구를 통해서 흐름 생산조직을 디자인했고, 커피는 노동자들의 육체가 이 흐름의 체계에 완벽하게 순응하게끔 만들었다. 커피는 더 이상 명상의 음료나 정치적 음료가 아니었다. 그것은 기계의 리듬에 인간 근육의 움직임을 조율하는 윤활유가 되었다. 카페 대신에 카페테리아가 등장했고, 커피 브레이크가 커피 소사이어티의 자리를 메웠다.

36. 커피와 초콜릿의 음악사회학, 바흐와 모차르트

바흐의 "커피 칸타타"

아, 달콤한 커피 맛이여,
천번의 키스보다 더욱 감미롭고,
무스캇 와인보다 더욱 부드럽구나.

커피에 중독된 한 부르주아 가정의 처녀 리스겐(바흐의 딸 이름과 같다)은 행복에 겨워 어쩔 줄을 모른다. 그러나 엄격한 부친 슐렌드리안은 커피를 계속 마시면 금족령을 내리고 시집도 보내지 않겠다고 협박한다. 처녀는 고뇌에 빠진다. 혀 끝에 굴복할 것인가 아니면 결혼을 포기할 것인가? 재기발랄한 처녀는 기지를 발휘한다. 일단 커피를 끊고 결혼을 하겠다고 아버지에게 맹세한다. 그녀는 남편감을 고르러 나간 아버지 몰래 동네에 소문을 퍼뜨린다. 자신이 남자의 청혼을 받아들이는 조건은 혼인계약서에 "원할 때는 언제든 커피를 마실 수 있게 허용한다"는 문장이 들어가야 한다고.

독실한 루터파 신도였던 바흐는 "커피 칸타타"에서 당대의 중산층 여성들 사이에 유행한 커피 음용 습관을 코믹하게 다룬다. 그는 여성 커피 마니아들에게 바칠 칸타타의 리브레토(가사)를 피칸더에게 부탁했고 만족스런 대사를 얻었다. 칸타타의 대미는 이렇게 끝난다.

고양이가 계속 생쥐를 잡듯이,
처녀들도 계속 커피를 마시리라.
어머니도 커피를 좋아하고,
할머니도 마시고 있는데,
누가 감히 딸들을 욕할 수 있으랴?

1734년 여름 라이프치히에서 바흐는 이 곡을 짐머만의 커피하우스에서 악단을 이끌고 직접 지휘했다고 한다. 맥주를 너무 좋아해서 몸이 뚱뚱했던 바흐와 달리, 집안 여성들은 커피를 즐겼던 모양이다. 그가 쓴 세속 칸타타 가운데 개인적인 경험이 삽입된 유일한 작품일 것이다.

중산층 여성의 음료

그렇다고 당시 독일 전역에서 커피 음용 습관이 광범하게 퍼진 것 같지는 않다. 라이프치히나 함부르크와 같은 큰 도시가 먼저 커피를 받아들였지만, 다른 도시들은 이보다 훨씬 뒤졌기 때문이다. 7년 전쟁(1756-63)이 끝난 뒤에 계몽군주 프리드리히 대왕은 폐허가 된 경제를 부흥시키고자 안간힘을 다했다. 그는 결국 큰 성공을 거두었다. 하지만 커피 부문에 관한 한 그렇지 못했다. 커피 수요가 늘어나자 매년 네덜란드로 40만 탈러의 돈이 빠져나갔다. 이를 막기 위해서 대왕은 커피에 고율의 세금을 부과했다. 말하자면 특별소비세로 커피 1파운드당 은화 8그로셴을 부과하여, 커피 소비량을 줄이겠다고 생각했던 것이다. 하지만 이 조치는 국경 도처에서 밀수꾼들을 양산시켰을 뿐이다.

이 정책이 효과가 없자 이번에는 볶은 커피콩만 시중에서 판매할 수 있다는 조치를 내렸다. 민간인들이 커피콩을 볶으면 기름과 향냄새가 쉽게 노출될 것이고 쉽게 적발할 수 있으리라는 판단이었다. 아울러 7년 전쟁의 귀환병들에게 불법 커피에 대한 단속을 맡기면 훌륭한 복지대책도 된다고 생각했다. 이것도 여전히 먹혀들지 않았다. 정책을 집행하는 데에 드는 비용이 조세수입을 앞질렀기 때문이었다. 커피를 마시고자 하는 대중의 욕망은 억제되지 않았다. 시민들의 욕망이 도처에서 중상주의를 굴복시키고 있었다. 19세기에 들어가면 커피 소비량이 독일 전역에서 크게 증가하게 되었다. 1841년 함부르크에 3만6,000톤의 커피가 수입되었다. 당시 독일에서 커피는 차보다 45배나 많이 소비되었다. 하지만 정작 베를린 같은 대도시에서도 커피하우스는 희귀했다. 그럼 누가 커피를 소비했다는 말인가?

바흐가 묘사했듯이, 아니 예언했듯이 커피는 독일에서 중산층 여성들의 음료로 자리를 잡았다. 독일에서 커피는 혁명이나 민주주의 같은 심각한 언어들을 멀리했고, 사적인 공간에서 가십과 수다를 친구로 사귀었다. 지성을 일깨우는, 쓴 '계몽의 음료' 커피와는 거리가 멀었다. 중산층 여성들은 달콤한 설탕물에 가까운 순한 맛의 커피를 하루에 열 잔 이상이나 들었다. 하지만 독일 남성들은 커피를 조롱했고, 커피콩을 가는 일은 여성들이나 즐기는 것이라고 비아냥거렸다. 대신 그들은 하루의 일과를 끝낸 다음 비어하우스에서 피로를 풀었고, 친구들과 세상 돌아가는 이야기나 담소를 즐겼다. 비어하우스는 독일 남성들의 '퍼블릭 하우스'였고, 가정은 여성들이 즐기는 내밀한 카페였다.

반항아 모차르트

대륙에서 커피는 북부 프로테스탄트 중산층의 음료였다. 그리고 앞에서 설명한 대로 독일에서는 특히 여성들의 음료였다. 하지만 유럽의 귀족들이나 가톨릭 성직자들은 초콜릿 음료를 즐겨 마셨다. 부르주아 실업가는 커피를 마시며 잠기운을 쫓은 반면, 귀족들과 귀부인들은 하인들이 애써 마련한 초콜릿을 느긋하게 들이키며 우아한 아침 식사를 즐겼던 것이다. 커피가 프로테스탄트와 계몽주의 철학자들의 음료였다면, 초콜릿은 가톨릭과 보수 왕당파의 음료였던 것이다.

바흐보다 훨씬 더 세속적이며 풍자적이었던 모차르트는 오페라에서 커피와 초콜릿을 자주 등장시킨다. "여자는 다 그래"(코시 판 투테)(1790)는 아예 커피하우스에서 이야기가 시작된다. "돈 조반니"("돈 환")에서는 커피, 초콜릿, 셔벗 아이스크림, 설탕절임 과자가 풍성하게 나오는 연회장면이 묘사된다. 이 불세출의 바람둥이 돈환이 연 무도회에서 보여주듯이 먼저 단 것과 커피, 초콜릿으로 사람들을 감동시킨다. 그리고는 위험하게도 "자유〔연애〕 만세!"(Viva la libertá!)를 선창한다. 18세기 후반에 달콤한 무도회와 애정행각에는 항상 커피, 초콜릿, 설탕절임 과자가 동반자로 등장했다.

당대 귀족사회와 코드가 맞지 않아서 그만큼 괴로운 인생을 살아야 했던 천재 모차르트는 이런 귀족들의 음식문화를 맹목적으로 추종한 것 같지는 않다. 그는 귀족들의 음료, 가톨릭 고위 사제들의 음료 초콜릿에 대해서 평민의 시각에서 조명한다. "여자는 다 그래"에서 하녀 데스피나는 귀부인들의 초콜릿 음용 습관을 은근히 비꼰다.

> 아이구 지겨운 하녀의 일생이라니!
> 아침부터 밤까지 녹초가 될 정도로 일하지만
> 내겐 남는 게 아무 것도 없어.
> 반 시간 동안 초콜릿을 갈고 준비했는데도,
> 마른 입술로 고작 냄새나 맡아야 하다니.
> 아니, 내 입은 당신네들 입과 다릅니까? 우아하기 그지없는 주인마님들,
> 당신네들은 알짜배기를 즐기고, 난 냄새나 맡아야 합니까?
> 제기랄, 나도 맛 좀 봐야지. 아! 정말 맛있군!

모차르트는 하녀의 눈을 통해서 귀족들의 초콜릿 음용 습관을 곁눈질한다. 하지만 그가 작곡한 음악에 대해서 돈을 지불할 사람들은 귀족이나 귀부인들이었다. 그럼에도 모차르트는 신경을 쓰지 않고 귀족들을 맘껏 작품에서 비판했고 조롱했다. "피가로의 결혼", "돈 조반니"

는 그런 맥락에서 탄생한 것이다.

잘츠부르크 대주교의 궁정에서 오르간 연주자로 일했던 모차르트는 자신의 고용주였던 대주교와 한바탕 싸우고 뛰쳐나왔다. 당시 음악가란 시종의 일까지 겸해야 하는 중하급 직종에 불과했다. 그는 천재에 걸맞는 대우와 자유로운 창작활동을 요구했지만, 번번이 거절당했다. 하지만 '자유예술가'로 살고 싶은 욕망을 포기하지 않았고, 결국 궁정을 뛰쳐나왔던 것이다. 가출 음악가는 예상과 달리 갈 데가 없었다. 독일의 부르주아지는 허약했고, 모차르트에게 걸맞은 크기의 시장은 아직 생기지 않았다. 음악가는 여전히 귀족들이 지불하는 급료에 의존했고, 그 대가로 자신의 재능을 우아한 귀족계급의 신사숙녀들의 취향에 희생해야만 했다. 이를 거부한 그는 "돈 조반니", "피가로의 결혼", "코시 판 투테", "마술피리" 등과 같이 후기의 걸작 오페라들을 남겼고, 과로한 나머지 일찍 죽었다. 시대와 엇갈린 그의 희생 때문에 우리는 그의 뛰어난 작품들을 감상한다. 그는 프랑스 계몽주의에서 루소가 담당한 역할을 음악, 특히 오페라에서 해냈다. 형식을 바꾸었고, 내용도 바꾸었던 것이다. 좌우지간 좋은 것들은 누군가 그만큼 대가를 치른 것이다.

37. 막스 하벨라르, 커피 공정무역의 상징

공정무역

현대의 선진국 소비자들은 공정무역(fair trade)에 대한 관심이 크다. 막스 하벨라르 협회는 점차 열악해지고 있는 제3세계 농민들의 경제적, 생태환경적 조건을 개선하고 중간 도매상과 다국적기업의 착취를 막기 위해서 생산자–소비자 직거래 방식을 개발하여 선풍적인 인기를 끌고 있다.[1] 2003년 현재 이 운동도 13년의 역사를 맞이한다. 현재 국제무역량 전체에서 차지하는 비중이 크지는 않지만, 향후 농산물 분야에서 큰 변화를 가져올 수 있는 잠재력은 있다. 막스 하벨라르 프랑스 협회 지부장 빅토르 페레이라는 공정무역의 기원을 다음과 같이 밝힌다.

"1986년 멕시코의 치아파스 주 동부의 커피 소생산자들이 유럽 시민단체들에게 서한을 발송했다. 그들의 용건은 이렇다. 자동차를 사거나 학교를 짓기 위해서 매년 기부금을 받는 것만으로는 도저히 문제가 해결되지 않는다. 정말 우리를 도우려면 우리가 생산하고 있는 커피를 정당한 가격으로 사주는 것이 더 좋다."

네덜란드 시민사회 단체들이 이 요청에 답했고, 1988년에 막스 하벨라르 협회가 창설되었다. 이와 더불어 '공정무역' 인증도장도 탄생했

1) 프랑스 지부의 인터넷 사이트는 www.maxhavelaarfrance.org이고, 미국 지부의 그것은 www.transfairusa.org이다.

다. 이 협회는 제3세계의 생산자와 선진국의 수입업자, 가공업자, 물류센터를 연결해줄 뿐 결코 상품화나 유통에 개입하지는 않는다. 반면 제3세계의 소농들이 농업을 하는 데에 필요한 금융이나 협동조합을 조직하는 데에 도움을 주고, 환경 친화적인 영농(유기농)과 선진국의 농산물 기준에 부합하도록 기술적으로 도움을 준다. 대신 협회는 중간 도매상이나 국제시장 가격보다는 높은 가격으로 최소한 구입가격을 보장하여 농민들의 지속적인 영농활동이 가능하도록 돕는다. 때에 따라서는 추수 이전에 선불금융으로 구매가의 60퍼센트까지 지급하기도 한다.

2002년 기준으로 유럽을 필두로 선진국의 3만5,000개 슈퍼마켓에서 130개 브랜드의 상품이 바로 공정무역의 정신 아래 거래되고 있다. 중심 품목인 커피의 경우 아프리카와 라틴아메리카(주로 중미와 멕시코 : 멕시코는 지리학에서는 북미로 분류한다)의 40개 국가의 소농 70만 가구가 혜택을 보고 있다. 최근에는 공정무역이 카카오, 차, 설탕, 오렌지주스, 바나나, 꿀 등으로 확산되고 있다고 한다. 아직 공정무역의 물량은 전체 무역고에 비추면 미미한 수준이지만, 농산물의 경우 선진국 시민단체의 협조로 그 범위가 점차 확산되어가고 있다.

공정무역 관행은 여러 가지 측면에서 의의가 크다. 첫째, 과거 1차산품의 가격지지 정책이 선진국들의 비협조로 성과를 거두지 못한 것과 달리 아래로부터의 연대와 결합하여 훌륭한 성과를 거두고 있다. 둘째, 생산자는 중간 도매상의 횡포에서 벗어나 생산물에 대한 정당한 가격을 받을 수 있다. 셋째, 소비자는 인증제를 이용하여 양질의 생산물을 적당한 가격에 살 수 있다. 넷째, 환경 친화적인 영농으로 농민들은 지속 가능한 개발을 꿈꿀 수 있다.

멀타툴리, 네덜란드의 양심

커피의 공정무역을 상징하는 막스 하뷜라르는 도대체 누구인가? 그는 1860년 네덜란드 작가 에두아르트 다우어스 데커르(1820-1887)가 쓴 소설의 주인공이다. 이 작품은 인도네시아 자바('자바 커피'로 유명하다)에 사는 3,000만 명의 자바인들을 착취하는 가혹한 무역 시스템을 최초로 공격했던 반식민주의(反植民主義) 소설이었다. 막스 하뷜라르는 이 작품에서 커피 농장에서 착취를 당하는 원주민들을 옹호하는 로빈 후드로 등장한다.

'멀타툴리'(Mulfatuli)라는 예명으로 잘 알려진 다우어스 데커르는 의회주의자가 아니라 왕정을 옹호한 보수주의자였다. 네덜란드에는 이미 80년 전쟁 시기(1567-1648)에도 의회(자치의결기구)의 역할이 두드러졌다. 하지만 그는 의회민주주의보다는 왕정을 더욱 신뢰했다. 그는 중세적 기사도 정신이나 "자연으로 돌아가라"는 루소의 '선량한 야만' 이론에 흠뻑 취했다. 그와 가장 가까운 인물은 아마도 세르반테스의 돈키호테였을 것이다. 그는 결코 식민주의를 근저에서 부정한 철저한 반식민주의자도, 계급평등을 주장하는 사회주의자도 아니었다. 사회주의자들이 그에게 환호했을 때 "나는 사회주의자가 아니다"라고 그는 말했다. 네덜란드가 자바에서 자행하는 원주민 착취와 부패한 식민행정의 관행을 날카롭게 비판한 그는 자바인들에게도 내국인 대우를 해주어야 한다는 내외일치주의자였다.

인도네시아는 당시 커피, 담배, 차, 설탕을 생산하는 네덜란드의 식민지였다. 그는 엄격한 캘빈파의 나라 네덜란드의 이중적인 기준에 분노했다. 그는 식민지의 노동자와 민중이 사는 모습을 소박한 필치로 묘사하며, 제국 네덜란드가 애써 숨기고자 했던 현실과 문제들을 수면 위로 끌어올렸다. 그는 정치적으로 보수주의자였지만, 다른 한편으로는 진보주의자이기도 했다. 그는 근엄한 캘빈주의 언어와 괴리된 식민주의 관행과 부패에 분노했고, 말과 현실을 일치시키고자 노력했다. 말이 종교적 아우라 속에서 허덕이고 있을 때, 그는 그 말들을 현실 가운데로 조용히 불러냈다. 소설 속의 화자는 한 목사의 설교를 회상하면서, 네덜란드 캘빈 교도들의 이중성을 이렇게 고발한다.

캘빈 교도의 이중성

“보십시오. 네덜란드에는 부가 넘쳐나지 않습니까? 그것은 신앙심 덕분입니다. 프랑스에는 살인과 흉흉한 죽음이 연상 판을 치고 있지 않습니까? 그것은 그들이 가톨릭교도들이기 때문입니다. 자바인들은 궁핍하지 않습니까? 그들은 이교도들이기 때문입니다. 네덜란드인들이 자바인들과 관계를 맺은 연륜이 쌓이면 쌓일수록 한층 많은 부를 이곳에 가져다줄 것이며, 동시에 한층 많은 빈곤을 그곳에 가져다줄 것입니다. 그게 하늘이 정하신 신의 뜻입니다……

“얼마 전 발표된 바에 의하면, 이교도들에 의해서 공급된 생산품 판매에서 나온 순이익금만 해도 다시 3,000만(길더)에 상당한다고 했으며, 그 속에는 나를 위시하여 그로 인해서 생계를 유지하고 있는 다른 수많은 사업가들이 번 수입은 포함하지 않는데도 그 정도입니다.

“이것은 마치 하느님께서 지금 ‘여기 너희들 신앙심에 대한 보상으로 3,000만(길더)을 받거라!’라고 말씀하시는 것 같지 않습니까? 정의로운 자들을 길이 보전하실 목적으로 사악한 자들에게 노동을 하도록 지시하시는 하느님의 손길이 자명하지 않습니까? 이것은 정도(正道)를 계속 밟으라는 계시가 아니겠습니까?”

19세기 네덜란드 문학은 종교적 색채가 강했다. 멀타툴리는 자국민들이 입 밖에 내기를 꺼려하는 문제를 수면 위로 올렸고, 냉소적인 언어로 외쳤다. “자바와 인도네시아에서 우리가 한 짓을 보라! 가난한 자들과 노동자들을 어떻게 다루고 있는지 한번 보란 말이다!”

멀타툴리는 학생 시절에 라틴어와 프랑스어에 뛰어났다. 하지만 그는 대입 예비학교를 마칠 생각이 전혀 없었다. 그는 일자리를 찾아 네덜란드의 식민지였던 인도네시아에 왔다. 선장이었던 부친과 함께 자바와 바타비아(자카르타)를 여행했고, 여기에서 사무직원으로 근무하기도 했다. 한참 뒤에 수마트라에 정착했고, 1856년에는 르박의 부지사가 되어 일했다. 행정관리로서 그의 실적은 좋지 않았다. 그는 현지의 지방 군수가 주민들의 물소를 강탈하는 만행을 제지하고자 노력했지만, 네덜란드인 지사와 총독은 군수를 비호했고, 오히려 멀타툴리를 야단쳤다. 그는 사직했고, 15년 머물렀던 인도네시아를 떠나서 네덜란드로 귀향했다.

이때의 경험을 되새겨 브뤼셀의 한 여관방에서 체험적 소설 「막스 하뷜라르」를 썼다. 이 작품은 네덜란드 문학과 정치에 하나의 분수령이 되었다. 후속 세대의 작가와 정치가들은 이 작품을 읽고서 자신들의 이중성을 반성하게 되었다. 종교적이었던 19세기 문학은 멀타툴리가 없었더라면, 여전히 캘빈주의 틀 속에서 갇혀 있었을 것이다. 은총, 겸양, 노동, 저축 등과 같은 종교적 언어의 감옥 말이다. 신을 믿지 않았던 멀타툴리는 목사의 장례예배가 없이는 매장될 수 없는 나라에서 기꺼이 화장을 택한 최초의 네덜란드인이기도 했다. 이 모랄리스트는 「암흑의 핵심」의 작가 조셉 콘래드에게 직접 영향을 주기도 했다.

제6부

옥수수 : 시간과 공간의 정복자

38. 옥수수 문명의 기원

칼 소어의 식량지도

40여 년 전에 칼 소어라는 인문지리학자가 콜럼버스 이전의 아메리카 식량지도(食糧地圖)를 작성한 바가 있다. 그는 아메리카 대륙의 식량 소비를 알갱이 곡류 지대와 싹눈 식물 지대로 나누었다. 후속 연구자들이 이를 부분적으로 수정했지만, 그의 구분법은 500여 년 전의 식량생산, 영농기술, 성별 노동분업의 특성을 이해하는 데에 여전히 유용하다. 그는 플로리다 해협과 멕시코 만을 거쳐서 온두라스에 이르는 지대는 옥수수를, 남미의 안데스 산맥 지대는 감자를, 남미의 대서양 연변은 유카를 주식으로 삼았다는 흥미로운 발견을 한 것이다.

옥수수는 안데스 지역에서도 발견되었지만, 이곳 주민들은 감자를 주식으로 삼았고 옥수수를 부식으로 이용했다. 그렇지만 멕시코에서 중미에 이르는 메소아메리카 지대의 주민들은 2,000년 전이나 지금이나 여전히 옥수수를 주식으로 먹고 산다. 밀가루 빵 문화가 확산된 도시에서도 주식의 절반은 여전히 옥수수이다. 농촌 지방은 압도적으로 옥수수를 많이 먹는다. 옥수수로 만든 멕시코 음식은 다양하다. 멕시코 사람들에게 토르티야(옥수수 전병)는 한국 사람에게 쌀밥이 가지는 지위를 누린다. 토르티야는 식지 않은 상태에서 먹어야 하기 때문에 항상 작은 보자기에 싸둔다. 토르티야에 다양한 고기, 소스(살사), 치즈 등을 담아 먹는 타코는 이미 세계화된 음식으로 성가를 누리고 있다.

16세기의 아메리카의 주식 지도

요즘 우리나라 젊은이들도 타코를 즐겨 먹는다. 타말, 아톨레, 포솔레도 옥수수를 이용한 멕시코의 대표적 음식이다.

스페인 정복자들이 처음 멕시코 땅에 발을 디뎠을 때, 원주민들의 식량이 풍부한 것을 보고 놀랐다고 한다. 원주민들은 지극히 원시적인 농기구를 이용했지만, 관개 농토에 옥수수를 파종했기 때문에 소출이 대단히 많았다. 호반도시 테노치티틀란(멕시코 시티) 사람들은 호수의 부식토양을 이용한 수경재배(치남파 농업)로 엄청난 소출을 올렸다.

게다가 옥수수 농사는 벼농사나 밀농사에 비해서 노동시간도 많지 않았다. 아마도 1년간 소비할 1인용 식량을 생산하는 데에 투여된 시간은 1인당 100시간 미만이었을 것이라고 학자들은 추산한다. 포겔과 앵거먼은 미국 남부의 목화농장에서 일하던 흑인들의 사례를 들어 옥수수 영농시간을 추산한 바 있다. 그들의 계산에 따르면 흑인노예들이 주식을 확보하는 데에 투여한 시간은 총노동시간의 6퍼센트에 불과했다. 오늘날 관광객들의 탄성을 자아내는 테오티우아칸의 장엄한 피라미드, 테노치티틀란의 거대한 도시문명, 마야인들의 정교하고 섬세한 채색벽화와 도기들은 바로 이 옥수수 영농의 산물인 것이다.

옥수수와 우주의 탄생

옥수수의 조상이 무엇이냐는 아직도 논란거리이다. 기원전 5,000-6,000년에 있었다는 테오신트(한 줄 옥수수)가 진화한 것이라고 주장하는 사람이 있는가 하면, 꼬투리 옥수수(pod corn)가 원조라고 주장하는 사람들도 있다. 메소아메리카의 원주민들은 이를 오랜 시간 동안 개량하여 오늘날의 옥수수처럼 알갱이가 여러 줄 달린 개량종을 개발했다. 기원전 2,000년에 옥수수 알갱이를 가루로 빻는 맷돌인 메타테를 개발한 것으로 보아 이 시절부터 토르티야는 원주민들의 주식으로 자리잡았던 모양이다. 관개영농은 기원전 900-기원전 200년쯤에 시작되었다고 고고학자들은 말한다.

원주민들은 신들이 개입하여 '신성한 주식' 옥수수를 갖다주었다고 믿는다. 아스텍의 전설은 다음과 같다. 신들은 테오티우아칸에서 모여 다섯번째 태양을 띄웠고, 이전 세대의 뼈와 켓살코아틀 신의 피를 섞어서 인간을 탄생시켰다. 이 인간들은 붉은 개미들이 숨긴 옥수수 알갱이를 찾기 위해서 검은 개미로 변신했고, 신들의 도움으로 옥수수

옥수수를 가는 메타테(좌)와 그 반죽으로 빚은 토르티야(우).

알갱이를 찾는다. 키체 마야인들의 성서인 「포폴 부」(Popol Vuh)가 기록하는 천지창조는 옥수수 밭을 만드는 장면과 거의 동일하다.

> 네 개의 선을 긋고, 네 개의 모서리를 만들고,
> 길이를 재고, 네 곳에 말뚝을 박고,
> 이랑을 나누고, 이랑을 긋지.
> 하늘에, 땅에,
> 네 면, 네 모서리에.(「포폴 부」, 제1장)

하늘과 땅을 창조한 신들은 곧 파실과 카얄라 산에서 나는 옥수수로 남자 네 명을 빚었고, 곧 예쁜 여자 네 명도 구해주었다. 신들은 자신들이 빚은 인간들이 경작하여 먹고 살 수 있도록 노란 옥수수와 흰 옥수수를 전해주었다. 사람들은 사방으로 흩어져서 옥수수를 경작했고, 추수가 끝난 다음에는 한 해의 농사를 감사하는 마음으로 신들을 경배하는 제사를 지냈다. 「포폴 부」의 옥수수 영농 이야기는 또 고전기(기원후 200-900)) 마야 시대의 석조와 화병에서 좀더 상세하게 전개된다.

팔렝케의 돌 조각에 기록된 신화는 옥수수 문명의 탄생을 좀더 직설적으로 기록하고 있다. 기원전 3114년에 운 날 예(Hun Nal Ye : One Maize Revealed)라고 하는 최초의 아버지가 탄생했다. 태양은 아직 존재하지 않았고, 흑암이 지배했다. 운 날 예는 공중의 공간에다 네 방위에 맞추어 집을 한 채 장만했다. 그뒤로부터 네 방위 공간은 마야 세계에서 가장 중요한 지리적 특징이 되었다. 동일한 공간에서 그는 세 개의 표석(票石)으로 우주의 중심을 표시했고, 삼계(三界 : 하늘, 땅, 지하)를 나누었다.

운 날 예는 그 다음에 지하세계 시발바로 들어가 귀중한 옥수수 씨앗을 들고 귀환한다. 이 옥수수 신이 지하세계에서 어떻게 지상세계로 귀환했는지는 돌 조각에 기록되어 있지 않다. 그것은 고전기 마야 화병이나 부조에 그림으로 암시되어 있다. 지하세계로 처음 여행하는 운 날 예는 바로 「포폴 부」에 기록된 운 우나푸(첫째 아버지)이다. 지하에서 벌거벗은 아름다운 여인들에게 둘러싸여 운 날 예는 열심히 옥수수 알갱이를 찾고 있다. 이 옥수수 신은 결국 그것을 찾게 되고, 가슴의 자루에 잔뜩 담아 카누를 타고 지하세계를 빠져나온다.

보남팍, 코판, 팔렝케의 기록은 모두 지하세계에서 옥수수를 가지고 나오는 이야기를 다룬다. 옥수수 영농이 곧 문명의 탄생이라는 등식으로 다루어진 것이다. 멕시코의 인류학자 엔리케 플로레스카노는 운 날 예 이야기가 마야 신들의 인간적인 속성을 잘 반영한다고 주장한다. 그에 따르면 마야 세계에서 우주의 탄생은 곧 농업의 탄생이었고, 그것은 옥수수 문명의 시작을 의미했다. 농업의 탄생은 농민 공동체가 수세기 동안 노력한 결과였을 것이고, 운 날 예나 「포폴 부」 기록은 이러한 집단적 노력을 뜻한다고 그는 주장한다.

옥수수 영농과 축제

멕시코의 한 해는 크게 우기와 건기로 나뉜다. 건기는 10월에서 5월까지 지속되고, 이후 우기가 시작된다. 스페인 사람들이 정복하기 전 멕시코-테오티우아칸의 농사절기와 축제는 다음과 같았다. 건기 동안은 곡식이 생산되지 않기 때문에 사람들은 대체식량을 얻을 수 있는 사냥에 몰두한다. 11월에는 통상적으로 사냥꾼들의 보호신인 카막스틀리를 위한 축제를 연다. 우기가 다가오면 옥수수 파종을 하기 전에 토지 신을 위한 제사를 지낸다. 이때 모든 풀, 나뭇가지, 뿌리들을 태워서 땅을 정화하고 비옥하게 만든다.

4월에는 비의 신 틀랄록을 위한 기우제를 지내고, 첫번째로 씨앗을 뿌린다. 5월에 우기가 시작되면 두번째로 씨앗을 파종한다. 이때 상당한 규모의 인신공희를 거행하는데, 어린이, 청년부터 시작해서 어른들을 바치며 풍년을 기원한다. 이때 바람의 신 켓살코아틀의 옹호자인

에헤카틀에게 기도를 드린다. 이곳 사람들은 바람을 비가 내릴 전조로 이해하기 때문이다.

다음 달은 노동의 도구를 축복하고, 옥수수 반죽으로 신들의 형상을 빚는다. 신들이 옥수수로 사람을 빚었음을 기억하고, 신들에게 비를 내려주십사 기원한다. 6월경이면 옥수수는 크게 자라는데, 이때 비의 신 틀랄록을 기념하는 대축제를 연다. 7월 중순이면 첫 수확물인 엘로테(어린 옥수수)를 딴다. 20일쯤 지나면 풋옥수수를 수확하고, 다시 20일이 지나면 완전히 자란 옥수수를 딸 수 있다. 8월 말에 이르면 수확이 끝나고, 일종의 추수감사절인 '사자(死者)의 축제'가 시작된다. 사람들은 치코메아틀 신에게 수확한 옥수수를 바치며 감사를 드린다.

39. 종주국 멕시코의 고뇌

"폭풍은 두 개의 바람이 충돌하면서 일어날 것이며, 때가 되어야 불어올 것입니다. 역사의 화로에 들어 있는 석탄에 불이 지펴지며 타오를 준비를 하고 있습니다. 지금은 위에서 불어오는 바람이 지배하고 있지만, 곧 밑에서 불어오는 바람이 들이닥쳐 폭풍이 일어날 것입니다. 그렇게 폭풍이 일어날 것입니다. 폭풍이 가라앉으면 비와 불이 떠나고, 지상에 다시 평화가 깃들면 세상은 더 이상 지금의 세상이 아니라 더 나은 어떤 것이 될 것입니다."(마르코스, 1992년 8월)

멕시코의 고뇌

2002년 멕시코 옥수수 농가들은 분노했다. 곡물회사 디콘사(Diconsa)가 2만2,000개의 점포를 통해서 판매한 옥수수가 유전자 변형 제품인 것이 밝혀졌기 때문이다. 1998년부터 2000년 사이에 약 420만 톤의 유전자 변형 옥수수가 미국에서 수입되었고, 이것이 일부 농가의 종자로 사용되었던 것이다. 디콘사는 자신들이 판매한 옥수수가 종자용은 아니라고 변명했다. 농민들은 분노했다. 먹는 식량과 종자용 옥수수를 어떻게 구분하느냐고 말이다. '옥수수 문명'의 원조 멕시코는 식량 부족으로 미국에서 연평균 500만 톤의 옥수수를 수입한다. 이제 한술 더 떠서 종자마저 유전자 변형 제품의 침투로 사라질 지경이다. 종주국으로서의 자존심은 완전히 구겨졌다.

옥수수 농가의 고난은 멀리는 1982년의 외채위기가 가져온 산물이었고, 짧게는 살리나스 대통령의 신자유주의 개혁 드라이브에서 예고된 것이었다. 외채원리금 상환을 위해서 정부는 예산을 대폭 축소할 수밖에 없었다. 그 결과 전통적으로 농업 부문에 주어진 보조금과 지원책이 대폭 줄어들었다. 당연히 정부의 지출이 줄면서 농가가 부담해야 하는 투입비용은 커졌고, 또 돈 빌리기도 어려워졌다. 게다가 살리나스 정부는 북미자유무역협정(NAFTA)을 체결하기 위해서 1992년에 신농업법을 통과시켜 에히도(ejido, 토지공유 제도 : 멕시코 혁명 이후 무토지 농민들이 토지를 보유할 수 있도록 한 제도) 농지를 민영화했다. 이 조치는 기업농에게는 새로운 기회가 되었지만, 대부분 생계영농을 하던 농민들에게는 치명적인 일격이었다. 땅 뙈기를 일부 불하받아봐야 생계를 유지하기 힘들었기 때문이었다.

정부는 에히도 개혁과 더불어 옥수수, 콩, 감자도 북미자유무역협정의 협상품목에 집어넣었다. 양국은 농산물 교역의 50퍼센트에 해당하는 제품에 대한 관세는 즉시 철폐하기로 하고, 나머지 품목에 대한 것은 15년 안에 점진적으로 철폐하기로 했다. 아울러 옥수수, 콩, 감자의 자유화는 미국의 원예농산물 자유화와 연계하기로 했다.

이 조치로 인해서 옥수수 농가들은 망망대해에서 판자조각에 의지하여 파도와 싸워야 하는 운명에 처하게 되었다. 멕시코 주곡농업은 오랜 기간 저투자로 인해서 미국이나 캐나다와는 비교가 되지 않을 정도로 생산성이 낮았다. 예를 들면, 옥수수의 경우 헥타르당 생산량은 1.7톤에 불과하다. 하지만 미국은 7톤, 캐나다는 6.2톤을 생산한다. 더욱 놀라운 것은 멕시코가 1톤을 생산하는 데에 사용된 노동일이 17.8일이라면, 미국의 경우는 1.2시간밖에 되지 않는다. 이런 현실이 생계영농을 하는 농민들에게 강요하는 정답은 간단하다. 토지를 팔고 떠나서 도시빈민이 되든지 아니면 게릴라가 되든지 둘 중 하나를 택하라는 것이다.

치아파스 농민반란

신자유주의 기술관료들은 경쟁력 없는 옥수수는 미국에서 수입하고, 대신 수출할 수 있는 원예작물이나 대체작물을 생산하면 된다고 주장했다. 하지만 전업은 그렇게 쉽지 않았다. 우선 소규모의 과일, 야채 생산에도 헥타르당 소요경비가 만만치 않았다. 딸기는 보통 1,000달러, 브로콜리는 2,300달러가 소요되었다. 게다가 대부분의 소규모 옥수수 농가들은 천수답을 가지고 있기 때문에 관개시설이 필요한 원예작물로 전환하는 것은 거의 불가능했다. 결국 "근대화와 다변화"를 부르짖은 멕시코의 농업개혁은 주식은 수입을, 소농에게는 이농을, 목축업자들에게는 일정한 기회를 주는 것에 불과했다.

살리나스의 토지 민영화와 옥수수 가격 자유화 조치는 옥수수 농가 비중이 압도적으로 높은 치아파스 주를 사회적 혼란 속에 빠트렸다. 1990년 통계에 따르면 열 명의 에히도 성원 가운데 아홉 명이 옥수수를 생산하고 있었고, 옥수수의 95퍼센트가 천수답에서 생산되고 있었던 것이다. 특히 토지 소유권이 명확하게 구획되어 있지 않았던 라칸돈 우림지대의 옥수수 농가들은 토지를 불하받기 전에 지주들과 지방 호족들로부터 추방당할 위험마저 높아졌다.

"더 이상 못참겠다!"(Basta ya!) 마르코스와 사파티스타 민족해방군(EZLN)은 결국 무기를 들고 일어섰다. 대부분 마야 원주민들이 밀집한 알토 치아파스와 셀바 지역에서 가장 많은 인구가 동원되었다. 그들은 신자유주의의 강풍이 몰아치는 1994년 새해 벽두에 최초의 '포스트모던 혁명'을 일으켰고, 전 세계를 놀라게 했다.

그들은 단순히 빵과 토지만을 요구하지는 않았다. 원주민 문명의 존엄성을 외쳤고, 문화적 자치를 부르짖었다. 투쟁방식도 과거와 달랐다. 그들은 마오주의, 레닌주의, 포코주의와 같은 혁명이론을 버렸다. 대신에 '공동체민주주의'(共同體 民主主義)에 바탕을 둔 유토피아적 갈망으로 무장했다. 그들은 주술로부터의 해방이 아니라 재주술화(在呪術化,

reenchantment)의 전략을 택했던 것이다. 그들의 무기는 마야 신화였고, 인터넷이었으며, 원주민 문명에 고유한 생태주의 전략이었다. 이들의 투쟁은 벌써 10년이 되어가지만, 아직도 현재진행형으로 계속되고 있다. 그들은 신자유주의의 강풍에 맞서는 최초의 맞바람이 되었다. 마르코스와 사파티스타들은 존엄성, 윤리 그리고 신화를 현대정치의 아젠다(議題)로 복원시켰던 것이다.

환경 친화적 영농

마야 원주민들은 옥수수가 신성한 존재라고 가르친다. 사람마저 옥수수로 빚어졌다고 믿는 치아파스 마야 원주민들은 결코 이윤을 위해서 또 자연에 어긋나는 유전자 조작으로 옥수수를 이용해서는 안 된다고 믿는다. 반군의 영향권에 있는 알토 데 치아파스의 한 농민은 이렇게 절규한다.

"옥수수는 신성합니다. 농화학 산업은 우리들의 옥수수를 없애려고 하는데, 이는 우리 마야 선조들이 전해준 문화를 죽이는 것입니다. 우리 부모님들은 옥수수로 우리를 키웠고, '옥수수 남녀'로 불렀습니다. 아침이나 오후 세 시면 모두가 모여 지폐 크기만한 토르티야 세 장을 먹었고, 포솔(pozol)이나 돌멩이만한 옥수수 덩어리도 먹었지요. 그리고는 선조들은 제발 땅이나 잡초가 노하지 마시라고 빌었지요. 그들은 땅과 식물이 영혼을 가진 존재라고 생각했어요. 그리고 노동을 하는 이유가 돈 때문이 아니라 자연의 섭리 때문이라고 말했지요."

이제 치아파스의 농민들은 씨앗을 지키는 문명투쟁도 시작했다. "씨앗 은행" 운동이 시작된 것이다. 이 사업은 "치아파스 땅을 지키는 어머니 씨앗" 운동이라고 불린다.

"땅을 지키는 어머니 씨앗" 운동을 추진하는 이 사람들은 옥수수 농사를 어떻게 생각하고 있을까? 그것은 인간과 자연이 서로 호혜와 균형 관계를 유지해야 한다는 것이다. 이들의 자연관과 우주관을 그림으로 그리면 다음과 같다.

옥수수 영농과 마야인들의 우주관.

1. 씨를 뿌린다. 2. 기우제를 지낸다. 3. 산꼭대기의 성스런 동굴. 4. 산꼭대기의 동굴에서 구름이 나온다. 5. 비가 내린다. 6. 동굴에서 만물을 생장하게 하는 힘과 영혼들이 나온다. 7. 파종된 씨앗은 생장력을 얻고, 영혼을 가지게 되며 또 빗물을 흡수한다. 8. 덕분에 옥수수는 무럭무럭 자라고, 열매를 맺는다. 9. 추수한다. 10. 생장력과 영혼을 돌려주는 의식을 치른다. 11. 생장력과 영혼이 산꼭대기의 동굴로 귀환한다. 12. 옥수수 줄기와 잎은 불태운다. 13. 화전(火田)으로 구름도 산꼭대기의 동굴로 귀환한다. 14. 생장력과 영혼을 담은 옥수수 알갱이들을 저장한다. 15. '저장고의 영혼'과 식용 옥수수 알갱이를 함께 저장한다. 16. 식용 옥수수 알갱이를 소비한다. 17. 새로운 파종을 위해서 알갱이를 고른다.

그들은 생태주의적이며, 환경 친화적인 영농을 이상으로 삼는다. 그들의 영농은 우주와 대자연의 이치에 따라서 순환적이며, 생명적이다.

40. 펠라그라, 옥수수 신의 복수극

폴렌타, 빈곤의 그림자

"여자들의 연갈색 계통의 창백한 안색이 특히 내 마음에 들지 않았다. 그들의 용모는 초췌한 느낌을 주었고, 아이들도 마찬가지로 가엾은 모습이었다. 남자들은 그런 대로 약간 괜찮아 보였는데, 어쨌거나 기본 체격만큼은 상당히 균형이 잡혀 있고 견실했다. 나는 그들의 병약한 상태가 터키 옥수수와 메밀을 즐겨 먹는 데에 있다고 생각한다. 그들은 누런 폴렌타와 검은 폴렌타라고 부르는, 옥수수와 메밀을 빻은 뒤 그 가루를 물 속에 넣고 끓여서 만든 걸쭉한 죽을 먹는다. 저 너머 독일인들은 가루반죽을 다시 작게 떼어내서 버터에 튀겨 먹는다. 반면에 이곳 사람들은 그것을 그냥 그대로 먹거나 가끔씩 치즈를 발라 먹고, 1년 내내 고기 한 점 먹는 법이 없다. 그와 같은 식사는 내장을 끈덕지게 할 수밖에 없으며 변비에 걸리게 만드는 것이 분명한데, 아이들과 여자들의 경우 특히 그렇다."

1786년 티롤 지방의 이탈리아로 들어온 괴테는 흥미로운 관찰을 「이탈리아 기행」에 이렇게 남긴다. 그는 농촌 사람들의 안색이 창백한 것을 발견한 것이다. 농촌 사람들은 이미 영양실조로 펠라그라(pellagra : 펠라그라의 라틴 어의 어원은 피부 질병을 뜻한다)의 조짐을 보이고 있었던 것이다. 폴렌타란 옥수수 죽만 먹은 결과였다.

이 이야기를 들은 나의 이탈리아인 친구 레타는 저간의 사정을 내게 들려주었다. "폴렌타는 요즘 부자들만 먹을 수 있어요. 죽을 끓이려면 한 시간 이상 주걱으로 힘들게 저어야 하는데, 누가 그 짓을 합답니까? 그러니 비싸답니다." 가난한 자의 주식인 옥수수 죽이 이제는 부자들의 향수식품이 된 것이다. 세상은 돌고 돈다.

18세기 남부 유럽 경제는 대서양 경제에 밀리기 시작했다. 대서양 유럽은 아프리카, 아메리카 그리고 아시아, 발트 해를 잇는 무역망의 중심이 되었다. 무역을 통한 부는 런던, 암스테르담, 함부르크로 집중되기 시작했다. 반면 대서양 경제권이 부상할수록 지중해 경제권의 영향력은 줄어만 갔다. 지중해는 오토만 튀르크의 팽창으로 또 대서양 무역망에서 소외됨으로써 점차 한산한 바다로 변해갔다. 무역의 퇴조는 곧 무역이익의 감소를 의미했고, 그것은 또 외부에서 유입되는 곡류 소비량의 감소를 의미했다. 지주들은 자연스레 밀 가격을 올렸고, 농민들에게 대체식량으로 옥수수 농사를 강제했다. 옥수수 죽 폴렌타가 당시의 이탈리아 농민들의 주식이 된 까닭은 바로 여기에 있다.

옥수수가 유럽에 들어온 것은 콜럼버스의 항해 직후였지만, 본격적으로 소비되기 시작한 것은 18세기에 일어난 '제2차 농업혁명'의 산물이었다. 옥수수 뿌리가 하필이면 알프스 이남 지역에 깊게 내릴 수 있었던 이유는 무엇일까? 무엇보다 이 지역은 습도도 적당했고, 여름의 온도도 높아 옥수수 작황에 안성맞춤이었다. 발칸 반도의 도나우 분지도 옥수수 생산에 적합했다.

옥수수, 시간의 정복자

옥수수는 전통작물보다 단위 면적당 소출량이 2-3배나 많았다. 게다가 밀, 호밀, 보리, 귀리가 주로 겨울 내지 봄 작물이었기 때문에 여름에 자라는 옥수수는 안성맞춤의 보완식물이었다. 곧 농부들은 삼포제 내지 이포제 농업의 토지 이용법을 바꾸었다. 여름에 휴한지에다 옥수수 농사를 시작한 것이다. 옥수수 뿌리는 깊이 내렸기 때문에 겨울 작물의 영양소에 큰 영향을 주지 않았고, 추수가 끝난 다음에 남은 줄기와 뿌리는 곧 비료로 이용할 수 있었다.

휴한지 농사였기 때문에 옥수수는 토지의 수익성을 크게 높여주었다. 알프스 이남 지역의 옥수수는 새로운 경작지를 찾아갈 필요가 없었다. 다른 작물을 대체할 필요도 없었다. 옥수수가 주변의 휴한지를 차근차근 먹어들어갔기 때문이다. 지중해 옥수수는 아르투르 와르만의 표현대로 "처녀지의 정복자"가 아니라 죽어 있는 "시간의 정복자"였다. "공간의 정복자"였던, 중국에 도입된 옥수수와는 달랐던 것이다.

16세기 유럽은 아메리카 은의 유입으로 초래된 가격혁명을 겪었다. 밀 가격도 덩달아 올랐다. 17세기에 와서 물가는 진정세를 보였지만, 18세기 중반부터 다시 인플레이션 압력을 받기 시작한다. 밀 가격이나 가계의 생계비도 오르기 시작했다. 게다가 지중해의 이탈리아는 대서양 경제권에 주도권을 빼앗겨 무역과 제조업에서 기회를 잃은 뒤였다. 지주들은 제한된 부를 더욱 집요하게 짜내기 위해서 토지에 매달렸다. 농업은 이제 잃어버린 기회를 보충할 비즈니스로, 도시의 자본이 재생산하는 데에 필요한 중요한 재원으로 변해갔다. 소작농은 시간이 흐를수록 고율의 소작료를 바쳐야 했고, 당연히 밀빵과는 멀어져만 갔다.

지중해 경제권은 다른 지역으로부터 밀을 수입할 경제적 여력이 없었다. 옥수수 영농이 도입될 무렵, 이탈리아와 발칸 반도의 밀 값은 유럽 어느 지역보다 높았다. 당연히 지주들은 비싼 밀은 팔고 농민들에게는 옥수수를 주식으로 강제했다. 농민들은 저항했지만, 지주와 지배층의 압력을 버텨낼 수 없었다. 위정자들도 식량의 자급자족을 안보 차원에서 접근했기 때문에 소출량이 많은 옥수수 재배를 적극적으로 지지했던 것이다.

반면에 대서양 경제권에서 옥수수는 농민들에 의해서 자발적으로 도입되었다. 우선 옥수수는 1년 중 춘궁기에 해당하는 짧은 기간을 버티는 보완재 역할을 했다. 아울러 이탈리아나 발칸 반도와 달리 이곳 농업은 목축업과 연계되어 여분의 옥수수는 가축사료로 이용되었다. 하지만 이탈리아 농민들에게 옥수수는 보완재가 아니라 배타적인 주식으로 강제되었다.

농민들은 옥수수 가루를 물에 풀어서 죽을 만들었고, 여기에 소금, 우유 그리고 기름이나 버터를 넣어 먹었다. 비싼 소작료를 내고 나면 겨우 옥수수 가루밖에 살 수 없었기 때문에 햄이나 고기는 엄두도 낼 수 없었다. '빵과 포도주'가 농가 식탁의 주빈이던 시절은 지나가고 있었다. 밀은 점차 부자와 도시민들의 식량으로 변해갔고, 농민들은 옥수수만 먹을 수 있었다. 밀 값 상승은 지대(地代) 상승, 다시 토지 집중으로 이어졌다. 농촌에서 옥수수는 곧 빈곤을 의미했다. 하지만 지주와 상인에게 옥수수는 곧 부를 뜻했다. 옥수수는 수많은 빈자들의 식량이었기 때문에 시장도 무궁무진 컸다.

펠라그라, 옥수수 신의 복수

남유럽의 가난한 농촌 곳곳에서 펠라그라가 빈발했다. 아메리카의 옥수수 신이 유럽 정복자들의 학살극에 대한 응징이라도 하듯이 사람들은 픽픽 쓰러져갔다. 1730년 스페인의 아스투리아스에서 가스파르 카살 박사는 처음 보는 병을 발견했다. 그는 목덜미나 노출된 피부에 넓게 퍼진 붉은 반점들을 가르켜 "장미병"(薔薇病, enfermedad de rosas)이라는 이름을 붙였다. 장미병에 걸린 사람들은 3D 징후군, 즉 피부병(dermatitis), 설사(diarrea), 치매(demencia)를 앓다가 결국 죽고 말았다. 이탈리아 농촌에서도, 프랑스 남부에서도 펠라그라가 빈발했다.

이 병의 원인을 둘러싸고 온갖 논란이 일었다. 전염병이라고 주장한 학자도, 유전병이라고 주장한 학자도 있었다. 병이 기세등등하던 18세기 중엽 이후에 정설로 받아들여진 것은 테오필 루셀이라는 프랑스 병리학자가 주장한 학설이었다. 그는 옥수수 알을 갈 때 나오는 독소 때문에 병이 생긴다고 주장했다. 다른 유파의 학자들은 옥수수만을 섭취한 가난한 농민들에게 볼 수 있는 단백질 결핍의 결과라고 주장했다. 자료가 쌓이자 학자들은 펠라그라가 옥수수 소비, 농촌, 빈곤과 결부되어서 등장한 병이라는 데는 합의했다.

그러나 진정 그 원인이 무엇인지 아는 데에는 시간이 더 필요했다. 그런 와중에서도 의사들은 진실에 조금씩 가까이 다가갔다. 필리포 루산나와 카를로 프루아는 1856년 밀라노에서 발간한 「펠라그라」에서 옥수수의 단백질 부족이 이 병을 일으킨다고 분석했다. 단백질이 12퍼센트(2-3퍼센트 높게 잡은 것이다)밖에 되지 않는 옥수수는 신체의 기관을 혹사시켜서 병을 유발시킨다는 것이다. 과녁에 가까이 다가갔지만 아직 정답은 아니었다. 이탈리아에서 펠레그라의 발생율이 최고조에 달한 해는 1871년이었다.

41. 원주민들은 왜 병에 걸리지 않았나?

생석회의 비밀

옥수수가 전파된 유럽과 미국에서, 전지역은 아니었지만, 펠라그라가 빈발했다. 그러나 정작 원산지인 메소아메리카의 원주민들은 이 병을 몰랐다. 펠라그라는 단백질 부족이 아니라 비타민 B에 속하는 니아신의 결핍으로 발생하는 병이었던 것이다. 옥수수는 니아신을 만드는 필수 아미노산인 트립토판의 함량이 다른 곡물에 비해서 매우 낮다. 그렇기 때문에 옥수수를 주식으로 하는 사람들은 결국 니아신 결핍으로 고생했고, 그 결과 펠라그라에 쓰러지게 되었다. 원주민들은 어떤 방법으로 구미인들이 빠진 함정을 피할 수 있었을까?

메소아메리카의 원주민들은 먼저 조개껍질을 갈아서 만든 생석회나 나뭇재를 물에 풀고, 그 물 속에 옥수수 알갱이를 반 시간 이상 담가두었다. 이런 과정을 통해서 옥수수는 닉스타말(nixtamal)로 바뀐다. 즉 옥수수에 칼슘 성분이 흡입되면 특정 아미노산의 비율에 변화가 생기고, 니아신이라는 비타민 성분이 강화된다. 아울러 인체에 흡수될 철분의 함량도 증가한다. 원주민들은 옥수수 알갱이를 바로 분쇄하지 않고 이러한 복잡한 화학반응을 거친 닉스타말을 갈아 만든 옥수수 반죽으로 토르티야를 구웠던 것이다. 유럽인들은 옥수수를 가져갔지만, 서툴게도 이 생석회의 비밀을 결코 배우지 못했고, 그 결과 엄청난 인명이 희생되어야 했던 것이다. 이미 훨씬 그 이전에 디에고 데 란다 수사가 이 비밀을 기록해놓았는데도 말이다.

디에고 데 란다 수사의 기록

프란체스코 수도회의 수사였던 란다는 유카탄에서 포교활동을 하면서 당시의 생활상을 쓴 「유카탄 이야기」(1566) 속에 생석회 이야기를 남겼다. 생석회의 화학적 작용을 이해하지는 못했지만, 적어도 원주민들의 옥수수 요리법에 대해서는 잘 알고 있었고, 꼼꼼하게 기록하여 서인도 위원회에 보고했던 것이다. 후대 사람들은 란다의 기록을 깜빡 잊어버렸고, 그 결과 큰 대가를 치렀다. 다음은 그가 남긴 기록 가운데 옥수수 음식에 관한 이야기를 발췌한 것이다.

그들의 주식은 옥수수이다. 옥수수로 다양한 음식과 음료를 만든다. 옥수수 술도 음식이자 음료로 기능한다. 인디오 여성들은 전날 밤 옥수수를 생석회 물에 푹 담가놓는다. 아침이 되면 부드러워진 옥수수는 이미 반쯤 요리되어 있다. 딱딱한 첨두와 껍질이 제거되었기 때문이다. 그 다음 여자들은 그것을 맷돌(메타테)에다 간다. 반쯤 갈아서 노동자, 여행자, 뱃사람들이 이용할 수 있도록 커다란 뭉치와 덩이로 만든다. 이런 형태로 옥수수를 몇 달 동안 보존할 수 있다. 신 맛이 나는 것은 어쩔 수 없다.

그들은 옥수수 덩이에서 일부를 떼내어 용기에 넣어 잘게 부순다. 이 용기는 나무 과일의 껍질로 만든 표주박으로, 신이 그들에게 준 그릇이다. 그들은 이 과일의 액체를 다 마신 후 과육을 먹는데, 그 맛은 뛰어나며 달콤하다. 옥수수 덩이를 잘게 갈아서 물기를 제거한 다음 불 위에 올려 아침에 먹을 약간 단단한 반죽을 만든다. 그들은 이것으로 뜨거운 음료를 만들어 마신다. 아침에 먹고 남긴 것을 가지고 하루 동안 마실 음료를 만든다. 물만 마시는 것은 그들의 습관이 아니다. 그들은 또 옥수수를 구워서 갈고, 그것을 물에 타서 고추나 카카오를 조금

넣어서 마시기도 한다.

그들은 옥수수와 카카오를 간 것으로 대단히 맛있는 거품을 만들기도 하는데, 축제일에 이를 즐긴다. 그들은 또 카카오에서 버터처럼 생긴 기름을 추출하는데, 이 기름과 옥수수를 섞어서 그들이 높이 치는, 다른 그럴듯한 음료를 만든다. 아예 신선하고 맛있는 옥수수 그 자체를 갈아서 또다른 음료를 만들기도 한다. 그들은 건강에 좋고 훌륭하기도 한 다양한 전병(토르티야)을 준비하는데, 이것은 차가운 상태에서는 먹기 좋지 않다. 그래서 인디오 여자들은 하루에 두 번씩 이를 준비하느라고 바쁘다. 그들은 밀가루처럼 반죽할 수 있는 가루를 만드는 방법을 배우지 못했다. 흰 빵을 만들 듯이 옥수수 빵을 만든다고 해도 소용이 없을 것이다. 왜냐하면 그들은 야채, 사슴고기, 풍부한 가금류나 생선을 한데 섞어 먹기 때문이다. 그들의 음식물 공급은 훌륭하다. 특히 그들이 스페인에서 온 돼지와 가금류를 기르는 경우는 더욱 그렇다.

이미 말했듯이, 아침이면 고추를 넣은 따끈한 음료를 든다. 낮에는 찬 음료를 들고, 저녁에는 고기와 야채를 섞은 음식을 든다. 고기가 없을 때는 고추와 야채를 넣은 소스를 먹는다. 남자와 여자가 함께 음식을 나누지는 않는다. 그들은 땅바닥에 따로 떨어져서 음식을 먹는다. 사람들이 많으면 매트를 테이블로 이용한다. 음식물이 풍부할 때는 그들은 행복하게 지낸다. 부족할 때는 매우 적게 먹으면서 똑같이 평등하게 기근을 참아낸다. 식사 후에는 손과 입을 씻는다.

란다의 기록은 원주민들이 왜 펠라그라에 걸리지 않았는지 간접적으로 그 이유를 암시한다. 첫째, 생석회를 통해서 니아신 성분을 강화시켰다. 둘째, 고추 등 야채를 많이 먹어 비타민 결핍증에 걸리지 않았다. 셋째, 평등주의 에토스가 존재했기 때문에 아마도 극단적인 빈곤은 막을 수 있었을 것이다. 이 기록은 또 유카탄의 마야인들이 상대적으로 풍요로운 식사생활을 영위했음을 증언한다.

근대화가 가져다준 천형, 펠레그라

반면 펠라그라가 빈발한 남부 유럽 지역들에 관해서는, 란다의 기록과 대조해보면, 몇 가지 흥미로운 관찰을 할 수 있다. 농민들의 경제적 사정이 상대적으로 좋았던 대서양 연변은 지중해의 남부 유럽보다 발병률이 낮았다. 이곳에서는 옥수수가 부식으로 편입되어, 비타민 결핍 현상이 상대적으로 덜했기 때문이다. 또 토지 집중의 정도에 따라 펠라그라의 발생률도 달랐다. 남서부 프랑스에서도 펠라그라가 발생했지만, 이 지역에 대토지 소유제가 약화되고, 공공 사업이 발주되어 농민들의 생활이 나아지자, 자연스레 이 병은 고개를 숙였다. 반면 토지 집중도가 높았던 이탈리아에서는 오랜 기간 동안 펠라그라가 꺾이지 않았다.

옥수수는 남부 유럽 농민들의 식사를 바꾸었고, 삼포제(三圃制)의 휴경지(休耕地)를 없앴다. 농민들은 전통적으로 농한기였던 여름에도 땀을 흘려야 했다. 대부분의 농촌지역은 이윤규범에 움직이는 시장경제와 새로운 분업구조에 통합되었다. 농촌에서 수탈한 잉여는 바로 산업화와 도시화에 투입되었다. 남부 유럽의 농민들은 가난과 궁핍의 악순환에서 벗어날 수 없었다. 이들은 더 이상 자신의 고장에서 희망을 찾을 수 없었다. 대부분 빈농이었던 5,000만의 인구가 1850년부터 1925년 사이에 유럽을 떠났고, 미국, 아르헨티나, 브라질 등에서 새로운 기회를 엿보고자 했다. 아메리카에서 '금의환향'(hacer américa)하는 것이 이들 모두의 꿈이었다.

1984년 타비아니 형제가 만든 영화 "카오스"(Kaos)는 이 시대를 살았던 이탈리아의 대문호 루이지 피란델로(1867-1936)의 단편소설 네 개를 연작으로 묶은 드라마이다. 이 영화에는 피란델로의 고향 시칠리아가 아름답게 그려져 있다. 하지만 카메라는 피폐한 시칠리아 농촌과 농민들의 참상을 잘 잡아내고 있다. 이 가운데 첫번째 작품 "다른 아들"은 미국으로 기회를 찾아 떠난 아들로부터 편지를 애타게 기다리는, 치매에 걸린 어머니를 그린다. 정작 그 아들은 어머니와 고향 마을을 잊었다. 그래도 어머니는 젊은 시절에 당한 강간에 대한 악몽 때문에 자기에게 헌신하는 다른 아들의 사랑을 받아들이지 않는다. 피란델로는 이 작품에서 당대의 피폐한 농촌사회를 놀랄 만큼 섬세하게 묘사하고 있다.

펠라그라는 결국 근대화 과정에서 주변부 유럽 지역이 겪은 천형이었다. 이 병은 위로부터 강제된 근대화와 토지 집중의 부산물이었다. 300년 전의 아메리카 원주민들은 이 병에 걸리지 않았다. 이 병은 빈곤과 결핍에 시달리던 가난한 농민들에게 고유한 병으로서, 문명사적으로 보자면 근대화와 발전이 가져온 '불평등의 산물'이었다. 20세기 초반에 펠라그라는 유럽 지역에서 사라졌지만, 곧 미국 남부에서 그 모습을 드러냈다. 그리고 이 병은 20세기 후반에 종속적 근대화 과정을 겪는 아프리카 지역에서 다시 부활한다.

42. 켄터키 옛집에 햇빛이 비치던 날

포카혼타스, 약탈혼의 기억

1607년 런던의 버지니아 회사가 보낸 세 척의 배는 미국 동부 대서양 연안의 체서피크 만에 도착했다. 배에 탄 식민자들은 곧 유럽인 최초의 정착지가 되는 제임스 타운을 건설했고, 식민지 개척을 시작했다. 그러나 식량을 먼저 조달해야 했다. 초기 식민자들은 원주민들로부터 옥수수 영농법을 배우는 것만이 자신들이 살아남을 수 있는 유일한 길이라는 점을 깨달았다. 유럽에서 가지고 온 작물 씨앗을 나무가 들어선 미개간 처녀지 '버지니아'에 뿌릴 수는 있었지만, 옥수수에 비해서 소출량이 너무 작았다. 버지니아는 그들의 국왕인 처녀(virgin) 엘리자베스 1세 여왕을 기리는 이름이었다.

오늘날 미국인들은 당시 옥수수 영농법을 가르쳐준 원주민들인 켐프스와 타소로(또는 킨속)의 이름을 기억한다. 교과서는 이들이 선의로 옥수수 영농법을 전수했었다고 쓰고 있지만, 사실은 이와 달랐다. 초기 식민자들은 원주민들을 수시로 납치했고, 총포로 위협하여 식량을 빼앗았다. 납치된 켐프스와 타소로는 인질로 잡혀 있으면서 이들에게 옥수수 경작법을 가르쳐주었다.

이곳 버지니아에 담배 농사를 처음 시작했던 존 롤프와 원주민 공주 포카혼타스의 아름다운 사랑 이야기도 동화책과 디즈니 만화영화에 등장한다. 이 낭만적인 이야기도 포우하탄 대추장의 딸이 1613년 식민자들에게 사실상 납치된 다음에 전개된 것이다. 포카혼타스 이야기 역시 약탈혼(掠奪婚)을 연상시킨다. '낭만적 사랑'의 핵심 요소인 자발적 의사가 과연 보장되었는지 의심스럽기 때문이다. 그녀는 레베카라는 영세명으로 기독교로 개종했고, 28세의 청년 존 롤프와 결혼했다. 하지만 자신이 속한 포우하탄 부족이 패주하고 사라지는 것을 막지는 못했다. 미모의 '레이디 레베카' 역시 이국 영국 땅에서 병을 얻어 쓸쓸히 죽고 말았다. 영국과 원주민의 만남도 역시 순탄치 않았던 것이다.

그러나 초기 식민자들은 옥수수 경작법을 배웠기 때문에 최소한의 생존 문제를 해결할 수 있었다. 이들은 빽빽이 들어선 삼림을 태워 만든 밭에다 옥수수를 심었다. 일종의 화전경작이었다. 시간이 흐르면서 그들은 시비(施肥)하는 법도 배우게 되었고, 쟁기로 밭을 깊이 파서 소출량을 늘이는 방법도 고안해냈다. 옥수수는 곧 동부 해안에 도착한 초기 식민자들의 주식이 되었다. 이들은 옥수수 가루를 물에 넣고 끓여, 여기에다 우유나 크림, 당밀이나 돼지기름 버터를 넣어 먹었다. 300년간 동쪽에서 서쪽으로 계속 전진하는 미국의 프론티어는 곧 옥수수 벨트의 확장선이기도 했다.

버릴 것이 없는 식량, 옥수수

소출량이 많은 옥수수는 완벽하게 이용되었다. 알곡은 갈아서 주식으로 이용했다. 알곡을 싼 껍질은 모아서 매트리스나 방석을 만들었다. 이파리와 줄기는 동물의 사료가 되었고, 알곡을 뗀 옥수수 자루로 만든 인형은 아이들 장난감이 되었다. 주식용 옥수수를 제외한 나머지는 아예 가축사료가 되었다. 소와 돼지 같은 가축이나 닭과 같은 가금류의 먹이가 되었다. 아직 옥수수를 내다 팔 수 있는 시장은 존재하지 않았다. 따라서 거의 모두 집에서 소비되어야 했다.

사료가 된 옥수수는 곧 우유, 계란, 돼지고기로 둔갑하여 단백질 공급원이 되었다. 그리고 술꾼들에게는 맥주나 위스키로 변신했다. 알코올 음료는 식민지의 고된 생활을 잊게 해주는 비약(秘藥)이었다. 버본 위스키나 돼지고기는 곧 '농축 옥수수'였다. 옥수수 6갤런은 곧 버본 위스키 1갤런이 되었고, 5킬로그램은 돼지고기 1킬로그램이 되었다.

1776년 인구 280만 명으로 늘어난 동부의 13개 주는 독립을 선언했다. 동부의 식민지는 맘껏 서쪽으로 팽창하기 시작했고, 인구도 크게 늘어났다. 1850년 3,100만 명, 1880년 5,000만 명으로 인구는 급증했다. 서쪽으로 영토가 팽창하면서 미국 농업에는 점차 상이한 두 개의 노동력 충원구조가 자리를 잡기 시작했다. 이 이원구조(二元構造)는 1850년대 남과 북의 경제가 확연히 갈라지면서 뚜렷이 드러났다.

북부의 경제권에는 주로 가족노동이나 임금노동에 기초한 내수용(內需用) 농업이 발전했다. 이곳에서는 인구가 증가함에 따라서 남부보다 훨씬 빠른 속도로 도시화가 진행되었다. 반면 기후가 더운 남부에서는 북유럽이 필요로 하는 환금작물(換金作物)을 경작할 수 있었다. 초기에는 담배 농사가 제격이었다. 하지만 영국의 산업혁명이 시작되자 면화 붐이 일었고, 결국 흑인 노예제에 기초한 플랜테이션이 발달하기 시작했다. 이 두 개의 상이한 노동력 충원구조는 식민시대에 형성되어 20세기에 이르기까지 그 흔적을 남긴다.

내수용 농업이나 목축업이 발달한 북부에서는 도시화와 더불어 식단에서 밀가루 빵의 비중이 높아갔다. 옥수수는 점차 가축용 사료로 바뀌어갔다. 하지만 남부 플랜테이션 경제의 경우 옥수수는 주식과 부식을 공급하는 핵심 작물로 완전히 자리를 잡았다. 주식(主食)에서도 남과 북은 갈라지기 시작했던 것이다.

켄터키 옛집에 햇빛이 비치던 날

노예제를 둘러싸고 일전을 벌였던 남북전쟁 당시 남부 노예주에는 약 400만 명의 흑인노예가 있었다. 1820년대 이래 미국은 세계에서 가장 많은 노예를 소유한 나라였다. 그 이유는 미국 노예들의 출산력이 아메리카의 다른 어떤 곳보다 더 높았기 때문이었다. 포겔과 엥거먼은 이 높은 출산력의 비결로 남부 흑인 노예들이 처한 상대적으로 좋은 조건을 든다. 하지만 미국 노예제는 흑백간의 혼혈을 엄격하게 금지했고, 또 자유민으로 면천(免賤)될 가능성도 엄격하게 제한했다는 점을 간과해서는 안 된다. 흑인노예를 미국보다 많이 받아들였던 브라질의 경우 1825년 통계를 보면 노예 숫자가 미국보다 더 적다. 브라질에는 자유를 얻은 뮬라토나 흑인들이 훨씬 더 많았기 때문이다. 미국의 프론티어는 흑인들에겐 꼭꼭 닫혀 있었던 것이다.

그러나 미국 흑인들의 먹거리는 남부 유럽 농민들보다 나았다. 그 때문에 18-19세기에 유럽을 강타했던 펠라그라가 미국 남부에서는 발생하지 않았다. 대체 흑인들의 먹거리 사정이 나았던 이유는 무엇일까?

19세기 초반 흑인 노예 1인이 받은 옥수수 평균 배급량은 주당 1펙(peck), 즉 8.81리터 정도였다. 하루 920그램 정도이다. 이 양은 당시 펠라그라가 빈발하던 남유럽 농민들이 먹는 양과 크게 다르지 않았다. 그렇지만 흑인노예들은 배급받은 소금과 당밀 외에도 비계, 비계가 많은 염장 돈육 또는 돈육 햄을 매일 200그램 이상 먹을 수 있었다. 돼지고기에는 니아신이 풍부했다. 그 덕분에 펠라그라 걱정은 하지 않아도 되었다. 게다가 흑인노예들은 주인들을 골리기 위해서 야밤중에 종종 돼지서리를 했다. 일종의 '약자의 저항'이었다. 배고파서 서리를 한 것이 아니라 노예조건에 대한 일상적인 저항의 표시였으리라. 당시 흑인들은 이렇게 말했다. "돼지고기 구이는 훔쳤을 때가 제 맛이다."

그러나 흑인들도 된서리를 완전히 피해갈 수는 없었다. 문제는 자유민이 된 뒤였다. 남북전쟁이 끝나자 남부 경제는 엉망이 되었다. 노예해방령으로 지가(地價)가 폭락했고, 면화 농장들은 노동력과 신용의 부족으로 문을 닫아야만 했다. 흑인들을 위해서 농지개혁을 하겠다는 약속은 이행되지 않았다. 흑인노예들에게 40에이커의 땅과 노새 한 마리를 주겠다던 북부군의 전시 프로파간다는 "바람과 함께 사라졌다."

남부 경제가 어려운 과정을 거쳐서 재건된 것은 20세기 초였다. 면화 수요가 사라진 것은 아니었다. 농장주는 렌터(renter, 중간 소작인)에게 현금지대(cash renting)를 받고 플랜테이션 시설을 빌려주었다. 렌터는 흑인 소작농들과 계약을 맺었다. 가난한 흑인 소작농들은 중간 소작인에게서 식료품, 소비재, 농기구, 비료를 임대했고, 나중에 면화와 같은 현물로 지불했다. 소작료와 임대료를 내고 남은 것으로 구할 수 있는 것은 옥수수 가루나 당밀, 비계 정도였다. 밀가루와 유제품이 조금 덧붙여졌지만, 돼지고기는 식단에서 사라졌다.

1906년 시어시 박사는 마운트 버넌의 정신병원 흑인 환자 88명이 이상한 병으로 고생하고 있다고 보고했다. 그중 56명은 그 병으로 사망했다. 아마 이때쯤에 이르면, 자유민이 된 남부 흑인들은 "켄터키 옛집에 햇빛이 비치던 날, 여름날 검둥이 시절"을 그리워했을 법하다. 자유민이 되었지만 소작농 신세가 결코 노예시절만 못했던 것이다.

43. 옥수수, 비만의 원인

니아신, 펠라그라의 원인

20세기 들어서 미국 남부에서 원인 모를 병이 빈발하며 사람들이 죽어갔다. 이 병은 이미 남부 유럽에서 빈발한 바 있었지만, 그때까지 원인을 모르고 있었다. 이미 면화 밭에서 감염된 십이지장충 때문에 고생하던 남동부 소작농에게는 엎친 데 덮친 격이었다. 곧 록펠러 재단이 병의 퇴치를 위해서 거금을 쾌척했다. 1909년에 사우스캐롤라이나에서 처음으로 전국적 수준의 학술대회가 열렸고, 원인 모를 병의 주범이 옥수수라는 사실을 확인했다. 1914년 조셉 골드버거 박사는 펠라그라가 영양 결핍과 단조로운 식사에 기인한다는 것을 최초로 입증했다. 이듬해에 그는 우유, 육류, 콩을 가미한 충분한 영양 공급으로 펠라그라를 예방할 뿐 아니라 치유할 수 있음을 임상실험으로 증명했다. 이와 더불어 멀쩡한 사람도 옥수수만 먹으면 병에 걸릴 수 있다는 사실도 실험을 자원한 사람을 통해서 밝혀냈다. 단백질이 원인인 듯이 보였지만, 정답은 아니었다. 엘비젬 박사가 펠라그라를 예방하는 인자가 비타민 B군의 일종인 니코틴산(후일 '니아신'〔niacin〕으로 명명됨)이라는 것이 밝혀진 것은 그로부터 한참 뒤인 1937년이었다.

1911년에도 2만5,000명이 감염되어 1만 명이 죽었다. 남부의 도시 지역에도 펠라그라가 빈발했다. 이 점이 농촌 지역에 빈발했던 이탈리아 사례와는 다른 점이었다. 사우스캐롤라이나의 섬유공장에 다니는 백인 노동자들도 병을 비켜가지 못했다. 이들의 실질임금은 북부의 같은 직업의 노동자들보다 훨씬 더 적었다. 하지만 식료품 가격은 상대적으로 높았으니, 이들의 먹거리도 흑인 농부들의 경우와 같이 시원찮았다. 옥수수 가루, 당밀, 비계는 가난한 남부의 백인 노동자들의 식량이기도 했다.

1920년대가 되어서도 펠라그라 환자는 더 늘어만 갔다. 1927년에는 17만 명이, 1930년에는 20만 명이 감염되었다. 면화 가격은 떨어졌고, 자연재해가 빈발했기 때문에 남부 소작농의 삶은 여전히 열악하기만 했다. 골드버거가 이끄는 연구 팀은 1927년 남부 농촌으로 들어갔다. 마침 면화 가격이 2년 연이어 떨어진 데다가, 미시시피 강이 범람하여 하류는 엉망이 되었다. 연구 팀은 놀랄 만한 사실을 발견했다.

양질의 토양이 있는 곳에서 오히려 병이 빈발했던 것이다. 면화 농사를 하거나 목축을 하기에는 너무나 좋은 땅이었다. 따라서 다양한 식물을 재배하여 일하는 농부를 배불리 먹일 수도 있는 땅이었다. 연구팀은 펠라그라가 자연과는 아무런 상관이 없는 병이라는 사실을 확인했다. 병은 다양한 식물의 재배를 금하고, 소작농의 돼지치기를 가로막는 농장주-소작 관계의 산물이었다. 빈곤이라는 사회적인 질병이 병의 가까운 원인이라는 점이 밝혀졌던 것이다.

대공황의 축복

1929년 말에 시작된 대공황은 흑인 소작농들에게 재앙이 아니라 차라리 축복에 가까웠다. 수출용 면화 생산은 중단되었고, 면화밭은 자영농들이 재배하는 옥수수와 대체작물의 공급지로 바뀌었다. 농민들의 먹거리는 오히려 이전보다 풍부해졌다.

뉴딜 정책으로 인한 공공 사업으로 남부의 가난한 사람들도 고용의 기회를 얻게 되었고, 지리적 소득 배분에도 영향을 주었다. 그리고 제2차 세계대전이 발발하자, 남부에서 잠자던 유휴설비도 모두 가동되기 시작했다. 안과 밖의 자극에 힘입어 남부는 모처럼 활기찬 분위기를 되찾게 되었다. 1940년에 환자는 5만 명 이하로 줄어들었고, 향후 5년 내에 절반으로 줄었다. 1950년대가 되면서 펠라그라는 완전히 사라졌다.

대공황 이후 남부의 식단도 큰 변화를 겪었다. 빵을 비롯한 북부 음식문화가 남부에 침투한 것이다. 옥수수 가루, 당밀, 비계가 삼총사를 이루던 남부 식단은 1940년대에는 비타민이 강화된 빵을 먹는 방식으로 '북부화'(北部化)되었다. 소득이 늘어나면서 고기 섭취량도 자연히 늘어났다. 물론 식단의 변화는 곧 고용과 소비 패턴이 바뀌었다는 것을 의미했고, 한결 나아진 소득수준을 반영했다. 이제 빈곤에 뿌리를 둔 펠라그라는 사라졌다. 조만간 미국인들은 값싸게 공급되는 음식물 덕분에 비만을 걱정하게 되었다. 이제는 과다한 칼로리 섭취가 문제점으로 부상했다. 다이어트가 다가올 새로운 시대의 화두가 된 것이다.

오늘날 미국인들은 허리 둘레가 가장 넓은 민족이다. 성인 열 명 가운데 여섯 명이 비만(肥滿)이라고 한다. 지난 30년간 아동 비만은 배로 늘어나서 이제 25퍼센트의 어린이가 비만증에 시달리고 있다. 콜라와 같은 소다수와 패스트푸드를 많이 먹은 탓일 것이다. 살이 찌는 이유는 대체 무엇일까? 그것은 미국 농업 자본주의가 만들어낸 영양학적 산물이다. 맬더스의 인구의 법칙에 반하는 미국 자본주의의 왕성한 칼로리 생산능력 말이다.

지난 30년간 미국의 역사는, 인구는 느리게 증가했지만, 식량은 훨씬 많이 증산되었다는 사실을 실증했다. 맬더스가 살아 있었다면, 자신의 '인구의 법칙'("식량은 산술급수적으로 증가하고, 인구는 기하급수적으로 증가한다")을 수정해야 했으리라. 현재 애그리비즈니스는 미국인 1인당 3,800칼로리의 식품을 생산한다. 이 수치는 지난 30년 전보다 500칼로리가 증가한 것이다. 과잉 생산된 칼로리 식품을 과소비(過消費)하지 않는다면 아마도 식품회사는 파산하고 말 것이다.

미국 음식의 옥수수화, 비만의 원흉

과잉 생산의 문제점은 유통 분야에서 해결해야 했다. 이 골치 아픈 문제를 시원스럽게 처리해준 해결사는 맥도날드의 사장 데이비드 월러스틴이었다. 고민 끝에 그는 간단한 해결책을 내놓았다. 사람들이 작은 사이즈 두 개를 선택하기보다는 큰 사이즈 하나를 선택한다는 심리에 착안했다. 결론은 간단했다. "모든 것의 사이즈를 키워라!"(Supersize it!). 빅 걸프(Big Gulp)가 탄생했고, 연이어 빅맥(Big Mac), 점보 프라이(Jumbo Fries)가 선을 보였다.

팝콘, 소다수를 담는 컵도 키웠다. 프렌치프라이, 햄버거, 소다수 모두 원재료 가격이 소매가격에서 차지하는 비중은 아주 작았다. 오히려 서비스 임금, 패키징, 광고료 비용이 훨씬 더 컸다. 수퍼 사이즈로 키운 패스트푸드는 곧 소비자들에게 과식(過食) 습관을 부추겼다. 식품비의 40퍼센트를 외식산업에 소비하는 미국인들은 결국 패스트푸드 점에서 당분과 지방분을 필요 이상으로 과다 섭취하게 되었다. 과잉 생산된 칼로리는 식품창고에서 미국인들의 몸으로 이동했다.

이 "과잉 생산 → 과식 → 비만화"로 이어지는 연쇄과정에서 촉매역할을 한 식품이 바로 옥수수였다. 그렉 크릿처는 수많은 논란을 일으킨 저서 「비만한 나라 : 세계에서 가장 뚱뚱한 민족이 된 미국인」에서 고과당(高果糖) 옥수수 시럽을 남용하는 미국의 식품산업을 고발한다. '비만화의 주범' 옥수수는 대체 무슨 죄를 지었단 말인가?

크릿처는 고과당인 옥수수 시럽이 문제아라고 본다. 패스트푸드 점에서는 수퍼 사이즈를 만들기 위해서 각종 투입물의 단가를 최대한 줄이려고 한다. 당연히 단 맛을 내는 재료로서 설탕보다 원가는 훨씬 싸지만, 당도는 훨씬 높은 옥수수 시럽이 경영자들이 선호하는 옵션이 된다. 문제는 옥수수 시럽이 저질의 당분이라는 데에 있다.

옥수수 전분으로 시럽을 만들면 포도당이 과당(果糖)으로 바뀐다. 고과당일수록 단 맛이 진한데, 이 옥수수 시럽은 몸에 좋지 않다. 포도당과 달리 과당의 분해는 완전히 간에서 이루어지는데, 이것이 간에 도착하면 다른 일은 전부 스톱된다. 따라서 과당이 분해되는 시간 동안 체내에는 '나쁜' 콜레스테롤이나 혈중 지방 수치가 증가하는 것이다.

싸구려 옥수수 시럽은 소다수, 케첩, 유아식, 초콜릿, 쿠키, 케이크 등 들어가지 않는 곳이 없다. 제과업체나 패스트푸드 업체는 당연히 이를 선호한다. 그랙 크릿처는 미국 식단의 "옥수수 시럽화"(cornification)는 곧 "국민적 신진대사 체계를 지방 비축형으로 몰아가고" 있다고 지적한다. 물론 비만의 사유가 옥수수 시럽 한 가지로 귀착되지는 않겠지만, 한번쯤 새겨들어둘 필요는 있을 것이다. 좌우지간 옥수수는 오늘날까지도 논란거리이다.

44. 옥수수와 농민혁명

공간의 정복자

중국에 옥수수가 들어온 것은 16세기 초였다. 1555년의 호남성(湖南省)의 한 지방 기록에, 1563년과 1574년 운남성(雲南省)의 한 지방 기록에 옥수수에 대한 언급이 있다고 한다. 1585년 아우구스투스 수도회의 수사 곤살레스 데 멘도사가 남긴 「중국사」에도 옥수수 이야기가 나오는데, 이 기록은 당시 복건성(福建省)을 방문했던 마르틴 데 에레라의 정보에 의존했다고 한다.

따라서 학자들은 옥수수의 전파 경로를 브라질을 경영하고 있던 포르투갈인들이 무역기지로 삼았던 인도 서해안의 고아에서 해로를 통해 복건성으로 들어왔거나 아니면 인도에서 미얀마를 거쳐서 운남성으로 이동한 육로를 통해 들어왔을 것이라고 추측한다. 후자의 추측은 아마도 마르코 폴로가 지나갔던 실크로드를 통해서 옥수수도 전파되었으리라고 본 것이다. 두 개 모두 진실일 가능성이 높다.

옥수수는 땅콩, 고구마, 고추, (뒤늦게 들어온) 감자와 더불어 주로 운남성과 복건성 같은 남서부나 산간지대에서 경작되었는데, 양자강 지대까지 북상하지는 않았다. 땅콩은 주로 모래 땅에서 경작되었고, 처음부터 가난한 자의 음식이 아니었다. 부유한 사람들의 부식으로 수용된 것이다. 하지만 고구마는 도입 초기부터 국가가 구황식물(救荒食物)로 적극 추천했고, 1594년에 이미 고구마 재배방법을 설명한 농업서적들이 배포되기도 했다. 옥수수도 역시 미개발 지역이나 산간 지역에서 주로 경작되었고, 처음부터 빈자들의 음식이 되었다.

아메리카에서 들어온 대부분의 작물은 여름 작물이거나, 물 대기가 힘든 건조한 지대에 알맞는 것이었다. 관개시설이 있는 미작지대(米作地帶)에서는 쌀과 경쟁할 수 있는 다른 작물이란 없었다. 16-17세기의 중국의 쌀 농업은 단위면적당 생산성이 세계에서 최고였기 때문이다. 따라서 옥수수와 고구마는 미개간의 한계지에 심어졌다. 남부 유럽의 옥수수가 휴경지를 잠식하여 '죽어 있던 시간'을 살려냈다면, 중국의 옥수수는 아직 개발되지 않는 처녀지를 잠식했다. 옥수수는 유럽에서 '시간의 정복자'였지만, 중국에서는 새로운 '공간의 정복자'였다.

농업의 내권화

17세기까지 중국에서 옥수수 경작지는 느리게 증가했다. 양자강 지대까지 북상하지도 않았다. 하지만 관개 영농지가 고갈되어가는 18세기에 들어서면 빠른 속도로 옥수수 경작지는 늘어난다. 이미 인구압력이 증가하면서 북쪽으로는 호북, 호남, 섬서 쪽으로 인구이동이 이루어졌고, 서쪽으로는 양자강의 내지인 사천 분지 쪽으로 인구이동이 있었다. 자연스레 건조한 이 지대에 옥수수 경작지가 크게 팽창했다.

허핑티(何炳棣)는 이를 '제2차 농업혁명'이라고 불렀다. 건조한 한계지가 이제 아메리카 작물의 경작지로 편입되었다. 옥수수는 건조한 기후에도 잘 적응했고, 소출량도 다른 작물에 비해서 많았다. 아울러 보관과 수송에도 편했기 때문에 점차 건조한 지역의 주식으로 자리잡아갔다. 쌀과 밀에 더해서 옥수수와 여타 아메리카 작물도 가세되자, 점차 식량의 공급 사정도 나아졌다.

당연히 인구도 급증했다. 1700년 1억5,000만의 인구는 1800년 3억 2,000만으로, 1900년 4억5,000만으로 증가했다. 제2차 농업혁명에 의해서 확산된 아메리카 작물들은 장기간 꾸준히 증가한 인구를 부양할 수 있었다. 허핑티는 집약적 미작농업의 생산성이 한계점에 도달한 시점을 1850년으로 잡았다. 많은 지역에서는 그 이전에 한계가 노정되었겠지만, 이 시점을 지나면 미작농업의 생산성은 상대적으로 계속 떨어졌다. 반면 아메리카 작물의 기여도는 이와 반비례하여 증가했던 것이다.

네덜란드가 지배하던 시절의 자바 농업을 연구한 클리포드 기어츠는 '농업의 내권화'(內圈化, agricultural involution)라는 용어를 썼다. 내권화란 "발전이 없는 성장"이라는 뜻이다. 가장 좋은 땅에는 본국이 요구하는 환금작물을 심고, 농민들은 한계지에 묶어둔다. 농민들은 살기 위해서 노동집약적인 농업에 안간힘을 다한다. 식민 당국은 저임금 정책을 강요하여 값싼 노동력을 유지하므로 기술혁신을 유발할 수 있는 인센티브는 전혀 없다. 노동력 투여에만 의존한 생산력 증가는 곧 한계에 부딪히고, 농촌 대중은 궁핍화될 수밖에 없다.

청조 말의 상황도 기어츠가 묘사한 자바의 상황과 유사했다. '농업의 내권화'는 중국 농민들의 삶의 질을 떨어뜨렸다. 이제 조곡(粗穀)인 옥수수, 감자, 보리, 기장 등이 빈자의 주식이 되었다. 17세기에 쌀이 전국 식량의 70퍼센트를 차지했다면, 1930년대에는 그 비율이 겨우 36퍼센트에 머물렀다. 반면 옥수수, 감자 등 아메리카가 원산지인 작물이 식량의 20퍼센트를 차지했다.

당시 산동성의 가난한 사람들은 이렇게 먹었다고 한다. 가장 가난한 사람들은 1년 내내 끼니마다 고구마를 먹었다. 좀 덜 가난한 사람들은 옥수수에다 기장을 더했고, 좀 부유한 사람들은 밀가루를 추가했다. 가장 부유한 가족만이 밀가루 음식만으로 식사를 했다. "고구마-옥수수-밀가루"라는 음식물의 위계가 명백히 존재했던 것이다. 화북의 다른 지역에서도 주식은 기장과 옥수수 가루로 만든 수프와 찐빵이었다. 비교적 풍요로웠던 남부 광동성에서도 1년 중 3-4개월은 옥수수가 주식이었다.

아메리카산 작물로 인해서 가난한 사람들도 비록 장기간 굶지는 않았지만, 자연재해나 사회적 불안에 따른 주기적인 기근이나 농민반란까지 사라진 것은 아니었다. 19세기 중반에서 마오쩌둥(毛澤東)의 농민혁명까지 중국의 농촌사회는 수시로 기근과 반란으로 흔들렸다. 하지만 잦은 혼란은 불충분한 생산으로 인한 식량부족 사태가 아니었다. 보다 중요한 요인은 청조의 중앙권력이 흔들리면서 붕괴된 관개 및 물류 시스템이었다. 다른 한편으로 아편전쟁(1839-1842) 이후 본격화된 개방과 농민경제의 상업화가 농민들의 삶에 나쁜 영향을 미쳤기 때문이었다.

농민혁명으로의 길

20세기에 들어와서 인구와 자원의 균형은 다시 깨졌다. 아편전쟁 이후 청조와 민국기(民國期 : 1919-49)의 중앙정부는 관개사업을 제대로 관리할 수 없었다. 관개사업의 방기는 중국 농업의 근간을 흔드는 것이었고, 자연스레 사회의 혼란을 가중시켰다. 그리고 영국을 위시한 구미 열강과 일본의 잦은 간섭 전쟁도 중앙정부를 약화시켰다. 정부는 정통성 위기를 겪고 있었고, 사회에 대한 통제력마저 상실하고 있었다. 도처에 비적 떼가 날뛰었고, 농촌사회는 붕괴되었다. 지방에는 군벌들이 득세했고, 행정상의 부패는 극에 달했다.

수리관개 시설은 파손되었다. 흙으로 만든 제방은 침식으로 약화되었고, 물이 불어나면 쉽게 터졌다. 하천의 준설도 소홀히 하여 하천의 용량도 감소했다. 큰 비에는 홍수가 났고, 비가 조금만 내리지 않아도 한해가 닥쳤다. 각종 농작물의 병충해도 잦았다. 1931년 여름에 양자강이 범람하여, 1,400만 명의 이재민이 발생했다. 1935년에는 양자강과 황하가 모두 범람했고, 열세 개 성(省)에는 가뭄이 덮쳤다. 20세기 들어와서 중국에서는 도합 2,200만 명의 아사자가 발생했다.

거센 상업화의 물결도 중국 농민들을 괴롭혔다. 소작농민들은 비싼 소작료와 고리대를 갚기 위해서 상업작물인 면화나 담배 또는 아편을 재배했다. 대두, 땅콩, 채종, 팜유(니스와 페인트의 원료)를 심기도 했다. 하지만 상업작물은 미작보다 위험도가 더 높았다. 성공한다면 큰 이익을 남길 수 있었지만, 실패한다면 토지나 저축한 돈을 모두 잃을 수도 있었다. 특히 흉작, 가격의 하락, 시장의 기능 상실이 생길 경우 가족의 생계까지 위협을 받았다. 1930년대 초의 대공황은 환금작물을 생산하는 농가에 막대한 타격을 입혔고, 지역 수공업을 몰락시켰다.

옥수수는 이제 빈자의 식량이 되었다. 옥수수 전병이나 죽으로 끼니를 이었던 농민들은 다행히 고추나 토마토, 감자나 고구마와 같은 다른 아메리카 작물을 같이 보충할 수 있었기 때문에 비타민을 섭취할 수 있었다. 그 덕분에 남부 이탈리아의 농부나 미국의 흑인 소작농들과는 달리 펠라그라의 위협에서 자유로울 수 있었다. 그러나 옥수수 죽과 고구마만 먹고 계속 살 수는 없었다. 농민들은 왜 자신들이 이렇게 고통스런 삶을 지탱해야 하는지 물었다. 그들은 누구라도 질서를 복원시켜주었으면 했다. 장제스(蔣介石)의 국민당(國民党)과 마오쩌둥의 공산당(共産党)이 새로운 '질서당'(秩序党)이 되기 위해서 경쟁을 했고, 농민들은 마오쩌둥의 손을 들어주었다. 혁명 이후 중앙권력이 확립되자 경작면적은 다시 두 배로 증가했고 식량의 자급자족이 재개되었다.

45. 달리는 옥수수

달리는 옥수수

중국에서는 자동차가 옥수수를 태우며 달린다. 마치 브라질에서 설탕을 태워 만든 알코올로 자동차가 달리는 것과 같은 이치이다. 2001년 12월 길림시(吉林市)는 옥수수를 태워 에탄올을 만드는 프로젝트를 발주했다. 2003년을 목표로 180만 톤의 옥수수를 이용하여 60만 톤의 알코올 연료를 생산한다고 한다. 여기에서 정제된 에탄올은 가솔린이나 디젤유에 섞어서 사용한다. 개발계획위원회의 관리 류티에난은 다음과 같이 말한다.

"중국의 자동차들이 옥수수를 '태우기' 시작한 것은 대단히 중요한 일이다. 알코올 연료를 대중적으로 이용하면 중국의 에너지 자원을 절약하는 데에 도움이 되고, 재고물량의 곡식도 처분하며, 환경에도 좋은 일이기 때문이다."

한마디로 말하면 일석삼조라는 이야기이다. 빈농들의 주식에서 이제 에탄올로 진화한 옥수수의 인생유전은 정말 드라마틱하다.

이 알코올 연료 프로젝트가 동북부 지역에서 시작된 것을 보니, 이곳의 옥수수 농사가 괜찮았던 모양이다. 이 지역의 작황은 지난 몇 년간 계속 좋았고, 그 덕분에 재고량이 넘쳤던 것이다. 만약 가솔린과 알코올 연료를 10:1로 섞어서 사용하면 연간 가솔린 소비량이 1,640만 톤이나 절약되는 모양이다. 이 정도를 생산하는 데에 소비되는 옥수수도 총 생산량의 8퍼센트 정도면 되니까, 식량안보에도 큰 위협이 되지 않는다고 관리들은 말한다(「인민일보」 2001. 12. 6.).

중국은 현재 고도성장 때문에 가솔린 소비량이 크게 늘어나고, 2020년이면 석유 소비량의 절반에 해당하는 2억5,000만 톤을 수입에 의존해야 한다고 한다. 따라서 이들도 중동 석유에 관심이 많다. 미국이 이라크 전쟁을 전격적으로 치른 이유 가운데 하나도 중국의 에너지 공급원에 대한 통제력을 높이겠다는 것이라고 분석가들은 말하기도 했다. 여러모로 에너지 공급에 힘을 쏟고 있는 중국 당국이 석유를 대체하거나 보완할 수 있는 새로운 연료 개발에 힘을 쓰는 것은 당연하다.

이런 이유 외에도 옥수수 에탄올은 환경 친화적인 연료일 뿐 아니라 옥수수 재고분을 처분해주기 때문에 금상첨화이다. 그러나 아직은 해결해야 할 문제가 있다. 옥수수 3톤 가격이 3,000위안인 데 반해서 이것으로 1톤의 에탄올을 생산하는 데에 드는 비용은 4,000위안이기 때문이다. 대체 에너지는 바람직하지만, 생산단가를 줄이는 기술 개발이 요구된다.

현재 중국은 미국을 이어 옥수수 생산 제2위국이다. 미국이 세계 생산량의 39퍼센트를 생산하는 반면, 중국은 2000년 현재 18퍼센트에 해당하는 1억3,000만 톤을 생산한다. 미국의 중서부 콘필드에 해당하는 것이 중국의 길림성(吉林省), 요녕성(遼寧省), 산동성(山東省), 하북성(河北省), 산서성(山西省)이다. 이곳 북부 평원과 북동부 지방이 옥수수 경작지의 65퍼센트를 차지하고 있기 때문이다. 옥수수는 국내 작물로도 쌀을 이어 2위 작물로 자리잡았다. 주식이나 보조식량이었던 옥수수가 밀을 제치고 2위 작물로 올라선 까닭은 무엇일까?

생산증가의 원인

공산당이 지배한 지 30년이 지나도 바뀌지 않았던 농업생산 패턴은

1970년대 말 이후 농업개혁과 더불어 무너지기 시작했다. 1970년대까지 옥수수 수확량의 증대는 주로 신품종을 배급함으로써 가능했다. 1978년에서 1984년 사이에 초기 개혁 조치가 실행되자, 수확량은 연평균 4.1퍼센트 수준으로 증가했다. 생산성 증가는 주로 가계농과 생산책임제의 도입과 같은 제도개혁에도 힘입었지만, 또 하이브리드 품종이나 병충해에 잘 견디는 종자의 도입에도 기인하는 바가 컸다. 옥수수의 증산은 상대적으로 정체된 쌀과 밀의 생산에 비하면 경이적인 것이었다. 1995년에 옥수수 생산량은 1억1,100만 톤을 기록했다. 그전해에 비해서 12퍼센트나 증산되었던 것이다.

증산의 첫 비결인 농업개혁은 생산책임제(生産責任制)의 도입으로 시작되었다. 인민공사(人民公社)가 해체되고 가계가 의사결정의 주체가 되었고 수익영농의 주체가 된 것이다. 개별 가계는 지방정부의 대리인과 15-30년 기간의 토지계약을 맺는다. 농가는 일정한 쿼터의 물량을 정부가 지정한 가격에 납품하고, 나머지는 마음대로 처분할 수 있다. 농민은 이러한 개혁조치로 인센티브가 크게 자극되었다.

농업개혁 이후에도 중국농촌의 옥수수 영농은 다른 곡물의 경우와 마찬가지로 여전히 소규모의 노동집약적 영농이다. 경작지의 규모는 남부에서는 1무(畝 : 1/15헥타르), 북부에서는 2무 정도이다. 1995년 기준으로 4-5인 가족의 옥수수 농가가 경작하는 평균 면적은 불과 0.5헥타르에 불과하다. 미국의 중서부 옥수수 농사와는 차원이 다른 셈이다.

작은 면적에 많은 소출량을 올리기 위해서 중국 농민들은 가능한 노동량을 최대한 늘린다. 1994년 헥타르당 투입된 농부의 노동일은 220일이나 되었다. 이 수치도 1980년대 초 경제개혁을 하기 전에 비하면 60퍼센트 수준에 해당하는 것이라고 하니, 개혁 이전에는 1년 내내 농부들은 옥수수 밭에서 일을 했다고 보면 될 것이다. 그들은 비료도 상대적으로 많이 사용한다. 1994년의 경우 헥타르당 질소비료 소비량이 동북부에서는 492킬로그램이었고, 남부에서는 390킬로그램이었다고 한다.

경제개혁으로 농가의 생활이 개선되자, 돼지고기와 소고기 그리고 가금류의 소비량이 1990년대 중반에 이르러 개혁 이전보다 세 배나 늘었다. 특히 1인당 육류 소비량은 5킬로그램 미만에서 20킬로그램으로 증가하는 현상을 보였다. 이제 사료용 옥수수에 대한 수요가 급증했다. 주식이나 보조식량으로 옥수수가 누린 지위는 이제 사라지고, 대부분 시장을 향한 생산물로 둔갑했다. 대규모 축산업자들이 대량으로 구매를 하기 시작했기 때문이다. 1990년에는 옥수수 소비량의 57퍼센트가, 2000년에는 75퍼센트가 가축사료로 이용되었다. 이제 중국에서도 옥수수는 주로 돼지고기나 닭고기, 오리고기로 변신하고 있다. 겨우 25퍼센트만이 식량과 가공식품으로 이용되고 있다.

옥수수 전쟁

2002년 중국은 세계무역기구(WTO)에 가입함으로써 세계경제의 책임 있는 일원이 되었다. 하지만 옥수수의 경우에는 미국과 한판의 전쟁을 벌여야 할 입장이 된 것이다. 중국은 우선 2002년에 옥수수 관세율 쿼터(1퍼센트 관세)로 590만 톤을 책정했다. 2004년에는 국내 소비량의 6퍼센트 정도에 해당하는 720만 톤으로 증가될 것이다. WTO 규정에 따르면 중국은 옥수수를 수입할 의무는 없다. 다만 시장상황이 수입을 요구하면, 관세율 쿼터량을 이용하여 1퍼센트의 세율로 수입을 허용할 수 있다.

중국이 WTO 체제로 들어오자, 미국 중서부 옥수수 생산농가와 곡물회사들은 휘파람을 불기 시작했다. 이들이 꿈꾸고 있는 시나리오는 이렇다. 중국 당국이 옥수수 가격지지 정책을 포기하고 낮은 품질의 옥수수에 대한 정부 구매량을 점차 줄인다면, 옥수수 농가들은 인센티브를 잃을 것이다. 옥수수 가격이 떨어지고 정부 구매량이 줄어들면, 당연히 경작면적도 줄어들 것이다. 생산량이 줄어들지만, 고기 소비량이 매년 5퍼센트씩 증가하고 있으므로 옥수수의 국내 소비량은 계속 증가할 것이다. 그렇다면 중국은 경쟁력 있는 미국 옥수수 수입량을 늘려 부족분과 늘어나는 소비량을 보충하는 도리밖에 없다. 미국의 곡물회사들은 상당한 옥수수를 수출할 수 있을 것이고, 중서부 옥수수 농가는 가격상승으로 덕을 볼 것이다. 이상이 옥수수에 관한 아메리칸 드림이다.

중국 당국은 먼저 옥수수 농가에 대한 수출보조금을 없앴다. 미국은 제3국 시장에서 중국과 힘겹게 경쟁을 하지 않아도 된 것이다. 하지만 중국 국내의 보조금 문제도 미국으로서는 쌍방협상을 하여 조정해야 할 문제이다. 샅바 싸움에 들어간 것이다. 과연 미국의 아이오와 옥수수가 중국 시장을 어떻게 뚫을 것인지 귀추가 주목된다.

제7부

감자 : '완전 식품'의 정치경제학

46. 안데스의 선물

최초의 냉동건조식품 추뇨

감자는 안데스에서 태어났고 안데스의 다양한 문명들을 살찌웠다. 야생종 감자는 이미 7,000년 전부터 존재했다고 한다. 그렇지만 안데스 원주민들이 밭에 감자를 재배한 흔적은 기원전 5,000년경부터 나타난다. 감자 모양의 질그릇이 처음 등장한 것은 1세기경의 나스카 문명이었다. 냉동 감자 추뇨(chuño)를 먹은 잉카의 병사들은 제국의 경계를 넓혔고, '잉카의 길'을 닦았다. 마추피추나 쿠스코에 남아 있는 그들의 빼어난 건축물들의 흔적은 오늘날에도 경탄을 자아낸다. 모두 감자의 힘이 만들어낸 것이다. 감자는 오늘날에도 안데스 음식의 단골손님이다. 쿠스코에서, 마추피추에서 식사를 하면 어김없이 맛있는 감자 수프, 튀김, 찐 감자가 항상 따라나온다. 리마의 국제 감자 센터에는 3,600여 종의 감자 표본이 전시되어 있다.

옥수수 경작의 고도 한계는 3,300미터이다. 하지만 감자는 4,500미터 고지에서도 잘 자란다. 서리가 잦고, 토양이 척박한 안데스 고지대의 원주민들에게 감자는 파차마마(안데스의 삼신 할미)가 내린 귀한 선물이었다. 원주민들은 곧 추운 기후를 이용하여 감자를 오래 보존하는 방법을 발견했다. 세계 최초의 '냉동건조식품'이라고 할 수 있는 추뇨가 탄생한 것이다. 사람들은 안데스 산맥의 매서운 추위에 감자를 얼렸고, 다음날 녹을 때 밟아서 으깼다. 이 과정을 여러 번 되풀이하면

수분은 제거되고 바짝 마른 추뇨가 만들어졌다. 이 과정에서 알칼로이드의 독성과 쓴맛도 함께 제거되었다. 추뇨는 저장하기도, 수송하기도, 요리하기도 간편했다. 잉카 제국은 곳곳의 창고에다 추뇨를 저장하여 재난이나 흉작 때 적절하게 이용했다. 그 덕분에 이 시절에는 흉작에 따른 기근현상이 거의 없었다.

감자가 세운 잉카 제국

안데스의 지형은 수직적인 군도(群島, vertical archipelago)의 모습을 띠고 있다. 아마존 방향의 저지대에서는 코카가 생산되고, 안데스의 저지대에서는 옥수수, 콩, 호박이 생산된다. 안데스의 고지대에서는 주로 감자를 생산하고, 푸노(puno)라고 불리는 산악평원 지대에서는 야마(llama)를 방목한다. 하지만 사람들이 집단적으로 사는 마을은 주로 감자 생산지대에 밀집해 있다.

윌리엄 이스벨은 어떤 국가가 다양한 생태환경을 통제하고 있다면, 흉작으로 인한 기근의 가능성을 줄일 수 있다고 주장했다. 작황이 좋은 곳의 잉여작물을 기근이 심한 곳으로 이동시키면 되기 때문이다. 안데스의 경우 교환의 중심은 감자였다. 다양한 생태환경을 통제했던 잉카 제국이 수행한 정복사업도 따지고 보면 감자에 기초한 '에너지 평준화 메커니즘'이었으리라. 감자의 힘에 기초한 제국은 도로망을 통해서 각 지역에서 생산되는 주산품의 잉여분을 필요한 곳으로 이동시켰고, 거대한 교환의 체계를 개발할 수 있었다.

다양한 생태환경들 사이의 교환체계는 시장과 화폐가 없이도 잘 움직였다. 근대 이전의 국가에서 기근을 방지하는 일만큼 중요한 일이 있었을까? 잉카 제국은 '콜카'라는 국가창고 제도를 통해서 추뇨, 의류, 차르키(charqui : 말린 고기로 육포 '저키'는 이 말에서 유래한 것이다)를 항상 일정한 분량만큼 저장하게 했고, 이것으로 흉작에 대비했다. 사람들은 일정한 노역의 의무는 졌지만, 세금을 내지 않았고, 최소한 먹는 것은 보장되었다.

하지만 문자도 없던 그 거대한 제국이 어떻게 유지될 수 있었을까? 행정과 관리의 천재였던 잉카인들은 글자 대신 뛰어난 통계기법으로 제국을 통치했다. 이들은 일종의 결승문자라고 할 수 있는 키푸(quipu) 시스템을 개발했고, 그것을 통해서 제국의 인구와 부를 기록할 수 있었다. 10진법에 기초한 키푸는 제국 내에서 생산되는 온갖 물품들을 기록한 부기장이었고, 거대한 제국을 너끈히 관리할 수 있었다. 2만 3,000킬로미터나 뻗어 있는 '잉카의 길'은 제국의 고속도로이자 통신망이었다. 파발꾼과 짐꾼들은 길 옆의 역참(탐보)에서 쉴 수 있었고, '네 방위 제국'(타완틴수유)의 모든 정보와 잉여물품을 교환하고, 중앙으로 보냈다.

감자 농사

지금도 쿠스코 주변이나 마추피추를 가보면, 안데스 사람들의 영농법을 살펴볼 수 있다. 세월이 변해도 거의 변하지 않은 것이다. 그들은 이전부터 관개설비에 뛰어난 재능을 보였다. 물줄기의 흐름을 일정하게 조절하는, 돌로 만든 관들이 계단식 밭 가까이에 있다. 돌을 자유자재로 다룰 수 있는 솜씨는 여기에서도 잘 드러난다. 예전에는 비료로 새똥 무더기인 구아노(guano)를 이용했다면, 요즘은 화학비료를 이용하는 차이가 있을 뿐이다.

그들은 지금도 과거에 썼던 타크야(taclla)라는 간단한 농기구 하나를 이용하여 감자 농사를 한다. 타크야는 발을 이용하는 나무 쟁기의 일종이다. 가축의 힘이나 다른 농기구는 거의 이용하지 않았고, 지금도 그렇다. 이들에게 감자 농사는 공동체적 삶의 일부이다. 노동은 항상 무리를 지어 함께 한다. 남자들은 일렬로 서서 타크야 질을 하며 나아간다. 큰 흙덩이는 여인네들이 잘게 부순다. 사람들은 와이노(wayno : 안데스 지방의 민속음악)를 부르며 경쾌하게 노동을 한다. 옥수수 막걸

잉카 시대의 감자 영농법. 구아만 포마 데 아얄라 판화. 남자들이 타크야라고 하는 나무 삽으로 땅을 파면 여자들이 흙더미를 고른다(①). 쉴 때는 옥수수 막걸리인 치차를 마신다(②). 감자를 캘 때도 같이 노동한다(③).

리인 치차(chicha)도 곁들이면 노동요의 여흥은 더욱 커진다.

잉카 제국 시절에는 남녀가 함께 감자 농사를 지었다. 하지만 얌(yam)을 생산하는 남미에서는 밭일은 주로 여자들의 몫이었다. 프레이저는 「황금가지」에서 안데스의 농사방식은 여성의 일감에서 남성의 일감으로 이행하는 과도기적 현상일 것이라고 분석했다. 그에 따르면, 원래 식물을 자라게 하는 생식력은 여성적인 것이라는 신념이 고대 사람들에게 강했기 때문에, 농사일은 애초에 여인들의 몫이었다. 후일 노동의 강도가 강화되면서 남자들의 몫으로 옮겨갔을 것이라고 한다.

포테이토, 배달사고의 결과

잉카 제국을 탄생시킨 안데스 감자의 힘은 요즘 많이 쇠약해졌다. 안데스의 감자 소비량과 생산성은 이미 유럽에 크게 뒤진다. 페루와 볼리비아 사람들도 여전히 감자를 많이 먹고 있지만, 1인당 소비량은 러시아, 폴란드, 독일, 벨기에 국민들에 비해 훨씬 뒤진다. 생산성도 유럽 농민들이 훨씬 높다. 네덜란드 농민들은 1에이커당 42톤을 생산하지만, 페루와 볼리비아 농민은 겨우 10톤 미만을 생산한다. 감자 재배 면적이 가장 넓은 나라는 러시아이다. "기적의 수확물"(브로델) 감자는 안데스의 원주민들이 유라시아에 제공한 귀중한 선물이었다. 유럽의 산업혁명도, 농업혁명도 안데스 감자의 도움을 빼고는 이야기할 수 없다. 저개발국들도 감자의 신비를 깨닫고 200년 전 유럽의 경험을 재생하려고 한다. 1960년대에 들어와서 제3세계의 감자 생산량도 크게 증가하고 있다.

안데스의 케추아 원주민들은 감자를 '파파'(papa)라고 불렀다. 1500년경 안데스 감자가 중남미 전역에 퍼지면서 스페인어로도 자연스레 '파파'로 통하게 되었다. 그렇지만 영어권으로 넘어갈 때 배달사고가 발생했다. 전말은 이렇다. 카리브 해의 타이노 원주민(오늘날 아이티와 도미니카 공화국 지역에 살던 원주민)은 보조식량으로 이용하고 있던 고구마를 '바타타'(batata)라고 불렀다. 이들을 처음 조우한 스페인 사람들은 이를 '파타타'(patata)로 알아들었고, 뒤에 들어온 영국인들은 이 고구마를 가져가면서 '포테이토'(potato)라고 불렀다. 1588년 영국에 감자가 들어왔는데, 영국인들은 겉모습이 비슷해서 그런지 그것도 그냥 포테이토라고 불렀다. 영국인들은 곧 자신들이 실수했다는 것을 알아챘고, 임기응변을 발휘했다. 단맛이 나는 고구마는 곧 '스위트 포테이토'로 둔갑했고, 덤덤한 맛의 감자는 '화이트 포테이토' 내지는 그냥 '포테이토'라고 불렀던 것이다.

47. 감자로 이긴 전쟁

감자의 초상화

"나는 램프 밑에서 감자를 먹고 있는 이 사람들이 접시 안에 놓인 바로 그 손으로 땅을 팠다는 점을, 다시 말해서 손노동으로 정직하게 자신의 음식을 획득했다는 점을 명확히 하려고 했다…… 밭에서 익은 강냉이나 감자 냄새가 나고 쇠똥이나 거름 냄새가 나는 경우 그것은 건전한 것이다. 특히 도시 사람들에게는 말이다." 반 고흐는 소박한 농민들의 질박하고 건강한 삶에 감동을 받았고, 그들의 모습을 걸작 "감자를 먹는 사람들"(1885)에 생생하게 담았던 것이다. 그리고는 동생 테오에게 농민화에 심취한 자신의 심경을 편지에 써서 보냈다. 그는 상업화된 네덜란드의 도시문명이 싫었고, 대지의 풋풋한 냄새를 맡고 싶어서 농촌에 왔다. 이 시절 그는 매일 야외에 나가 호미를 들고 감자를 캐거나, 잡초를 뽑는 농민들의 모습을 스케치했고, 또 실내에서 감자껍질을 벗기는 아낙네들을 유심히 관찰했다. 감자를 그린 정물화도 네 점이나 전한다. 대서양을 건넌 안데스의 감자는 반 고흐라는 위대한 화가의 손을 통해서 자신의 초상화를 남기게 되었다.

그러나 1570년 페루에서 감자가 대서양을 건너왔을 때에는 아무도 이 구근식물(球根植物)을 주목하지 않았다. 사람들은 땅 속에서 나는 이 뿌리를 경원시했다. 흉측한 모양의 감자를 먹으면 나병에 걸린다는 속설이 퍼졌다. 러시아 정교회의 한 분파는 이를 '악마의 식물'이라고 불렀고 감자, 토마토, 설탕을 먹는 것은 죄악이라고 설교했다. 그 이유는 성서에 기록이 없기 때문이라고 했다.

그러나 18세기에 들어와서 기근에 대비한 식품으로 감자와 옥수수의 경작이 유럽에 확산되자, 엄청난 사회적 변화가 일어났다. 무엇보다 인구증가가 뒤따랐다. 감자의 단위면적당 칼로리 생산량이 다른 작물에 비해서 훨씬 더 컸기 때문이었다. 요즈음에도 1헥타르에 생산된 감자의 칼로리 량은 750만인 데에 비해서 밀의 칼로리 량은 420만밖에 되지 않는다. 당연히 계몽군주들은 감자 심기와 보급을 독려했다. 18세기 말에 이르면 감자는 유럽의 농민과 도시 빈민들의 주식으로 부상했다. 감자는 저장하기도, 요리하기도 너무 편했다. 땔감이 부족했고, 오븐이 없었던 농민들은 번잡스런 빵 굽기 행사에서 벗어나서 너무 좋아했다. 농민들은 점차 빵을 멀리했고, 찐 감자와 옥수수 죽을 먹기 시작했다.

감자의 국제정치

감자는 유럽의 정치판도도 바꾸어놓았다. 이제 추운 지방에서도, 조그만 밭 뙈기에서도 잘 자라는 감자가 새로운 식량과 칼로리 자원으로 등장하자, 북부 지방의 국가들도 군량미 비축이 쉬워졌다. 계몽군주 에카테리나 여제(1762-1796)의 러시아 육군도, 역시 계몽군주 프리드리히 대왕(1740-1786)의 프로이센 육군도 빠른 속도로 팽창했고 그 힘을 남쪽 이웃 나라로 발산하기 시작했다. 권력의 중심추가 남쪽에서 북쪽으로 이동했던 것이다. 프로이센과 영국이 뜨기 시작했고 프랑스, 이탈리아, 스페인은 상대적으로 약세로 돌아섰다. 감자를 농민들의 주식 대용으로 받아들인 러시아는 짧은 시간 내에 강대국 반열에 올랐다. 러시아는 늙은 사자 오스만 튀르크 제국을 괴롭히며 크림 반도를 잠식하기 시작했다. 프로이센, 러시아, 오스트리아에 둘러싸인 폴란드는 나라가 망할 지경에 이르렀다. 러시아와 프로이센은 대국 폴란드를 1772

년, 1793년, 1795년 세 차례에 걸쳐 분할하여 먹어치웠고, 1807년에는 초라한 모습의 바르샤바 대공국만 남겨놓았다. 감자의 힘이 유럽 지도에 영향을 주기 시작했던 것이다.

감자의 덕을 크게 본 또다른 나라는 영국이다. 나폴레옹과 전쟁을 치를 무렵, 영국은 식량 조달에 곤란을 느꼈다. 자국의 밀 생산을 늘리기 위해서 경작지를 늘렸지만, 정부가 가격을 통제하지 않았기 때문에 밀 값은 폭등했다. 대중은 빵을 대신할 대체재로 감자에 눈을 돌렸고, 감자 경작지도 이와 더불어 크게 늘어났다. 감자는 이제 영국 대중의 식탁에 오르는 주식의 일부가 되었다.

감자로 이긴 '큐비스트 전쟁'

양차 세계대전 기간 중에도 감자는 영국의 승리에 큰 기여를 했다. 제1차 세계대전에 등장한 잠수함과 비행기는 전쟁의 성격을 크게 바꾸었다. 한 전장(戰場)에서의 승패가 전쟁의 승패를 결정짓는 시대는 이제 지나갔다. 전쟁은 드디어 총력전(總力戰)이 된 것이다. 여러 개의 전장에서 동시 다발적으로 전투가 이루어졌다. 육상전, 해전, 공중전도 전체적으로 조정되어야 했고, 전장과 국내의 연계도 커졌다. 피카소의 큐비즘 그림처럼, 전쟁도 다차원적인 양상을 띠었다. 이것이 합동참모본부가 탄생한 원인이었다. 합동참모본부는 새롭게 등장한 '큐비스트 전쟁'(Cubist warfare)에서 모든 것을 조정해야만 했다. 이제까지의 전쟁에서는 군인들의 식량보급이 병참의 중심과제였지만, 이제는 국내의 식량보급 문제도 중요한 하나의 전선, 곧 식량전선(Food Front)을 형성했다.

무엇보다 독일의 유보트 잠수함들은 영국의 식량 보급선들을 위협했다. 당시 영국은 곡류의 80퍼센트, 육류의 40퍼센트를 외국에서 조달하고 있었다. 개전 초기에는 별 영향이 없었다. 하지만 1915년 4월에 이르자, 내각은 독일 잠수함들에 의한 타격이 심각하다는 사실을 알게 되었다. 전쟁이 장기화된다면 식량 조달이 큰 골칫거리가 될 수밖에 없었다. 내각은 곧 국내의 식량증산을 위해서 농업부 산하에 식량 생산국을 신설하고 총력 생산에 나섰다.

온갖 노력을 한 덕분에 1918년에 이르면, 곡류와 감자 모두 국내 생산량을 50퍼센트 정도 증산할 수 있었고, 식량전선에서 승리를 거둘 수 있었다. 제1차 세계대전을 통해서 정치가들은 명백한 사실을 깨달았다. 동일한 면적이라면 감자가 밀보다 두 배 이상의 많은 인구를 먹일 수 있다는 단순하기 짝이 없는 경제적 진실 말이다. 제1차 세계대전은 감자의 힘을 다시 한번 각성시켰던 것이다다. 그리고 제2차 세계대전 때에는 전시 식량으로 감자의 위치가 더욱 공고해졌다. 이제 감자는 밀 빵의 대용품이라고 말하기 힘들 정도였다. 영국 정부는 감자를 주된 칼로리 공급원으로 파악했고, 감자 증산에 온 힘을 다했다. 한계지에도 감자를 심게 하고는 에이커당 10파운드의 보조금을 지불했다. 그 덕분에 감자 경작지는 1939년의 70만 에이커에서 1945년에는 140만 에이커로 두 배나 증가했다. 생산량도 당연히 두 배 이상 증가했다.

소비 캠페인도 요란했다. BBC 방송은 인기연예인 '거트와 데이지'가 출연하는 모닝 토크쇼를 이용하여 빵 대신 감자를 먹자는 캠페인을 벌였다. 빵을 게걸스럽게 먹는 식충이를 감자 기사가 검으로 찌르는 포스터도 등장했다. 모두가 감자 예찬론자가 되었다. 하지만 문제도 없지 않았다. 베버리지 경은 다음과 같이 말했다.

"감자의 장점은 생산과 노동비용이 증가하면서 감소된다. 이보다 더 큰 문제는 감자가 대단히 투기적인 성격을 지닌 작물이기 때문에, 부족할 때 수입으로 보충하기가 어렵고, 잉여가 있을 경우에는 팔 시장을 찾기가 힘들다는 점이다. 대단히 가변적인 이 작물은 저장기간이 제한되고, 병에 약하며, 대량생산으로 가격변동 폭이 크다. 감자와 더불어 우리는 국제무역 이전 단계로 후퇴한 셈이다. 중세의 밀 가격처럼, 감자의 가격 등락도 급격하다."

베버리지 경의 고민에도 불구하고, 감자는 전시기간 동안 거의 대부분이 식용으로 사용되었다. 골칫거리인 잉여분 감자는 제당공장을 개조한 시설에서 건조 감자를 만들어 소의 사료로 공급하려고 했다. 하지만 대부분의 감자는 얇게 잘라 말렸고, 이렇게 잘 가공한 감자 스트립은 곧바로 해외에서 전투수행 중인 군인들의 식량으로 보내졌다. 잉여분의 감자는 전혀 썩지 않았고, 짐승의 식량으로는 거의 소비되지 않았다. 베버리지 경의 고민은 기우로 끝났던 것이다.

48. 아일랜드와 감자

소 떼가 사람을 먹어갔다

사람은 빵만으로는 살 수 없다. 하물며 감자만 먹고 어떻게 살 수 있으랴. 그런데도 감자만 먹고 버티다가 100만 명 이상이 굶어 죽은 나라가 있다. 산업혁명이 일어난 영국의 이웃나라인 아일랜드가 그 주인공이다. 아일랜드는 산업혁명의 혜택을 보기는커녕 영국에 위치가 가까운 덕분에 피해를 단단히 본 지리적 공간이다. 우리나라나 멕시코, 폴란드도 그랬지만, 강대국 옆에서 살려면 그만큼 힘이 드는 법이다.

17세기부터 아일랜드의 경제는 회복, 파괴, 반란이 주기적으로 반복되는 악순환을 경험한다. 악순환의 끝은 감자 역병이 몰고왔던 대기근(1845-49)이었다. 볼테르가 「영국 서한」에서 종교적 관용의 대명사로 극찬했던 영국이었으나, 아일랜드 가톨릭에 대해서는 영국은 착취와 불관용의 나라였다. 역사적으로 '성 바르톨로메오의 대학살'이 가톨릭의 불관용을 증언하고 있다면, 아일랜드의 대기근은 프로테스탄트의 불관용을 생생하게 기록하는 모델 케이스이다.

17세기 영국에서는 잘 발달한 해안과 강을 이용한 물류 시스템 덕분에 도시가 급속도로 발달하기 시작했다. 목탄 소비가 증가하자, 영국의 산들은 헐벗기 시작했다. 당연히 영국은 아일랜드의 나무를 탐냈고, 아일랜드에서 목재와 철(철 생산에는 다량의 목재가 투입되었으니, 이것도 역시 목제품의 일종이라고 할 수 있다)을 수입했다. 나무 관련 산업이었기 때문인지 목축에 종사했던 아일랜드 농민들은 별로 영향을 받지 않았고, 여전히 식단에는 우유, 쇠고기, 귀리가 풍성했다.

그러나 17세기 중반기에 들어와서 런던 인구가 크게 증가하자, 아일랜드의 축산업은 영국 시장을 겨냥한 수출산업으로 둔갑한다. 방목하여 키운 소는 대부분 영국으로 수출되었다. 중심부가 요구하는 것을 생산해서 공급하는 주변 경제권으로 편입되었던 것이다. 당시 연평균 6만 두의 육우가 수출되었고, 이것이 아일랜드 수출의 75퍼센트를 차지했다. 그 덕분에 아일랜드 농민의 식단에서 쇠고기가 사라졌다. 18세기 들어와서는 귀리 밭도 방목지로 변해갔다. 영국에서는 "양 떼가 사람을 먹어갔지만", 아일랜드에서는 "소 떼가 사람을 먹어갔다." 소위 아일랜드판 엔클로저 운동이 시작된 것이다. 귀리 죽을 먹던 농민들은 점차 감자와 우유로 주식을 대체해야만 했다.

감자가 뿌리를 내린 이유

아일랜드는 감자 농사에 최적지였다. 안데스에서 유래한 감자는 추위나 고산 지대에도 잘 견디지만, 강수량이 풍부한 저지대에서는 더더욱 잘 자란다. 아일랜드 서부 지방은 연평균 1.5미터 가량의 비가 내렸다. 게다가 멕시코 만류도 흘러 겨울철과 봄철의 기후도 온화했다. 감자는 구근 식물이라 자주 겪는 폭우로 인한 피해의 염려도 없었다. 아일랜드만큼 좋은 조건을 지닌 입지는 없었다.

감자가 아일랜드 농민들의 주식으로 뿌리를 내리는 데에는 또다른 요인도 있었다. 무엇보다 음식 조리가 너무 편했던 것이다. 귀리와 달리 탈곡할 필요도 없었고, 건조시킬 필요도 없었다. 죽을 쑤기 위해서 솥 옆에서 오랫동안 팔이 아프게 저을 필요도 없었다. 그냥 땅에서 캐내어 물에 씻어서 삶으면 그만이었다. 먹을 때에도 그냥 껍질을 까서 먹으면 그만이었다. 세간살이도 냄비 하나면 해결되었다. 포크도 나이프도 필요없었다.

감자는 단위면적당 소출량도, 칼로리 생산량도 많았다. 농민들은 점차 작은 밭 뙈기에다 감자를 심었고, 나머지는 다른 용도에 사용했다. 1809년에서 1811년까지 아일랜드 전역을 여행했던 에드워드 웨이크필드는 이렇게 계산했다. 하루 평균 1인당 2.5킬로그램을 소비한다면, 1에이커의 밭에서 수확하는 감자로 1년 동안 여섯 명이 먹을 수 있다. 그는 나아가 1헥타르(2.47에이커)에서 수확되는 감자라면 소 네 마리와 돼지 열여덟 마리를 키우고, 4에이커의 밭에 파종할 종자를 생산할 수 있거나 또는 가족 스무 명을 부양할 수 있다고 말했다. 그만큼 감자는 소출량도 많았고, 이용도도 높았던 것이다.

아이리시, '감자바위'

영국인들이 몰려와서 아일랜드를 식민지화하고, 부재지주들이 소작농들에게 까다로운 조건을 부과하자, 불만에 가득 찬 가톨릭 농민들은 경제적 압박과 종교적 차별에 저항하여 반란을 도모했다. 하지만 1649년 크롬웰이 군대를 동원하여 무자비하게 반란을 진압한다. 수천 명이 학살되었고, 잡힌 포로들은 모두 카리브 해의 영국 식민지로 보내졌다. 아일랜드 반란자들은 여기에서 사탕수수와 담배를 재배하는 플랜테이션의 노예생활을 견뎌야 했다.

영국인은 자신들의 지배를 정당화하기 위해서 "아일랜드인은 게으름뱅이"라는 등식을 만들었다. 윌리엄 페티 경은 「아일랜드의 정치적 해부」(1691)에서 다음과 같이 말했다. "모든 아일랜드인은 야만스럽고 더러운 곳에 산다. 굴뚝도, 문도, 계단도, 창문도 없는 통나무집에 산다. 주식이 우유와 감자뿐인지라 싸울 기백조차 없다." 페티 경에 따르면, 아일랜드인들은 감자를 많이 먹어 점액질이 많아서 게으르다. 가톨릭의 생활방식도 진취적이기 않기 때문에 잘살 수가 없다. "왜 그들은 열심히 일해서 잘살려고 노력하지 않는가?"

감자와 가톨릭, 이 두 가지로 아일랜드를 타자화하는 영국인의 논리가 완성된다. 부재지주들의 과도한 착취, 영국경제에 대한 종속성 때문에 농민들이 가난하게 살게 되었지만, 페티의 눈에는 '게으른 가톨릭'이라는 말 한마디로 요약된다. 맬더스도 감자를 주식으로 이용함으로써 아일랜드 인구가 급증하고 있고, 이 때문에 이들이 빈곤하다고 주장했다. 하지만 과연 감자가 빈곤의 원인이었을까?

결코 그렇지 않았다. 아일랜드 빈곤의 진정한 원인은 토지소유권을 둘러싼 법률과 관행이었다. 부재지주들은 소작농에게 견디기 힘든 조건을 부과했고, 그 결과 이들이 감자를 먹을 수밖에 없게 만든 것이었다. 맬더스의 논법은 본말이 전도된 것이다.

아일랜드인들을 타자화하는 논리는 1690년에 바로 입법화되었다. "관용의 나라" 영국은 프로테스탄트와 가톨릭, 영국인과 아일랜드인을 영구히 나누는 제도를 만들었고, 아일랜드인들의 토지를 빼앗았다. 아일랜드 농민들은 이제 러시아 농노와 다름없는 삶을 영위하게 되었다. '형법'(刑法)이라고 불리는 이 법은 프로테스탄트 교도가 토지에 대한 권리를 주장할 수 있을 경우, 가톨릭 교도들이 토지를 구입하거나 상속 내지 보유하는 권리를 부인했다. 가톨릭 교도들은 학교에서 가르치거나, 선거를 하거나, 더블린 대학교에 입학을 할 수도 없었다. 이들은 변호사가 될 수도 없었고, 자유롭게 상인 도제가 될 수도 없었으며, 병역에 복무할 수도 없었다. 심지어 저당을 잡고 돈을 빌려줄 수도 없었다.

가톨릭 교회는 불법화되었고, 가톨릭 아일랜드인의 공직 취임은 금지되었다. 지주, 학자와 교사는 물론 사회적이고 정치적 영향력을 행사하는 어떤 직업도 이들은 가질 수 없었다. 이 악법은 1780년대에서 1790년대에 폐지되거나 완화되었지만, 아일랜드인의 완전한 법적 평등은 1829년 가톨릭 교도 해방령이 제정될 때까지 이루어지지 않았다.

90퍼센트의 가톨릭 교도들은 10퍼센트의 프로테스탄트 교도를 위해서 십일세(十一稅)도 내야만 했다. 영국은 아일랜드에 물건을 팔고, 경제적으로 완벽하게 지배하기 위해서 아일랜드 산업을 체계적으로 철저하게 파괴시켰다. 아일랜드는 영국경제에 부속적인 종속경제가 되었다. 영국경제에 대한 아일랜드의 종속도가 심해질수록 아일랜드 농민들의 감자에 대한 의존도도 그만큼 커져갔다.

그러나 가톨릭 교도들의 영혼을 성공회(聖公會)로 끌어들이는 일은 완전히 실패로 끝났다. 가톨릭 교도들은 더욱 가톨릭적으로 변했고, 영국의 불관용과 착취에 저항했다. 오늘날까지 이어지는 북아일랜드의 폭력사태는 바로 이때 심어진 불관용 정책의 결과였다. 아일랜드인들에게 감자는 영국 프로테스탄트 교도들이 자행한 불관용과 착취를 기억하는 역사적 상징물이 되었다.

49. 대기근과 제임스 조이스

곡물법

18세기에 들어오면서 영국의 쇠고기 수요가 급증하자 아일랜드에서는 귀리 밭도 모두 가축 방목지로 둔갑했다. 농민들은 더욱 좁아진 땅뙈기에서 생산한 감자에만 전적으로 매달리게 되었다. 이제 우유도 점차 식단에서 사라졌다. 18세기 동안 영국의 인구는 두 배로 늘어났고, 그만큼 곡물수요도 급증했다. 산업혁명 초기 단계부터 영국은 곡물을 수입해야만 했다. 국내 생산분만으로는 부족했기 때문이다. 종속경제 아일랜드는 가까운 입지 때문에 다시 작물을 바꾸어야만 했다. 소작농은 협상력이 전혀 없었고, 부재지주 마음대로 생산물을 바꿀 수 있었던 농지제도는 이런 변화에 금방 적응했다.

영국정부도 유인책을 제공했다. 곡물법(Corn Law)이 그것이다. 1784년부터 1805년 사이 "포스터의 곡물법" 덕분에 아일랜드의 곡물 생산은 여섯 배나 증가했다. 곡물법은 아일랜드의 곡물수출에 장려금을 지원했고, 발트 해 국가에서 생산되는 곡물과 달리 특혜를 주었다. 나폴레옹 전쟁 덕분에 군수용 옥수수 수요도 부쩍 늘어났다. 이제 목축지는 다시 곡물 경작지로 바뀌었다. 19세기 동안 아일랜드의 곡물 생산량은 열 배나 증가했고, 그 결과 영국 수입물량의 절반이나 차지하게 되었다.

그러나 정작 아일랜드 사람들은 주린 배를 채울 수 없었다. 1801년

두 나라는 연합왕국(聯合王國)이 되었지만, 아일랜드 인구의 대다수는 압도적으로 궁핍했다. 부재지주들에게 과도한 소작료를 내고 나면 소작농들은 감자로 배를 채울 수밖에 없었다. 18세기에는 소 떼가 소작농들을 밀어냈지만, 19세기 초부터는 곡물이 소 떼와 소작농들을 밀어냈다. 감자에 대한 농민들의 의존도는 거의 절대적이었다. 지주들에 대한 농민들의 게릴라 투쟁도 다시 나타났다.

감자역병과 이민

1845년 감자 역병이 예고도 없이 찾아왔다. 감자가 검게 썩어들어갔고 줄기는 말라 비틀어졌다. 아메리카에서 유행하던 균류(菌類)가 화물 여객선을 통해서 영국으로, 아일랜드로 흘러들어왔다. 이미 미국에서 2년 전부터 감자 역병이 돌았던 것이다. 첫해의 작황은 절반으로 줄었다. 이듬해에는 감자를 더욱 많이 심었지만, 거의 대부분을 포기해야 했다. 1847년에는 약간 회복세를 보였으나, 1848-1849년에는 다시 역병이 돌았고 사람들은 영양부족으로 죽어갔다. 아사자들도 있었지만, 영양실조로 인한 괴혈병, 이질, 콜레라로 인해서 더 많은 사람들이 쓰러졌다. 대기근 전에 아일랜드 인구는 대략 820만 명 정도였다. 기근으로 인구의 12퍼센트에 해당하는 100만 명이 죽어갔다. 이런 대참사는 유럽 역사에서 보기 드문 경우였다.

곡물 공급이 비교적 원활했던 도시지역 더블린, 벨파스트, 데리는 거의 타격을 입지 않았다. 반면 수송이 어려웠던 내지는 타격이 더욱 컸다. 감자 이외에도 다른 곡물을 생산했던 동부 지역은 피해가 상대적으로 덜했다. 하지만 감자 농사에 전적으로 의존했던 서부 지역은 완전히 폐허가 되어버렸다.

마름병이 돌던 첫해 1845년에 아일랜드는 영국에 48만5,000톤의 곡물을 수출하고 있었다. 로버트 필 수상은 사태의 심각성을 깨닫고 곡물법을 폐지했고, 아일랜드 외부로의 곡물수출을 제한했다. 이어 정부는 1847-1848년에는 구빈(救貧)을 위해서 외국으로부터 곡물을 수입하기까지 했다. 그리고 예산지출의 2-3퍼센트를 투입하여 기근대책을 마련했지만, 구빈정책은 대참사를 막는 데에 큰 도움이 되지 못했다. 정부의 빈민구제 사업에 투입된 금액은 수년 뒤 크림 전쟁에서 지출했던 전비의 20퍼센트밖에 되지 않을 정도로 너무 약소했던 것이다.

빅토리아 시대의 영국 사람들은 여전히 감자에다 책임을 전가했다. 감자는 사람들을 게으르게 만드는 원흉이었던 것이다. 심지어 감자 역병을 게으른 감자바위 아일랜드인들의 버릇을 고칠 기회로, 하느님이 주신 선물이라고 설교하는 목회자도 있었다. 감자가 없어지면 아일랜드의 게으름 병도 사라질 것이며, 그들도 열심히 일을 해서 잘 살 수 있을 것이라는 논법이었다. "의심할 바 없이 빈민들을 위한 자선은 모든 기독교인들에게 명해진 의무"라고 믿었던 에드먼드 버크조차도 국가가 나서기보다는 개인적 자선에 호소했다. 사람들은 여기저기에서 죽어가는데, 개인적 자선이 어디에서 끝나고 정부의 의무가 어디에서 시작되는지 묻고만 있었다. 1849년 칼라일은 정부의 구제활동을 "찾지도 못한 꿀벌을 위해서 거대한 벌통"을 만드는 것이라고 비판했다. 빅토리아 시대에 자유방임을 지지했던 지식인들은 자선이 가져올 도덕적 해이를 더 두려워했던 것이다.

아일랜드 농민들은 지긋지긋한 조국을 벗어나 기회를 찾아 신대륙으로 떠났다. 이들은 '기러기'(wild geese)라고 불렸다. 기러기 떼의 불운은 떠나는 것만으로 끝나지 않았다. 이들은 대서양을 건널 때에도 죽을 고비를 넘겨야 했다. '관선'(棺船, coffin ship)이라고 불린 여객선의 3등 선실에서 살아남을 확률은 60퍼센트밖에 되지 않았다. 여기에도 역병이 돌았기 때문이었다. 그럼에도 1845년부터 10년간 150만 명의 인구가 조국을 등졌다. 이 가운데 70퍼센트는 미국의 동부 해안가에, 28퍼센트는 캐나다에 정주했다. 오늘날에도 아일랜드 출신의 미국인들은 성 패트릭 축일에 "대니 보이"를 부르며, 150여 년 전에 떠나온 조상들이 품었던 한과 그 상징물인 감자를 기억한다.

제임스 조이스의 격문

「율리시스」, 「더블린 사람들」 등을 쓴 세계적인 대문호 제임스 조이스는 1907년에 이탈리아의 트리에스테에서 행한 연설 "성인과 현인의 섬, 아일랜드"에서, 영국이 아일랜드에서 자행한 만행을 다음과 같이 고발했다. 그는 영국의 식민주의적 행위, 산업파괴, 재산수탈, 불관용을 격렬하게 비난하고, 가톨릭 아일랜드의 자존심을 옹호했다.

"영국은 새로운 농경체계를 도입함으로써 원주민 지도자들의 권력을 축소시키고 영국군에게 많은 토지를 주었다. 또한 영국은 가톨릭 교회가 반항적일 때는 박해했고, 지배의 효과적인 도구가 되었을 때는 박해를 멈추었다. 영국의 주된 관심은 이 나라를 분열상태로 유지하는 것이었다."

"영국은 교활한 만큼 잔혹했다. 그들의 무기는 지금도 여전히 그렇듯이 공성(攻城) 망치와 곤봉과 밧줄이었다…… 파넬(아일랜드의 독립영웅/역자 주)의 이야기는, '형법'을 위반한 한 농부가 대장의 명령에 따라서 체포되어, 옷은 벗겨지고 마차에 매달려서 군대에 의해서 채찍질을 당하는 것이었다. 대장의 명령에 의하면, 복부에 채찍질을 가해서 그 비참한 농부가 극심한 고통 속에서 죽음을 맞이할 것이며, 내장이 길바닥으로 쏟아져나오게 하는 것이었다."

그는 이어서 아일랜드인의 빈곤에 대한 구조적 원인을 역사를 들먹이며 비판한다. 아일랜드가 가난한 까닭은 영국이 자국의 제조업을 파괴한 결과이며, 대기근 때에 보여주었던 영국정부의 수수방관 때문에 인구가 격감했다는 것이다. "영국인들은 아일랜드인들이 가톨릭 신자인 데다 가난하고 무지하다고 경멸하지만, 그런 비난을 정당화하기란 쉬운 일이 아니다. 〔아일랜드인의 빈곤은〕 영국이 국가의 산업, 특히 모직물 공업을 폐허화시켰기 때문에, 또 영국정부의 태만으로 감자 기근 시기에 대부분의 인구가 굶어 죽었기 때문이었다."

제임스 조이스는 고집스런 아일랜드인의 모습을 그리고는 후세에게 다음과 같이 충고한다. "현재 아일랜드의 민족이 후진적이고 열등하다고 하더라도, 그들이 전체 켈트족 중에서 죽 한 그릇에 생득권을 팔지 않으려는 유일한 민족이라는 사실을 생각해야 한다." "우리가 그토록 기다려온 한 판 극(劇)을 아일랜드가 벌이려고 한다면, 이번에는 단결된 모습으로 그리고 완벽하게, 결정적으로 벌이는 일이다. 그러나 아일랜드 국민들을 향한 우리의 충고는 이전 세대가 얼마 전에 그들에게 한 것과 꼭 같은 것이다. 서둘러라!"

조이스는 이 한 판 극을 결국 보지 못했다. "서둘러라"라고 충고를 받은 아일랜드 국민들은 근 100년이 지난 21세기 벽두에 드디어 영국을 추월했다. 경제적 종속과 빈곤을 딛고 유럽의 IT 강국으로 거듭난 것이다. 아일랜드는 2002년 현재 1인당 국민소득이 영국보다 1,000달러가 많은 2만5,000달러가 되었다. 지하에 누워 있는 조이스는 만족해하고 있을까?

50. 프렌치 프라이, 리버티 프라이, 킬링 프라이

리버티 프라이

2002년의 이라크 전쟁을 둘러싼 미국과 프랑스의 감정대립은 급기야 감자 칩으로 옮아갔다. 미국인들은 처음에는 "구린 치즈나 먹는 민족" "샤워도 하지 않는 더러운 놈들"이라고 프랑스인들을 비난했다. 신보수주의자들의 주간지 「위클리 스탠다드」는 급기야 프랑스 국가 라 마르세예즈의 가사를 뒤틀어 부르는 "라 누벨 마르세예즈"를 보급하기도 했다. 그래도 분이 덜 풀렸던 모양이다. 2003년 3월 미국 의회 레스토랑들은 메뉴판의 '프렌치 프라이'를 '프리덤 프라이'로, '프렌치 토스트'를 '프리덤 토스트'로 바꾸었다. 민간 패스트푸드 점들도 이 맹목적인 애국주의에 편승해서 이름을 바꾸었다고 한다.

그러나 이런 일들이 이번이 처음은 아니었다. 제1차 세계대전 당시 반독일 주의가 기승을 부릴 때에 독일 이름을 가진 음식들도 똑같은 운명을 겪었다. '사우어크라우트'(Sauerkraut)는 '리버티 캐비지'로 '프랑크프루터'(Frankfruter)는 '핫도그'로 바뀌었다. 사람이든 민족이든 지나간 도움은 쉽게 잊고, 새로운 원한만 깊이 간직한다. 지하에 잠자고 있는 단편작가 오'헨리(그 역시 감자와 인연이 깊은 아일랜드 이민 출신이다)는 1894년에 이것을 예상하고 단편 "틱톡"(Tictocq)에다 이렇게 기록해놓았다. 프랑스 출신의 이민 탐정 틱톡은 말했다. "우리나라(프랑스/역자 주)는 대단한 친구들이랍니다. 당신들에게 라파예트

(Lafayette)와 프렌치 프라이 감자를 보내주었지요." 그렇다. 라파예트와 프랑스 해군이 아니었다면 어떻게 미국의 독립이 가능했을까? 하지만 미국인들의 기억력은 선택적이다.

17세기 미국에 감자를 도입한 사람들은 유럽 이민자들이었다. 안데스 감자는 같은 대륙의 북단으로 이동한 것이 아니라 대서양을 왕복한 다음에야 북미에 자리를 잡았던 것이다. 하지만 감자가 확산되는 데는 시간이 걸렸다. 1719년에 가서야 아일랜드 이민들이 뉴햄프셔의 런던데리에다 대규모로 감자를 재배했다. 유럽에서 감자가 주식이나 부식으로 인기를 끌게 되자 미국에서도 '아이리시 감자'의 소비가 늘게 되었다.

미국인 원예학자 루서 버뱅크는 23종의 감자를 실험한 끝에 2-3배 생산량이 많은 굵은 감자인 버뱅크 종자를 개발했다. 이 종자는 콜로라도 주에서 병에 강한 종자로 거듭 태어나는데, 이것이 곧 '버뱅크 러셋'(Burbank Russet) 종이다. 버뱅크 러셋은 곧 아이다호 감자의 대명사가 된다.

아이다호는 감자 농사의 최적지였다. 고지대에다 화산재 토양, 따뜻한 낮과 쌀쌀한 밤, 충분한 농업용수가 있었기 때문이다. 20세기 초에 아이다호 농부들은 원래 동부의 종자를 가져다 심었다. 하지만 감자의 수확량은 시원찮았고, 자주 병에 시달렸다. 그러나 러셋 버뱅크가 도입된 후 상황은 달라졌다. 곧 아이다호는 높은 품질의 감자 생산지로 이름을 떨치게 되었다. 조우 마샬은 씨감자의 품질이 이듬해 수확을 결정한다는 점을 착안하여 씨감자 인증 프로그램을 제안했고, 이 아이디어로 농사꾼들은 높은 수확을 올릴 수 있었다. 감자 농사의 생산성이 향상되자 1950년대 후반에 이르러서 메인 주를 제치고 제1위 생산 주가 되었다. 1980년대 이후에도 감자의 에이커당 수확량은 30퍼센트 정도 향상되었고, 전체 생산량은 이전의 거의 두 배로 늘어났다. 하지만 생산성 향상이 농부들에게 반드시 바람직한 것만은 아니었다.

모래시계와 같은 미국 농업

농업경제학자 폴 패터슨은 오늘날 감자 시장을 소수의 구매자가 다수의 생산자를 제어하는 '소수 구매자 독점' 형태라고 규정했다. 농부들의 생산성 향상으로 감자 가격은 계속 떨어진다. 거대 가공회사들은 감자 생산농가들이 제시한 금액을 깎기 위해서 온갖 노력을 한다. 그 결과 생산성 향상의 결과로 생긴 이득은 가공업자나 패스트푸드 체인들에게 돌아간다. 패스트푸드 레스토랑에서 판매하는 큰 사이즈의 프렌치 프라이 가격 1.50달러에서 감자 재배농이 챙기는 것은 고작 2센트에 불과하다고 「패스트푸드의 제국」의 저자 슐로서는 지적한다.

슐로서는 계속 말한다. 아이다호의 감자 재배농의 연소득은 날씨, 세계시장 상황, 거대 식품가공 업체의 변덕에 크게 좌우된다. 한 농부가 그에게 다음과 같이 말했다고 한다. “내가 마음대로 할 수 있는 유일한 일은 아침 기상시간을 결정하는 일뿐입니다.” 지난 25년간 아이다호 감자 재배농가는 절반 정도로 줄어들었지만, 감자 경작지는 늘어났다. 가족농가는 수천 에이커의 농장을 가진 기업농(企業農)에 밀려났다. 기업농들은 경작지를 잘라서 자영농을 고용하여 감자를 심는다. 미국 서부의 토지소유 형태는 점차 영국의 장원제도와 비슷해지고 있다. 폴 패터슨은 이렇게 말한다. “역사적으로 오랜 시간을 빙 돌아 제자리에 온 듯합니다. 아이다호 농가는 두 종류가 있습니다. 하나는 농장을 운영하는 사람들이고, 또 하나는 농장을 소유한 사람들입니다.”

농업이 산업화되자, 사람들은 투입(投入)과 산출(産出)에만 관심을 가지게 되었다. 경쟁력을 높이기 위해서 여러 작물을 재배하기를 포기하고 한 작물만 특화한다. 농부들은 이제 화학비료, 살충제, 제초제, 각종 수확기계, 관개기구에 전적으로 의존한다. 그 결과 미국 농부들의 생산성은 세계 최고 수준에 도달했다. 하지만 생산성 향상으로 인해서 농부들은 점점 자신의 토지로부터 멀어지게 된다. 결국 이들은 투입 부문에 속하는 각종 농기구와 종자회사, 산출 부문을 통제하는 가공회사의 지배하에 놓이게 된다. 농업사회학자 윌리엄 해퍼넌은 미국의 농업을 '모래시계'라고 말한다. 모래시계의 윗부분은 200만 명의 목축업자와 농부가 자리를 잡고 있고, 바닥에는 2억7,500만 명의 소비자가 있다. 한 가운데의 좁은 통로를 장악한 20여 개의 다국적기업이 이익을 통째로 챙기고 있다는 것이다.

프렌치 프라이, 킬링 프라이

감자를 1인당 가장 많이 소비하는 나라는 단연코 미국이다. 한 사람의 미국인은 오늘날 1년에 49파운드의 생감자와 30파운드의 냉동 프렌치 프라이를 소비한다. 맥도널드, 버거킹과 같은 패스트푸드 레스토랑들은 이런 냉동 프라이의 90퍼센트를 사들인다. 막 튀긴 신선한 감자칩이 없는 패스트푸드란 상상할 수 없다. 프렌치 프라이를 미국에 처음 도입한 사람은 토머스 제퍼슨이라고 한다. 1802년에 파리에서 '폼므 프리트'(튀긴 감자) 조리법을 배워왔던 것이다. 오'헨리의 1894년 단편에도 기록이 보이기는 하지만, 이 음식이 실제로 대중적으로 인기를 누린 것은 제1차 세계대전 이후였다. 프렌치 프라이를 즐겼던 유럽 참전 용사들이 미국으로 돌아오고 1930-1940년대에 드라이브 인 극장이 성황을 누리면서 점차 프렌치 프라이가 인기를 얻게 되었다고 한다.

오늘날 우리가 즐기고 있는 프렌치 프라이는 냉동 감자의 기술적 제조공정과 패스트푸드 점들의 조리법이 결합된 작품이다. 가능한 한 얇게 같은 두께로 깎는 기술, 컨베이어 벨트와 압축 암모니아 가스를 이용한 급속 냉동건조법을 개발한 것은 미국인들이니, 사실 프렌치 프라이는 프리덤 프라이가 되기 전에 이미 '아메리칸 프라이'였다. 냉동 프라이는 곧 패스트푸드 점들로 옮겨진다. 프렌치 프라이 맛이 패스트푸드 점들의 매출고에 크게 영향을 주기 때문에 회사들은 나름대로 조리법 개발에 크게 신경을 쓴다.

수십 년 동안 맥도널드는 콩기름 7퍼센트와 쇠기름 93퍼센트를 혼합해서 만든 튀김용 기름으로 소비자들의 혀 끝을 길들였다. 콜레스트롤 함량에 대해서 소비자 단체들의 비난이 일자, 회사는 1990년 튀김용 기름을 100퍼센트 식물성 기름으로 바꾸었다. 그리고 기름에다 살짝 '천연감미료'를 첨가하여 튀겨내어, 소비자들에게 매혹적인 맛을 선사하고 있다.

그러나 프렌치 프라이를 크게 즐길 일은 못 된다. 이미 선진국의 보건기구들은 프렌치 프라이를 포함한 튀김 식품들이 발암물질 아크릴라미드를 지니고 있다고 경고했다. 미국 식품의약국(FDA)은 2002년 11월에 프렌치 프라이에 함유된 이 독성물질이 설치류에게 암을 유발한 실험결과를 공표했다. 스웨덴, 독일, 아일랜드, 네덜란드도 비슷한 경고를 발표한 바 있다. 프렌치 프라이는 프리덤 프라이로 바뀌기 이전에 이미 '킬링' 프라이로 변신해 있었던 것이다.

맺음말

내가 이 책에서 말하고 싶은 것은 다음과 같다.

첫째, 나는 역사가 다양한 시선에서 읽힐 수 있다는 점을 강조하고 싶었다. 하나의 해석을 강요하는 어떤 특권적인 투시점은 존재하지 않는다. 흑인의 시각에서 보면 설탕의 역사는 노예제란 저주에서 해방되는 기나긴 시련의 역사일 것이다. 그러나 유럽인의 시각에서 보면 달콤하고 매혹적인 미각자본주의의 한 계기일 뿐이다. 설탕을 바로 보는 시각이 그만큼 다르기에 설탕 이야기도 다르게 서술될 수밖에 없다. 두 개의 상이한 이야기를 비교하다 보면 우리는 두 명의 화자가 과장하고, 은폐하고, 또 곡해하고 있는 것을 집어낼 수 있고, 그만큼 진실에 가까이 다가갈 수 있을 것이다. 권력의 숨겨진 얼굴 가운데 하나는 의제(議題, agenda)를 설정하는 능력이다. 승자가 쓴 역사서는 자신에게 유리한 의제만을 가지고 서술한다. 유럽, 백인, 남성의 시각으로 씌어진 역사서는 자연스레 제3세계, 유색인, 여성, 원주민을 타자화(othering)시키거나 왜곡시킨다. 심지어 그들의 역사를 의도적으로 지워버리기도 한다. 이러한 유럽주의적 왜곡에서 벗어나 좀더 실체에 가까운 역사를 회복하기 위해서는 다양한 시선을 확보하고, 이들을 비교하고 검토할 필요가 있을 것이다.

둘째, 유럽이 세계사의 시작과 종착역이 된다는 유럽 중심주의는 오늘날 사회과학과 인문학 전 영역에서 도전을 받고 있다. 세계사의 거대한 흐름에서 유럽도 하나의 지역이고 지방일 뿐이다. 결코 알파이자 오메가인 특권적인 지리적 공간이 아니다. 유럽 중심주의는 르네상스 시대 이래 역사가, 지도제작자, 언어학자, 철학자, 문인 등이 만들어낸 발명품으로 지난 400-500년 동안 꾸준히 개량된 역사를 지니고 있다.

제2부는 이런 유럽 중심주의적 실천과 이에 대한 비판적 논의들을 개괄하고 있다. 여기 소개된 엔리케 두셀, 월터 미뇰로, 롤프-트뤼요의 저서는 이미 구미학계에서는 널리 읽히는 명저 반열에 올라 있지만, 우리에겐 여전히 낯선 책들이다. 비유럽 사회에게도 "지정학적으로, 지리적으로 공정한" 세계사를 작성하기 위해서는 유럽 중심주의를 철저히 해체하는 작업이 선행되어야만 할 것이다.

셋째, 사람들은 이제 '아시아-태평양 시대'가 도래했다고 말한다. 확실히 아시아나 태평양 지역은 '대서양의 시대'를 밀어내고 새로운 도약을 준비하고 있다. 중국의 부상이 이를 상징적으로 대변한다. 이런 맥락에서 안드레 군더 프랑크의 「리오리엔트」(*Reorient*)가 강조하는 것처럼, 그동안 유럽 중심의 역사학에서 과소평가되어왔던 아시아, 특히 중국과 그 주변의 역사적 위상을 재평가할 필요가 있다. 이 책에서는 명나라 때의 항해왕인 정화의 원정 이야기에서 중국의 해양 진출을 이야기했고, 은과 설탕의 이야기에서 아시아가 결코 유럽 중심의 세계체제에 수동적으로 '편입'된 것이 아니라는 점을 강조했다.

넷째, 우리에게 낯선 무역과 물산의 역사를 다루고자 했다. 세계사란 인간과 물건이 움직이는 시간과 공간을 다루는 역사이다. 그런 점에서 세계사는 인간과 상품이 세계화되는 역사이기도 하다. 상품들이 교환되는 거대한 네트워크는 이미 16세기에 국지적(局地的) 시장에서 세계시장으로 발전했다. 이미 400년 전 동남아의 허브 항구 마닐라는 아메리카의 아카풀코와 연계되었고, 아시아는 인도양을 통해서 유럽에 긴밀하게 연계되었다. 세계시장을 처음으로 매개한 것은 결국 은의 국제적 유통이었다. 설탕 이야기도 세계체제의 내부적 연계성을 잘 보여준다. 브라질의 설탕 산업이 일시적으로 후퇴하자, 곧 암스테르담으로 중국의 설탕이 유입되었다. 환금작물은 이미 오래 전에 세계시장의 동향에 민감하게 반응했던 것이다.

다섯째, 설탕과 커피는 미각자본주의의 총아이지만, 노예제와 식민주의라는 어두운 그림자를 드리우고 있다. 유럽의 역사서술은 노예제

해방의 역사를 유럽 내부의 자각이나 투쟁으로 묘사하고 있으나, 노예나 식민지 인구 스스로에 의한 노력을 과소평가한다. 역사는 발명되기도 하지만, 아이티의 사례처럼 때때로 지워지기도 한다. 여기서 우리는 탈식민주의 역사기술의 당위성을 발견할 수 있다. 담배나 설탕에 대한 서구인들의 담론과 쿠바 학자 오르티스의 담론이 그만큼 다른 것도 결국 화자의 시선의 차이 때문이라고 말할 수 있다.

여섯째, 아메리카 대륙은 유럽과 아시아 농민들에겐 구황작물로 유명한 옥수수와 감자를 전파한 원조이기도 하다. 그럼에도 우리는 아메리카 원주민들이 세계사에 기여한 부분을 자주 잊는다. 그들은 유럽과 아시아에 금과 은을 넘쳐흐를 정도로 제공했을 뿐만 아니라, 자신들이 발전시킨 농업문명의 정수인 옥수수와 감자를 전함으로써 '제2차 농업혁명'을 가능하게 했다. 산업혁명은 늘어난 인구의 부양에 필요한 이러한 보조식량의 공급이 없었다면, 한참 더디게 진행되었을 것이다. 제6부와 제7부에서는 이 귀한 선물인 옥수수와 감자가 어떻게 구미와 중국의 농업의 역사를 바꾸었는지 살펴보면서, 아울러 이 식량들이 구미와 중국에 남긴 다양한 족적을 하나씩 살펴보았다.

필자의 세계사 이야기 50개는 우리 독자들에게 다소 낯선 주제일지 모른다. 필자는 우리가 평소에 간과해온 타자들(아시아인, 흑인, 원주민 등)의 위상을 복원시키고, 이야기를 재구성하여, 유럽 중심주의의 아킬레스건을 드러내고자 했다. 아시아-태평양 시대를 맞이한 우리로서는 '지리적으로 공정한 세계사'를 위해서도 꼭 필요하다고 생각한다. 제3부 이후는 물산과 무역의 이야기를 통해서 세계화의 과거와 현재, 그 빛과 그림자를 조명해보고자 했다. 무역대국을 지향하는 우리나라의 현실과 달리 우리 학계는 여전히 한반도와 땅의 역사에만 집착하는 편집증에 사로잡혀 있다. 심지어 글로벌리즘을 떠들면서도, 학문적 실천은 여전히 따라가지 않고 있다. 이 책이 이런 편집증을 떨쳐버리고, 글로벌리즘적 실천을 앞당기는 데 조금이라도 기여했으면 좋겠다.

참고로 부언하자면, 제2부의 "정복하는 글쓰기" 부분은 역사철학이나 탈식민주의에 관한 전문적인 논의인지라, 일반 독자들은 건너뛰어도 무방할 것이다. 서구적 담론에 대한 비판이 구미에서는 활성화되어 있는 데에 비해, 오히려 당사자인 우리 학계에서는 소개조차 더딘 데에 자극을 받아 쓴 부분이기 때문이다.

마지막으로 언급할 부분은 서지 사항이다. 필자가 이 책의 각 장을 쓰는 데 인용하거나 이용한 자료들은 책 말미의 참고문헌에 일괄적으로 부기했다. 독자의 독서 흐름을 방해하지 않기 위해서 구체적인 각주나 인용주는 달지 않았지만, 부기한 "참고문헌"에서 심화된 자료들을 발견할 수 있을 것이다.

참고 문헌

1. 콜럼버스가 서쪽으로 간 까닭은

Blaut, J. M., *The Colonizer's Model of the World: Geographical Diffusionism and Eurocentric History*, New York: The Guilford Press, 1993.

Delgado, Elena and Rolando J. Romero, "Local Histories and Global Designs: An Interview with Walter Mignolo," *Discourse*, 22(3), Fall 2000.

Pomeranz, Kenneth, *The Great Divergence: China, Europe, and the Making of the Modern World Economy*, Princeton: Princeton University Press, 2000.

Trouillot, Michel-Rolph, *Silencing the Past: Power and the Production of History*, Boston: Beacon Press, 1995.

Trouillot, Michel-Rolph, "Between the Cracks," http://www.jhu.edu/~igscph/trouillo.htm(2002. 6. 17)

Trouillot, "Theorizing a Global Perspective," http://www.jhu.edu/~igscph/f96mrt.htm(2002. 6. 17)

2. '세계사'의 발명 : 서쪽으로 달리는 오리엔트 특급

존슨, 폴, 한은경 역, 「르네상스」, 을유문화사, 2003.

Blaut, J. M., *The Colonizer's Model of the World: Geographical Diffusionism and Eurocentric History*, New York: The Guilford Press, 1993.

Bloom, Harold, *Genius: A Mosaic of One Hundred Exemplary Creative Minds*, New York: Warner Books, 2002.

Delanty, Gerard, *Inventing Europe: Idea, Identity, Reality*, New York: St. Martin's Press, 1995.

Dussel, Enrique, *The Invention of the Americas: Eclipse of 'the Other' and the Myth of Modernity*, New York: Contiuum 1995.

Dussel, Enrique, "Europa, modernidad y eucentrismo," Edgardo Lander coord, *La colonialidad del saber*, CLACSO, 2000.

Frank, Andre Gunder, *ReOrient: Global Economy in the Asian Age*,

Berkeley: University of California Press, 1998.
Paz, Octavio, *La llama doble: Amor y erotismo*, México: Seix Baral, 1997.

3. 놀라운 '발견' : 1492년

Dussel, Enrique, "1492: Diversas posiciones ideologicas," en *1492–1992, La interminable conquista*, por varios autores, México: Joaquin Mortiz/Planeta, 1992.

Enrique Dussel, *The Invention of the Americas: Eclipse of 'the Other' and the Myth of Modernity*, New York: Contiuum 1995.

Rematar, Roberto Fernández, "América, descubrimientos, diálogos," en *Nuestra América frente al V Centenario: Emancipación e identidad de América latina: 1492–1992*, por varios autores, México: Joaquín Mortiz/Planeta, 1989.

Sale, Kirkpatrick, *The Conquest of Paradise: Christopher Columbus and the Columbian Legacy*, New York: Alfred A. Knopf, 1991.

4. 노예상인 콜럼버스

송상기, "콜럼버스와 코르테스: 정복자들," 이성형 편, 「라틴아메리카의 역사와 사상」, 까치글방, 1999.

Benítez, Fernando, 1992, *Qué celebramos, qué lamentamos?*, Mexico: Ediciones Era, 1992.

Fernández-Armesto, Felipe, *Columbus*, Oxford: Oxford University Press, 1992.

De Las Casas, Bartolome, "The Man Columbus," in *Latin American Civilization: History and Society, 1492 to the Present*, edited by Benjamin Keen, Boulder: Westview Press, 1986.

Sale, Kirkpatrick, *The Conquest of Paradise: Christopher Columbus and the Columbian Legacy*, New York: Alfred A. Knopf, 1991.

5. 잊혀진 항해왕 정화

미야자키 마사카스, 「정화의 남해 대원정」, 일빛, 1999.

시그레이브, S., 「중국인 이야기: 보이지 않는 제국, 화교」, 프리미엄북스, 1995.

이찬, 「한국의 고지도」, 범우사, 1991.

Ledyard, Gari, "The Kangnido: A Korean World Map, 1402," in *Circa 1492: Art in*

the Age of Exploration, edited by Jay A. Levenson, National Gallery of Art, 1992.
Levathes, Louise, *When China Ruled the Seas: the Treasure Fleet of the Dragon Throne 1405-1433*, New York: Oxford University Press, 1994.
Menzies, Gavin, *1421: The Year China Discovered America*, 2003.

6. '정복'이라는 이름의 벤처 비즈니스

Faye, Jacque, *Los conquistadores*, México: Siglo XXI, 1970.
Galeano, Eduardo, *Memoria del fuego, 1. Los nacimientos*, México: Siglo XXI, 1986, 10a edicion.
Guilmartin, Jr., John F., "The Cultural Edge: An Analysis of the Spanish Invasion and Overthrow of the Inca Empire, 1532-1539," in *Transatlantic Encounters: Europeans and Andeans in the Sixteenth Century*, edited by Kenneth J. Andrien and Rolena Adorno, Berkeley: University of California Press, 1991.
Hennessy, Alistair, "The Nature and the Conquest and the Conquistadors," *Proceedings of the British Academy*, 81, 1993.
Phillips, Jr., William D., and Carla Rahn Phillips, "Spain in the Fifteenth Century," in *Transatlantic Encounters: Europeans and Andeans in the Sixteenth Century*.

7. 정복과 제노사이드: 정복자 '천연두'

Crosby, Alfred W., *The Columbian Exchange: Biological and Cultural Consequences of 1492*, Westport, Conn.: Greewood Press, 1973.
크로스비, 앨프리드 W., 안효상, 정범진 역, 「생태제국주의」, 지식의 풍경, 2000.
Sanchez-Albornoz, Nicolas, *The Population of Latin America: A History*, Berkeley: University of California Press, 1974.

8. '정의의 전쟁' 이라는 기만

Benítez, Fernando, 1992, *¿Que celebramos, qué lamentamos?*, México: Ediciones Era, 1992.
Cook, Noble David, "Requerimiento" in *Encyclopedia of Latin American History and Culture*, vol. 4. New York: Charles Scribner's Sons, 1996.

"Requerimiento," Text from "El Requerimiento," in Wilcomb Washburn, ed. *The Indian and the White Man*, New York: Anchor Books, 1964.

9. 인권법의 아버지, 라스 카사스 신부

이성형, "영혼의 정복 : 신학적 정치적 논쟁의 계보," 「국제지역연구」 8(4), 1999 겨울-2000 봄 통합호.

Benitez, Fernando, 1992, *¿Qué celebramos, qué lamentamos?*, México : Ediciones Era, 1992.

Friede, Juan, and Benjamin Keen, eds., *Bartolome de Las Casas in History : Toward an Understanding of the Man and His Work*, Dekalb : Northern Illinois University Press, 1971.

Hanke, Lewis, *Bartolome de Las Casas : An Interpretation of His Life and Writings*, The Hague : Martinus Nijhoff, 1951.

Traboulay, David M., *Columbus and Las Casas : the Conquest and Christianization of America, 1492-1566*, New York : University Press of America, 1994.

10. 의사소통권의 탄생 : 국제법의 비조 비토리아

이성형, "영혼의 정복 : 신학적 정치적 논쟁의 계보," 「국제지역연구」 8(4), 1999 겨울-2000 봄 통합호.

Vitoria, Francisco de, *De Indis et de iure belli reflectiones*(1538), edited by Ernest Nys, New York: Oceana Publications Inc.(The Classics of International Law), 1964.

Traboulay, David M., *Columbus and Las Casas : the Conquest and Christianization of America, 1492-1566*, New York : University Press of America, 1994.

11. 정복하는 글쓰기

de Certeau, Michel, L' Dcriture de l' histoire, Paris : Gallimard, 1975 ; Tom Conley(tr.), The Writing of History, New York : University of Columbia Press, 1988.

Commins, Tom, "De Bry and Herrera : 'Aguas negras' or the Hundred Years War over an Image of America," in *XVII Coloquio internacional de historia del arte: Arte, historia e identidad en América: Visiones comparativas*, tomo 1., México: UNAM-IIE, 1994.

De Bry, Theodor, *America*, Asntiago de Chile, reprinted in 1997.

Scanlon, Thomas, *Colonial Writing and the New World 1583-1671*, Cambridge: Cambridge University Press, 1999.

12. 식민주의적 글쓰기: 토도로프의 「아메리카의 정복」

Cooper Alarcon, Daniel, *The Aztec Palimpsest: Mexico in the Modern Imagination*, Tucson: The University of Arizona Press, 1997.

Paz, Octavio, Ignacio Bernal, Tzvetan Todorov, "La conquista de Mexico: Comunicacion y encuentro de civilizaciones," *Vuelta*, 191, octubre de 1992.

Todorov, Tzvetan, *The Conquest of America: The Question of the Other*, New York: Harper, 1984.

13. 르네상스의 어두운 그림자: 언어세계의 정복

셰익스피어, 신정옥 역, 「태풍」, 전예원, 1991.

Mignolo, Walter D., *The Darker Side of the Renaissance: Literacy, Territoriality, and Colonization*, Ann Arbor: The University of Michigan Press, 1995.

Delgado, Elena and Rolando J. Romero, "Local Histories and Global Designs: An Interview with Walter Mignolo," *Discourse*, 22(3), Fall 2000.

Plasa, Carl, *Textual Politics from Slavery to Postcolonialism: Race and Identification*, New York: St. Martin's Press, 2000.

14. 르네상스의 어두운 그림자: '이미지 전쟁'

Gruzinski, Serge, *La guerra de las imagenes: De Cristobal Colon a 'Blade Runner'* (1492-2019), México: SEP, 1994.

Gruzinski, Serge, "Colonization and the War of Images in Colonial and Modern Mexico," *International Social Science Journal*, no. 134, Movember, 1992.

Landa, Diego de, *Yucatan before and after the Conquest(1566), with Other Related Documents and Maps and Illustrations*, trans. by William Gates, New York: Dover Publications, Inc., 1978.

15. 비교민족학과 세계사의 탄생

Eze, E. C. ed., *Race and Enlightenment, A Reader*, Oxford: Blackwell, 1977.

Pratt, Mary Louise, *Imperial Eyes: Travel Writing and Transculturation*, London: Routledge, 1992.

16. 탈식민주의 글쓰기: 엔리케 두셀의 「아메리카의 발명」

Alcoff, Linda Martin, and Eduardo Mendieta ed., *Thinking from the Underside of History*, New York: Rowman and Littlefield Publishers, 2000.

Dussel, Enrique, *The Invention of the Americas: Eclipse of 'the Other' and the Myth of Modernity*, New York: Continuum, 1995.

Lander, Edgardo, coord., *La colonialidad del saber: Eurocentrismo y ciencias sociales. Perpectivas latinoamericanas*, CLACSO, 2000.

Trouillot, Michel-Rolph, Silencing the Past: Power and the Production of History, Boston: Beacon Press, 1995.

월러스틴 외, 이수훈 역, 「사회과학의 개방」, 당대, 1996.

17. 공간의 지배: 도시문명의 탄생

Gruzinski, Serge, *Histoire de Mexico*, Paris: Librairie Arthème Fayard, 1996.

McDougal, Walter A., *Let the Sea Make a Noise: A History of the North Pacific from Magellan to MacArthur*, New York: BasicBooks, 1993.

Morse, Richard, "Urban Development," in *Colonial Spanish America*, edited by Leslie Bethell, London: Cambridge University Press, 1987.

Romero, Jose Luis, *Latinoamerica: las ciudades y las ideas*, Mexico: Siglo XXI, 1976.

18. 영혼의 정복

Benitez, Fernando, 1992, *¿Que celebramos, que lamentamos?*, México: Ediciones Era, 1992.

Faye, Jacque, *Los conquistadores*, México: Siglo XXI, 1970.

Ricard, Robert, *The Spiritual Conquest of Mexico*, Berkeley: University of California Press, 1982.

19. 바로크와 예수회

Bernand, Carmen et Serge Gruzinski, *Histoire du Nouveau Monde: Les métissage (1550-1640)*, Paris: Fayard, 1993.

Faye, Jacque, *Quetzalcoatl and Guadalupe: the Formation of Mexican National Consciousness 1531-1813*, trans. by Benjamin Keen, Chicago: The University of Chicago Press, 1976.

Ricard, Robert, *The Spiritual Conquest of Mexico*, Berkeley: University of California Press, 1982.

20. '인디언' 이라는 언어의 폭력

Garcia, Roberto, "¿Que es el indio?" en *1442-1992, La interminable conquista*, por varios autores, México: Joaquin Mortiz/Planeta, 1992.

21. 원주민, 그 고된 삶과 투쟁

Tcherkaski, José, *Atahualpa Yupanqui: Confesiones de un payador*, Buenos Aires: Editorial Galerna, 1984.

22. 아카풀코에서 본 아시아

Bjork, Katharine, "The Link that Kept the Phillippines Spanish: Mexican Merchant Interests and the Manila Trade, 1571-1815," *Journal of World History*, 9(1), 1998.

Gruzinski, Serge, *Histoire de Mexico*, Paris: Librairie Arthème Fayard, 1996.

23. 스페인병

서성철, "소르 후아나: 미로 속의 시인", 이성형 편, 「라틴아메리카 역사와 사상」, 까치글방, 1999.

엘리엇, 존 H., 김원중 역, 「스페인 제국사: 1469-1716」, 까치글방, 2000.

Galeano, Eduardo, *Memoria del fuego, 1. Los nacimientos*, Mexico: Siglo XXI, 1986, 10a edicion.

Maravall, Jose Antonio, *Culture of the Baroque: An Analysis of a Historical*

Structure, trans. by Terry Cochran, Minneapolis: University of Minnesota Press, 1986.

Stein, Stanley J. and Barbara H. Stein, *Silver, Trade and War: Spanish and America in the Making of Early Modern Europe*, Baltimore: The Johns Hopkins University Press, 2000.

24. 세계시장의 탄생

Smith, Adam, *The Wealth of Nations*, edited by Andrew Skinner, Pelican Classics, 1976(1776).

Frank, Andre Gunder, *ReOrient: Global Economy in the Asian Age*, Berkeley: University of California Press, 1998.

Weatherford, Jack, *Indian Givers: How the Indians of the Americas Transformed the World*, New York: Fawcett Columbine, 1988.

25. 만리장성, 은괴의 무덤

웨이크만, F., 김의경 역, 「중국제국의 몰락」, 예전사, 1987.

Atwell, William, "Ming China and the Emerging World Economy, c. 1470–1650," in *The Cambridge History of China vol. 8. The Ming Dynasty, 1368–1644, Part 2*. edited by Denis Twitchett and Frederick W. Mote, Cambridge: Cambridge University Press, 19??.

Chaudhuri, K. N., *Asia before Europe: Economy and Civilisation of the Indian Ocean from the Rise of Islam to 1750*, Cambridge: Cambridge University Press, 1990.

Waldron, Arthur, *The Great Wall of China: From History to Myth*, Cambridge: Cambridge University Press, 1990.

26. 마닐라 갤리언 무역

Bjork, Katharine, "The Link that Kept the Phillippines Spanish: Mexican Merchant Interests and the Manila Trade, 1571–1815," *Journal of World History*, 9(1), 1998.

Legarda, Benito J., *After the Galleons: Foreign Trade, Economic Change and Entrepreneurship in the Nineteenth–Century Philippines*, Ateneo de Manila

University Press, 1999.
Reed, Robert R., *Colonial Manila : the Context of Hispanic Urbanism and Process of Morphogenisis*, Berkeley : University of California Press, 1978.
Zaragoza, Ramon Ma., *Old Manila*, Oxford University Press, 1997.
Wilis, John E., "Relations with Maritime Europeans, 1514-1662," in *The Cambridge History of China vol. 8. The Ming Dynasty, 1368-1644, Part 2.* edited by Denis Twitchett and Frederick W. Mote, Cambridge : Cambridge University Press, 19??

27. 훔볼트의 빗나간 예언

데즈카 아키라 엮음, 정암 역, 「훔볼트의 세계」, 한울 아카데미, 2000.
빌라르, 피에르, 김현일 역, 「금과 화폐의 역사 : 1450-1920」, 까치글방, 2000.
Brading, David, *The First America : the Spanish Monarchy, Creole Patriots, and the Liberal State 1492-1867*, New York : Cambridge University Press, 1991.
Gruzinski, Serge, *Histoire de Mexico*, Paris : Fayard, 1996.
Pratt, Mary Louise, *Imperial Eyes : Travel Writing and Transculturation*, London: Routledge, 1992.

28. 그토록 달콤한 설탕

메이메, 지현 역, 「흑인노예와 노예상인」, 시공사, 1998.
민츠, 시드니, 김문호 역, 「설탕과 권력」, 지호, 1998.
Ortiz, Fernando, *Cuban Counterpoint : Tobacco and Sugar*, Durham : Duke University Press, 1995. 영문 초판은 1947년.

29. 설탕 전쟁

Emmer, P. C., "The Dutch and the Making of the Second Atlantic System," in *Slavery and the Rise of the Atlantic system*, edited by Barbara L. Solow, New York : Cambridge University Press, 1991.
Knight, Franklin W., "Slavery and Lagging Capitalism in the Spanish and Portuguese American Empires, 1492-1713," *Slavery and the Rise of the Atlantic system.*

30. 설탕과 아시아 무역체제

시그레이브, S., 「중국인 이야기 : 보이지 않는 제국, 화교」, 프리미엄 북스, 1995.
Mazumdar, Sucheta, *Sugar and Society in China: Peasants, Techno- logy, and the World Market*, Cambridge: Harvard University Asia Center, 1998.

31. 노예제의 옹호와 비판 : 몽테스키외, 볼테르, 제퍼슨

뒤비, 조르주, 로베르 망드루, 김현일 역, 「프랑스 문명사(하) : 17세기-20세기」, 까치글방, 1995.
모건, 에드먼드, 황혜성 외 역, 「미국의 노예제도와 미국의 자유」, 비봉출판사, 1997.
몽테스키외, 이명성 역, 「법의 정신」, 홍신문화사, 1988.
볼테르, 「캉디드」, 을유문화사, 1994.

32. 페르난도 오르티스, 탈식민주의 설탕 이야기

Briggs Kent, Jacqueline, "Fernando Ortiz," *Encyclopedia of Latin American History and Culture, vol. 4.*
Coronil, Fernando, "Beyond Occidentalism: Toward Nonimperial Geohistorical Categories," *Cultural Anthropology*, 11(1), 1996.
Ortiz, Fernando, *Cuban Counterpoint: Tobacco and Sugar*, Durham: Duke University Press, 1995. 영문 초판은 1947년.

33. 아이티 지우기

위르봉, 서용순 역, 「부두교, 왜곡된 아프리카의 정신」, 시공사, 1997.
클라이스트, 박종서 역, 「성 도밍고 섬의 약혼」, 서문당, 2000.
Geggus, David, "The Haitian Revolution," in *The Modern Caribbean*, edited by Franklin W. Knight and Colin A. Palmer, Chapel Hill: The University of North Carolina Press, 1989.
Lander, Edgardo, "Ciencias sociales: saberes coloniales y eucen- tricos," en *La colonialidad del saber*, CLACSO, 2000.
Manuel, Peter, *Caribbean Currents: Caribbean Music from Rumba to Reggae*, Philadelphia: Temple University Press, 1995.

Trouillot, Michel-Rolph, *Silencing the Past: Power and the Production of History*, Boston: Beacon Press, 1995.

34. 스타벅스와 마르코스

스타벅스, "스타벅스 기업 사회 책임 연보," 2003. 3. 26.

Berquist, Charles, *Labor in Latin America: Comparative Essays on Chile, Argentina, Venezuela, and Colombia*, Stanford University Press, 1986.

Gage, Julienne, "El cafetal americano," *El País*, 21 de abril, 2002.

Hernandez Navarro, Luis, "Café: la crisis ya es eterna," *La Jornada*, 10 de junio, 2001.

35. 커피, 천의 얼굴

르페뷔르, 크르스토프, 강주헌 역, 「카페의 역사」, 효형출판, 2002.

야콥, 하인리히, 박은영 역, 「커피의 역사」, 우물이 있는 집, 2002.

Duran, Marta, "La odisea del elixir negro," *La Jornada*, 19 de mayo, 2002.

36. 커피와 초콜릿의 음악사회학: 바흐와 모차르트

게크, 마르틴, 안인희 역, 「바흐」, 한길사, 1997.

맥가, 폴, 정병선 역, 「모차르트: 혁명의 서곡」, 책갈피, 2002.

야콥, 하인리히, 박은영 역, 「커피의 역사」, 우물이 있는 집, 2002.

엘리아스, 노베르트, 박미애 역, 「모차르트: 한 천재에 대한 사회학적 고찰」, 문학동네, 1999.

Bach, J. S., *Secular Cantatas, BWV 210, 211*, Bach-Collegium Stuttgart, Hanssler.

Mozart, W. A., *Cosi fan tutte*, Vienna Radio Symphony Orchestra, Arte Nova.

37. 막스 하벨라르, 커피 공정무역의 상징

멀타툴리, 지명숙 역, 「막스 하벨라르」, 문학수첩, 1994.

Correa, Guillermo, "Indigenas de Chiapas y Oaxaca enfrentan a las trasnacionales del café," *Proceso*, no. 1360, 28 de noviembre, 2002.

38. 옥수수 문명의 기원

칼 토베, 이응균, 천경효 역, 「아스텍과 마야 신화」, 범우사, 1998.

Bauer, Arnold J., trans. by Eunice Cortes Gutierrez, *Somos lo que compramos: Historia de la cultura material en américa latina*, México: Taurus, 2001.

Bray, Warwick, *Everyday Life of the Aztecs*, New York: Dorset Press, 1968.

Coe, Michael, *Mexico from the Olmecs to the Aztecs*(the fourth edition), New York: Thames and Hudson, 1994.

Florescano, Enrique, *Memoria indígena*, México: Taurus, 1999.

Florescano, "Sobre la naturaleza de los dioses mesoamericanos," *Nexos*.

Florescano, "Maya cosmogony," *Maya Civilization*, ed. by P. Schmidt, M. de la Garza, and E. Nalda, Thames and Hudson, 1998.

Tedlock, Dennis, trans., *Popol Vuh: the Mayan Book of the Dawn of Life*, New York: Touchstone Book. 1985.

39. 종주국 멕시코의 고뇌

마르코스, 「우리의 말이 우리의 무기입니다」, 해냄, 2002.

마르코스, 윤길순 역, 「분노의 그림자」, 삼인, 1999.

이성형, 「IMF 시대의 멕시코: 신자유주의 개혁의 명암, 1982-1997」, 서울대 출판부, 1998.

Otero, Gerardo ed., *Neoliberalism Revisited: Economic Restructuring and Mexico's Political Future*, Westview Press, 1996.

Solis, Felipe, *La cultura del maíz*, México: Clio, 1998.

40. 펠라그라, 옥수수 신의 복수극

Warman, Arturo, *La historia de un bastardo: maíz y capitalismo*, México: FCE, 1988.

41. 원주민들은 왜 병에 걸리지 않았나?

Landa, Diego de, *Yucatan before and after the Conquest(1566), with Other Related Documents and Maps and Illustrations*, trans. by William Gates, New York: Dover Publications, Inc., 1978.

Warman, Arturo, *La historia de un bastardo: maíz y capitalismo*, México: FCE, 1988.

42. 켄터키 옛집에 햇빛이 비치던 날

모건, 에드먼드, 황혜성 외 역, 「미국의 노예제도와 미국의 자유」, 비봉출판사, 1997.

Warman, Arturo, *La historia de un bastardo: maiz y capitalismo*, Mexico: FCE, 1988.

43. 옥수수, 비만의 원인

Critser, Gregg, "Too Fat for Our Good," The Satya Interview with G. Critser, (http://www.satyamag.com/apr03/critser.html, 2003. 6. 30.)

King, Patricia, "Blaming it on corn syrup," *Los Angeles Times*, March 27, 2003.

Pollan, Michael, "You Want Fries with That?" *New York Times*, 12, January, 2003.

Warman, Arturo, *La historia de un bastardo: maiz y capitalismo*, Mexico: FCE, 1988.

44. 옥수수와 농민혁명

이스트만, 로이드 E., 이승휘 역, 「중국 사회의 지속과 변화, 1550-1949」, 돌베개, 2000.

엘빈, 마크, 이춘식 외 역, 「중국 역사의 발전형태」, 신서원, 1996.

Anderson, E. N., *The Food of China*, New Haven: Yale University Press, 1988.

Warman, Arturo, *La historia de un bastardo: maíz y capitalismo*, México: FCE, 1988.

45. 달리는 옥수수

Skorburg, John, "China Briefing Book-Issue 9," http://www.fb.com/ issues/analysis /China_Briefing_Issue9.html(2003. 4.)

USDA, "Permanent Normal Trade Relations with china: What's at Stake for Corn?" May 2000.

"China's Corn Economy, A Brief Introduction,"

"China Corn and Soybean Situation," August 11, 2000, http://www.fas.usda.gov/pecad2/highlights/2000/08/chcornsoy.html
"China 'Feeds' Automobiles with Corn," http://fpeng.peopledaily.com.cn/2001/12/06/ print20011206_86104.html

46. 안데스의 선물

주커만, 래리, 박영준 역, 「감자 이야기」, 지호, 2000.
Bustios, Luis, *Historia gráfica del Perú según Guaman Poma*, Lima.
Conrad, Geoffrey, and Arther A. Demarest, *Religion and Empire: The Dynamics of Aztec and Inca Expansionism*, Cambridge: Cambridge University Press, 1984.
Salaman, Redcliffe, *The History and Social Influence of the Potato*, Cambridge: Cambridge University Press, 1970. (초판 1949).

47. 감자로 이긴 전쟁

Conrad, Geoffrey, and Arther A. Demarest, *Religion and Empire: The Dynamics of Aztec and Inca Expansionism*, Cambridge: Cambridge University Press, 1984.
Salaman, Redcliffe, *The History and Social Influence of the Potato*, Cambridge: Cambridge University Press, 1970(초판 1949).

48. 아일랜드와 감자

주커만, 래리, 박영준 역, 「감자 이야기」, 지호, 2000.
Salaman, Redcliffe, *The History and Social Influence of the Potato*, Cambridge: Cambridge University Press, 1970(초판 1949).
Schwartz, Herman M., *States versus Markets: History, Geography, and the Development of the International Political Economy*, New York: St. Martin's Press, 1994.

49. 대기근과 제임스 조이스

조이스, 제임스, 김종건 역, "성인과 현인의 섬, 아일랜드," 「더블린 사람들, 비평문」, 범우사, 1997.
주커만, 래리, 박영준 역, 「감자 이야기」, 지호, 2000.

Salaman, Redcliffe, *The History and Social Influence of the Potato*, Cambridge: Cambridge University Press, 1970(초판 1949).
Schwartz, Herman M., *States versus Markets: History, Geography, and the Development of the International Political Economy*, New York: St. Martin's Press, 1994.

50. 프렌치 프라이, 리버티 프라이, 킬링 프라이

슐로서, 에릭, 김은령 역, 「패스트푸드의 제국」, 에코 리브르, 2001.
주커만, 래리, 박영준 역, 「감자 이야기」, 지호, 2000.
O'Henry, *Rolling Stones*, Garden City: Doubleday, 1913.
Salaman, Redcliffe, *The History and Social Influence of the Potato*, Cambridge: Cambridge University Press, 1970(초판 1949).

인명 색인